本书由广州市宣传思想文化战线优秀人才培养项目资助

方家忠 著

新时代中国城市图书馆发展

「广州模式」支撑研究

南方出版传媒
广东人民出版社
·广州·

图书在版编目（CIP）数据

新时代中国城市图书馆发展："广州模式"支撑研究／方家忠著．——广州：广东人民出版社，2018.5
ISBN 978-7-218-13144-3

Ⅰ．①新… Ⅱ．①方… Ⅲ．①市级图书馆-图书馆工作-文集 Ⅳ．①G258.22-53

中国版本图书馆 CIP 数据核字（2018）第 193029 号

XINSHIDAI ZHONGGUO CHENGSHI TUSHUGUAN FAZHAN："GUANGZHOU MOSHI" ZHICHENG YANJIU
新时代中国城市图书馆发展："广州模式"支撑研究
方家忠　著　　　　　　　　　　　版权所有　翻印必究

出 版 人：肖风华

责任编辑：林　冕　骆　妮
装帧设计：观止堂_未氓　徐芳芳
责任技编：周　杰　吴彦斌　周星奎

出版发行：广东人民出版社
地　　址：广州市大沙头四马路 10 号（邮政编码：510102）
电　　话：（020）83798714（总编室）
传　　真：（020）83780199
网　　址：http://www.gdpph.com
印　　刷：广州市人杰彩印厂
开　　本：787mm×1092mm　1/16
印　　张：16.75　　字　数：210 千
版　　次：2018 年 5 月第 1 版　2018 年 5 月第 1 次印刷
定　　价：49.00 元

如发现印装质量问题，影响阅读，请与出版社（020-83795749）联系调换。
售书热线：（020）83790604　83791487　　邮购：（020）83781412

序一

方家忠的著作《新时代中国城市图书馆发展——"广州模式"支撑研究》（以下简称《广州模式》）即将付梓，令人欣喜。多年来，我一直期盼有一部关于公共图书馆"广州模式"的著作问世，如今方家忠作为广州市公共图书馆的领头人当仁不让地完成了这项具有时代意义的学术使命，我自然乐于为之鼓与呼。

当人类社会迈入21世纪，全球图书馆沉浸在数字化网络化的持续亢奋和欧美公共图书馆萎靡不振而莫名转型时，平等、免费、开放、共享的公共图书馆理念在广东异军突起，犹如春天的暖流迅速由南向北推进，一路和风细雨，吹绿了大江南北，滋润了神州大地。十年前，我把这些理念的实践探索总结为中国公共图书馆发展的"深圳模式"、"东莞模式"、"佛山模式"和"广州模式"（《岭南模式：崛起的广东公共图书馆事业》），其后各种公共图书馆模式像雨后春笋一样在全国各地迅速兴起。于是，中国公共图书馆迈入了前所未有的黄金时代。

回顾新世纪我国公共图书馆发展的黄金十年，深圳模式开风气之先，图书馆之城蔚为大观，深圳图书馆因此成为高高飘扬的公共图书馆旗帜；杭州模式后来居上，城市大书房深入人心，杭州图书馆因此成为闻名遐迩的公共图书馆典范；广州模式厚积薄发，服务效益跃居全国首位，广州图书馆因此成为举世瞩目的公共图书馆骄傲。

十年磨一剑，广州模式在我国公共图书馆的发展中树立了三座丰碑：2012年广州图书馆新馆落成开放，成为世界上单体建筑面积最大的城市图书馆；2015年520巨册的《广州大典》出版发行，成为我国最大的地方历史文献丛书；2015年《广州市公共图书馆条例》颁布实施，成为我国理念最先进的公共图书馆法规。这三座丰碑既是广州公共图书馆发展的里程碑，也是我国公共图书馆发展的里程碑。

三座丰碑的锻造是多方心血的凝聚、集体智慧的结晶和工匠精神的弘扬。总设计师是秉持"文化遗产是根源、文化设施是根基、文化人才是根本"理念、具有浓厚图书馆情结的广州市原市长陈建华，工程师则是以图书馆事业为终身理想的广东省立中山图书馆、中山大学图书馆和广州图书馆的各路领军人物。在这些领军人物中，方家忠是最年轻的杰出领军人，也因此始终充满了事业激情和专业活力。

方家忠1992年从中山大学图书馆学专业毕业以后供职于广州图书馆，从基础的专业工作开始做起，踏踏实实，一步一个脚印，一步一个台阶。2005年担任副馆长后与馆长刘洪辉密切配合，共同开启了广州图书馆起航的风帆。2011年在广州图书馆新馆建设的关键时刻接任馆长，由此开始展开理想的翅膀，在南国的公共图书馆天空自由翱翔。零门槛的平等服务、丰富多彩的大众服务、多元文化的专业服务、多层次交流的公共服务，有机地融汇了平等、免费、开放、共享的公共图书馆理念与理想，使广州图书馆大放异彩，光芒四射。自2013年全面开放以来，广州图书馆在读者进馆量和文献外借量上一直在全国遥遥领先，亦令欧美公共图书馆望尘莫及，充分地展示了公共图书馆在城市现代化进程中的文化力量，有力地凸显了中国公共图书馆在世界公共图书馆之林异军突起的引领作用。

《广州模式》汇集了方家忠近十年来有关公共图书馆和广州图书馆建

设的研究成果，从中可见方家忠公共图书馆理念形成与发展的心路历程，亦可见广州图书馆从蓄势待发到展翅腾飞的冲天轨迹。平实的语言，流畅的文字，字里行间荡漾着公共图书馆理念的优雅，弥漫着公共图书馆理性的芳香，既可供图书馆业界学习借鉴，也可供图书馆学人研究参考。

中国刚刚迈入公共文化繁荣兴盛的新时代，《广州模式》的出版恰逢其时，上可继往，下可开来，可喜可贺。

是为序。

程焕文

2018 年 5 月

于中山大学康乐园竹帛斋

序二
好学　深思　笃行

　　家忠出版文集，嘱我作序。我历来拙于动笔，挚友所托，勉力为之。

　　与家忠同事相识，共事相知，同行相惜，前后算来已25年了。最早是广州图书馆的同事相识，再是"搭班子"谋事业的共事相知，现在则是互相探讨疑难、相互扶持帮助的同行相惜。其间有数年比邻而居的交往，有赴美访学数月同居一室的情谊。展读文稿，加深了我对家忠的了解和理解；文集中屡次提到我的名字，也唤起我和家忠共事共学共进的许多美好回忆。

　　家忠勤勉好学，恳切深思，矢志笃行，是成绩斐然的业界翘楚。2005年，我重回离开了6年的广州图书馆任职馆长，有很多不了解的情况和问题要时时向家忠问询。记得在一次工作交流后，我问他，在图书馆工作十几年最大的遗憾或最需要帮助解决的问题是什么？家忠的回答是，希望获得脱产学习的机会。这是促成其后2006年、2007年分两期举办"广州市图书馆专业人才高级研修班"的最初的动因。那次的研修班得到时任广州市委常委、宣传部部长陈建华的理解和鼎力支持，在广州图书馆的争取下，市委宣传部一改以往委托异地大学培训文化系统各专业管理人才的惯例，投入70余万元人民币，在广州委托中山大学资讯管理系承办，专门培训图书馆专业人才的高级研修班，延请国内名师来穗讲学，为广州培训了70余位图书馆业务骨干，除了课堂教学研修之外，研修班还参访了长三角、珠三角和港澳地区的主要图书馆，并以家忠赴美国访问交流半年（2009年2月至7月）结束。研修班成员包括了各区县图书馆馆长，此举为广州市图书馆服务体系建设打下了坚实的人才基础。其间，承陈建华部长支持，广州市委宣传部委托中山大学程焕文教授担纲，启动了图书馆立法课题研究，家忠和我是该课题的推动者和参与者。立法课题的直接成果就是《广州市公共图书馆条例》。这次脱产研修学习，是家忠结合长期工作实践经验和广州图书馆发展的实际需要，广泛深入研究中美图书馆比较、图书馆立法、广州新图书馆发展定位、图书馆管理、图书馆服务体系建设等宏观问题的肇始。自此，他已完成从专业人员向兼顾宏观思考和理论研究的优秀管理者的转型。文集收入的第一部分文章主要就是反映他学习后深入思考、比较中美图书馆的理论成果，《广州市公共图书馆条例》的制定和实施，广州新图书馆卓著的服务效益；广州地区中心馆/总分馆服务体系建设的成果则是作为一个笃志前行的优秀图书馆馆长的实践成就，文集的第二、三部分的文章大致反映了家忠在上述这些方面的工作实践的理论思考和工作经验的总结提升。

2009年1月，在安排和家忠美国之行期间，省文化厅两位处长找我谈话，大意是省立中山图书馆馆长即将到龄退休，文化厅希望我年中能去接任馆长。我慨然答应。赴美之前，我已做好随时回国履新的准备，自认为此行是"陪读"：以"陪读"的身份，为未来广州的图书馆事业培养高级管理人才。我们按计划于2月底赴美国洛杉矶，在洛杉矶郡图书馆总馆访学交流，历时3个月的深入交流中，系统了解了郡总馆、区域中心馆、社区图书馆的设立原则、管理体系、战略规划、法律保障、经费来源及使用、服务方式、资源分配、馆际互借及物流等，同时，也访谈了洛杉矶郡总馆各部门的主管，了解了包括采访编目、业务统计、计算机管理、志愿者招募与培训、馆员构成及教育培训、馆舍建设及发展等一切细节。所有工作日都在紧张的访问和交流中度过；晚上和周末，则整理笔记和准备第二天的问题及访问的要点，更多的时间则是两人之间的长时间交流，从学习的心得体会、到洛郡图书馆系统的利弊分析、再到展望新广图的前景与图书馆服务体系的未来。其间，我们一起访问了洛杉矶市图书馆（系统）、独立的城市图书馆、大学图书馆、法律图书馆、总统图书馆等。"陪读"三月，我先期回国，家忠则继续访问纽约、华盛顿等地最有影响和代表性的图书馆，并参加了当年的美国图书馆协会（ALA）年会以及在伊利诺伊大学厄本那-香槟分校举办的"放眼全球，行诸全球"中美图书馆员合作项目。

如果说2006年研修班之前，家忠主要是一位勤奋的图书馆实践者；研修班之后，则主要是兼具最新理念、理论思维和实践能力的图书馆管理者；2009年，美国交流学习归来之后，则具备了一个优秀图书馆馆长所应有的国际视野、实践基础和理论思维。勤勉好学，善于总结自己的经验并汲取他人的长处，当获得一个可以展示才学的平台时，其实践中笃行的"立功"与理论上深思的"立言"相得益彰，文集恰是家忠这种职业精神的映照。

文集中，2010年陆续发表的4篇介绍美国公共图书馆和比较中美图书馆的文章是美国交流学习的理论成果。文章涉及图书馆系统的构建和组织、美国不同类型图书馆总/分馆体系的分析与认知、图书馆管理与服务、图书馆法、图书馆行政管理体制等方方面面，把公共图书馆作为社会的一个不可或缺的部分加以研究，具备了社会学的宽广视角。这组文章得到李华伟博士的盛赞。文章内容不赘述，窃以为，文章的很多理论思考和观点以及在洛杉矶郡的交流访问，在《广州市公共图书馆条例》的制定、广州图书馆发展规划的制定、广州图书馆新馆定位和广州市

"图书馆之城"建设等方面,对广州公共图书馆的实践产生很深的影响,由此形成了广州图书馆对标国际一流并在发展中完成超越的宏伟目标。

在认识到"公共图书馆是地方性事务","地方立法应先行,并在整体立法保障中占据主体地位"以及美国立法保障图书馆事业与稳定的税收关联等核心问题,家忠大力推动并深度参与制定了《广州市公共图书馆条例》;"广州图书馆之城"建设的顶层制度设计,采取"中心馆/总分馆模式"既有国内图书馆服务体系建设的先例,更有洛杉矶郡图书馆总分馆和洛杉矶市图书馆总分馆两种不同类型体系优点的糅合;广州图书馆新馆定位的"多元文化服务"、"主题服务"、"对象化服务"、绩效优先等,其实施的战略规划管理,公共空间设计,则反映了瞄准国际一流,结合广州实际,在本土化执行中,完成超越发展的宏大气魄。

从广州图书馆离任时,有两件我组织启动但又未完成的事情:一是新馆的服务效益和定位;二是条例的制定和条例保障下图书馆服务体系的建设。今天,广州图书馆的现状和发展势头,已超过我的预期;在《广州市公共图书馆条例》的刚性保障下,广州市图书馆服务体系建设成绩突出,成果丰硕。随着广州图书馆事业的高速发展,家忠也成为"中国图书馆榜样人物"。

回望广州图书馆这些年的发展,有家忠的担当,我的离任自觉可以无憾了,也自认为庶几未辜负广州对我的厚爱。

在广州图书馆开放三十周年纪念文集中,家忠以"鸢飞鱼跃"为题,写过一篇感言。"鸢飞戾天,鱼跃于渊",以此祝福家忠未来的海阔天空,也祝福广州图书馆事业的明天。

刘洪辉

2018年3月

Table of Contents

目录

Chapter 1 **图书馆发展比较研究**

1	论美国图书馆的事业保障与行政管理体制及其启示
11	美国洛杉矶郡公共图书馆的组织、管理和服务
29	从管理的视角看美国公共图书馆的社区认同及其启示
39	中美公共图书馆建设模式比较研究
52	美华桥梁　人格丰碑
63	广州与香港的公共图书馆比较与研究

Chapter 2 **新馆建筑、功能与服务**

68	一座纪念碑式的图书馆
80	城市图书馆作为"第三空间"的建筑特征分析 ——基于广州图书馆新馆的案例
94	公共交流平台：公共图书馆服务新模式
107	社会转型背景下的图书馆多元文化服务
124	广州图书馆新馆开放服务后的若干启示

136	图书馆发展规划的效用问题
142	略论图书馆发展规划的制订
	——以广州图书馆为例
151	论社会转型期图书馆发展的外部环境和策略

Chapter 3 城市图书馆体系制度设计与管理

160	城市图书馆在公共图书馆发展中的引领作用：逻辑与路径
173	广州市公共图书馆发展的六个核心理念
193	保障　促进　规范　提升
	——论地方立法对广州市公共图书馆事业的作用
209	试论推进地方图书馆立法的三个"必要性"问题
225	试论大城市公共图书馆服务均等化的目标及其实现模式
237	加强合作，理顺关系，营造图书馆服务网络
	——谈图书馆与文化站的关系

246	后　记

论美国图书馆的事业保障与行政管理体制及其启示

【摘　要】 从立法、经费来源、从业人员三个方面介绍美国图书馆的事业保障制度及其特点，从州立图书馆职能、专项资助应用两个方面介绍美国图书馆事业行政管理体制的特点，对我国图书馆事业管理提出相应的建议。

【关键词】 美国图书馆事业；事业保障；行政管理；宏观管理；法律保障；经费保障；人员保障；州立图书馆

作为"广州市图书馆专业人才高级研修班"后续项目，2009年笔者与刘洪辉馆长赴美国加利福尼亚州洛杉矶郡公共图书馆等进行访问交流。本文结合访问交流的认识和有关文献资料，就美国图书馆事业的宏观管理体制及对中国的启示这一主题展开讨论，以供业界同仁参考。要说明的是，在宏观管理这一大主题内，在业务管理和服务标准制订等方面，美国图书馆协会（ALA）发挥了积极的作用。这方面国内已有较多介绍，本文不再赘述。

1　以地方立法为主体，以完备的法律体系保障图书馆发展

美国图书馆立法与事业同步发展，图书馆法的内容极为丰富[1]。就立法层面而言，分为联邦、州两层。根据1787年美国宪法，图书馆等文

教方面的权力属于各州的保留权力。1849年,新罕布什尔州通过了美国的第一个州图书馆法。直到1956年只有各州立法。罗斯福总统执政期间,国会根据宪法有关一般福利的条款,使联邦政府开始积极参与图书馆发展。[2]1956年,美国国会通过第一个全国性的《图书馆事业法》,1964年通过《图书馆事业与建设法》。1965年通过《初等与中等教育法》、《高等教育法》、《医学图书馆援助法》等法案,前两个法案与学校图书馆和学术图书馆密切相关[3]。现行有效的全国图书馆专门法是《图书馆服务与技术法》,它是《博物馆与图书馆服务法2003》的一部分,在一定程度上可以说是美国联邦主管机构——博物馆与图书馆服务机构(署)(IMLS)的授权和拨款法案[4][5]。但从适用范围看,美国迄今并无一部适用于各类型图书馆的综合法。

州一级的图书馆立法则非常完备,且主要集中在公共图书馆领域。虽然没有两个州的立法完全相同,但基本一致的条款有:由立法机关授权地方政府(如市、镇、乡村等地方自治体,州政府派出机构即郡一级政府,学校、图书馆等特别区)建立公共图书馆;授权为公共图书馆征税;规定理事会作为图书馆的上级管理机构[6]。具体法律体系方面,以加利福尼亚州为例,据《加利福尼亚州图书馆法2009》,该州现行图书馆专门法律及相关法规39项,另还有加州法院相关判例支持。有关公共图书馆法案涵盖州、郡、城市(自治市)等各层面,郡市公共图书馆、图书馆区、学校区公共图书馆等各类型,行政管理、服务与专门项目、系统合作、税收、建设经费筹措和法院判例等各领域。可以说,在美国图书馆立法中,以各州为主体、州层面的地方立法占据着主导地位[7]。

中国目前已经先后出台12部地方图书馆立法或政府规章,全国图书馆立法也正在推进中。但在推动地方立法的过程中,不时听到是否需要地方立法或是否需要地方立法先行的问题。美国的发展给我们的启示是，公共图书馆服务作为地方事务，地方立法应先行，并在整体立法保障中占据主体地位。因此，建议各地抓紧推进地方立法工作。

2 公共图书馆拥有法定、稳定收入来源和多种经费来源的保障

据 IMLS 2009 年发布的最新年度报告《公共图书馆调查：2007 财年》：2007 年美国共有 9214 个公共图书馆（系统），总运作收入为 110 亿美元，其中 84.1% 来自地方来源，6.7% 来自州来源，0.4% 来自联邦来源，8.7% 来自其他来源（包括钱款捐赠、利息、图书馆罚款、收费和资助等）[8]。可见，地方来源是公共图书馆经费来源的主体。

再看地方来源的组成。美国地方财政收入有三大来源，即销售税、财产税和所得税。根据各州法律，虽然分配比例不同，但公共图书馆经费来源多以地方财产税收入为主。换言之，以法定比例与主要税种关联，使公共图书馆获得稳定的经费来源。以加利福尼亚州洛杉矶郡为例，该郡 2007—2008 财年财产税收入占到总预算收入的 20%，其中约 13.5‰ 投入公共图书馆[9][10]。伊利诺伊州香槟市的这一比例则大约达到 60‰[11]。

可见，美国公共图书馆的经费保障特点在于：一是有立法保障；二是经费关联地方主要税种、来源稳定；三是有多种来源予以补充。相对而言，这些就是当前我国公共图书馆经费投入的局限性：来源单一，无法律保障，无固定更谈不上稳定来源。

根据我国当前的实际情况，要改善图书馆经费投入水平普遍还比较低的现状，一是要加紧推进地方立法，短期内虽难与地方财政收入或与地方税收相关联，但可争取首先建立经费投入总体保障机制；二是积极争取上级政府专项财政资助；三是大力争取引入社会资源。当前我国对

公共社会事业普遍均等、但低水平广覆盖的大政策和政府相对集中的财力，对基层公共文化事业会有适当投入，对经济欠发达地区会有适度倾斜。因此，争取中央和省级政府专项资助对经济欠发达地区的图书馆尤其具有现实意义。而引入社会力量支持则对经济相对发达地区的图书馆具有潜在意义，但亟须国家制定或实施配套政策予以引导、鼓励。国务院1996年出台《关于进一步完善文化经济政策的若干规定》（国发〔1996〕37号）[12]、2000年出台《关于支持文化事业发展若干经济政策的通知》（国发〔2000〕41号）[13]，规定社会力量对图书馆等公益性事业捐赠，在缴纳企业所得税和个人所得税时，可以扣除一定额度。现行《个人所得税法》（2007年）延续了这一税收优惠政策[14]，但《企业所得税法》（2007年）则未予保留[15]。在政策的执行上，1996年以来，各地方政府实际上普遍搁置了社会捐赠税收优惠政策的实施。中国经济发展到今天，各级政府尤其是中央政府已经掌握相当雄厚的财力，民间财富积累也到了相当程度，在公益事业总体财政投入较少、公共文化事业发展远滞后于经济发展的情况下，政府让渡部分社会资源进入包括图书馆在内的公益事业不仅必要，而且可行。因此，各方面应共同努力，争取在政策和执行两个层面都予以推进。

3 图书馆人员投入在事业投入中占据主体位置

人员保障包括人员配备水平、素质、身份和经费保障等。美国是世界上图书馆服务保障水平最高的国家之一。在整体保障充分的情况下，其人员投入状况对我国特别有借鉴意义。IMLS提供的数字可以说明其整体和人员保障情况：2007财年，美国全国人均拥有28册印刷型资料，人均访问公共图书馆4.9次，人均外借图书馆图书资料7.4册；公共图书馆拥有145000人的从业人员队伍，平均25000个民众得到124个全职员工的服务（相当于广州市同期水平的 5.7 倍[16]）；85% 的公共图书馆是与地方政府以某种形式相关联的公共机构，即 85% 的公共图书馆职员是政府性质雇员。2007 财年，公共图书馆运作支出总额为 1021 亿美元，其中，65.5% 用于员工工资和福利支出，13.1% 用于馆藏采购支出，21.3% 用于其他支出[17]。可见，美国公共图书馆在总体服务保障充分的前提下，人员支出在总支出中占了 2/3，居于主体地位。比较而言，人员投入不足是当前我国各地公共图书馆面临的突出问题。其中，从业人员配备水平要与图书馆发展总体水平相适应，有一个逐步提高的过程。人员身份问题的核心也是经费保障的问题。这方面，我国总体上还处在重硬件轻软件、重物轻人的阶段。解决问题的关键，首先要转变观念，真正体现以人为本这个核心，要认识到投入水平决定队伍水平，进而决定公共服务水平；其次要抓紧推进事业单位体制改革，在总体减轻负担的同时，加大对公共图书馆等纯公益性事业的财政投入，包括人员经费投入。

4　州立图书馆在行政管理框架中发挥核心作用

在行政管理方面，美国联邦的 IMLS，尤其是州一级的州立图书馆扮演着有限但有效的行政管理者的角色。在这一点上，虽然中美国情不同，但其模式值得深入思考。在美国，IMLS 是为"全国 123000 多个图书馆和 17500 个博物馆提供联邦一级支持的基础资源"，"以创建强有力的将民众与信息和思想联系在一起的图书馆和博物馆"[18]。该机构和州、地方的组织紧密合作。

在州的层面，据 ALA 信息，在美国 50 个州中，有 29 个由州立图书馆负责本州公共图书馆事务，其他州则由教育部门或图书馆委员会、图书馆与档案部、文化资源部、州务部等机构负责[19]。而从具体职责角度考察，州立图书馆往往只承担有限的公众服务职责，但在州内公共图馆的规划、管理、协调上则发挥着突出作用。以加州州立图书馆为例，目前其职责包括：作为州政府和立法机构的中心参考和研究图书馆；为立法机构和州长提供超党派的研究；搜集、保存、生产和传播加州各种文献信息资源；建议、咨商和提供技术协助给州内的公共图书馆，指导州和联邦资金的使用以支持地方公共图书馆和州范围内的图书馆项目和服务[20]。

从图书馆发展的历史看，州立图书馆对地方图书馆事务的管理职责先后包括：规划全州图书馆发展，制定发展图书馆法规与标准，规划和管理合作网络、系统，协调图书馆资源收集和业务工作等。当前，在公共图书馆管理职责方面，以加州为例，在《州立图书馆法案》37项条款中有4条直接关于州内公共图书馆管理、1条关于公共图书馆服务，归纳如下：

作为指定实体，负责接受和管理来自联邦或其部门用于资助地方公共图书馆的资金、款项或资料；收集和保存州内图书馆统计数据及相关信息；在州内不同地方设立贮存点，接收和保存图书馆很少利用而主要以贮存为目的的图书和其他资料；为地方公共图书馆馆长和州、地方两个层面的图书馆主管当局提供建议、咨询和协助；组织、提供图书和其他参考性资料以补充州内其他公共图书馆馆藏，作为州的最后保障，通过馆际互借系统提供州内民众利用；研究和调查公共图书馆需求，根据规定分配联邦资助资金；必要时与其他公共图书馆签约，以履行图书贮存点、馆际互借服务的有关条款；聘用顾问为地方公共图书馆青少年儿童服务提供协助；州立图书馆主管部门（教育部）可与州内的郡、城市、特别区和州的机构，以及联邦机构签订协议，以提供图书馆服务，建立和运作图书馆服务中心；在州政府相应拨款和私人捐赠支持下，建立阅读促进项目，发展推荐书目，建立从幼儿园、小学一年级直至高中十二年级学生广泛参与项目的专门方法，以及志愿者参与、筹募资金的方法[21]。

而州以下地方公共图书馆，无论是郡图书馆、还是城市图书馆，其职责主要集中于公众服务、图书馆服务网点的规划、发展和增设上。

因此，总体上美国图书馆行政管理体制的特点在于：以地方为主，但又相对集中。即地方行政管理相对集中在州一层，州以下层面公共图书馆只提供服务，包括根据服务人口变化对服务网点进行调整。这一体制的优点及其启示在于：既保障了地方自主权、灵活性并避免了地区发展差距所造成的问题，同时又保障了在一个较大区域范围内的相对统一、规范；行业管理基于专业化，同时也较好地保障了专业化；各层面图书馆形成分工协作的体系，各层级图书馆业务边界清晰。

5 联邦、州两级注重对图书馆事业的指导、协调，并具有专项经费资助保障

IMLS 以资助方式在全国图书馆中发挥领导和协调作用。其用于资助的联邦拨款从 2000 年的 1.51 亿美元增加到 2009 年的 2.12 亿美元，其中 2009 年图书馆服务拨款占总拨款的 77%。图书馆资助项目有四：对各州图书馆资助，比例为 81%；"土著美洲人图书馆"资助；"土著夏威夷人图书馆服务以及图书馆领导"项目；"劳拉·布什 21 世纪图书馆项目"[22]。

在州一级，仍以加州为例，该州立图书馆当前管理和运作四个资助项目：运作联邦资助，分配联邦资助给州内公共图书馆，2002 年 3 月—2006 年 7 月年加州共得到 5200 万美元联邦资助[23]；根据加州《图书馆建设和图书馆公债法案 2000》，提供总额 3.5 亿美元的公债，为州内公共图书馆设施建设和翻新工程提供资助；"加州公民自由公众教育项目"，根据《加州公民自由公众教育法案》，基于日裔美国人二战期间被排斥、

强迫移民和拘留的历史设立,创立于1998年,2003年起为年度资助项目;"加州文化和历史资助"项目,资助与历史和当代加州多元群体相关的故事项目,资助总额约1.22亿美元[24]。

美国以提供专项资助的方式推进了乡村地区公共图书馆发展、图书馆协作系统建设、中小学图书馆发展、图书馆员职业资格制度推行、图书馆建筑引入公共艺术、未成年人网络过滤等一系列法律、政策和项目的实施,效果显著。中国相关政策刚起步,如全国和部分省份目前有对共享工程实施财政转移支付和直接资助的政策,但这还仅仅是个案。当前我国大力倡导公共图书馆免费服务、图书馆协作和设施网络建设,但在中央和地方各层面都缺乏配套财政和资助政策支持,实施效果不尽如人意。希望中央和地方政府既不断加大对图书馆事业投入,同时也吸收、借鉴好的投入方式,保证各种政策目标实现。从图书馆自身,尤其是大型中心图书馆而言,在财政预算中争取列入针对基层图书馆或推行图书馆系统服务的资助专项也是一个可行选择。

参考文献:

[1] A. 雷登逊. 美国公共图书馆立法史[J]. 杨华,译. 河北科技图苑,1992(2):51,54—57.

[2] 乔欢. 美国图书馆法解析[J]. 图书馆学研究,1992(4):15—18.

[3][6] 黎难秋. 美国图书馆事业与管理[M]. 合肥:安徽省图书馆学会,安徽省中心图书馆委员会,1989.

[4] Museum and Library Services Act of 2003[EB/OL]. (2003-09-25)[2010-01-17]. http://www.imls.gov/pdf/2003.pdf.

[5] Museum and Library Services Act of 1996[EB/OL]. (2002-02-22)[2010-01-17]. http://www.imls.gov/pdf/1996.pdf.

[7][17] California State Library. California Library Laws 2009[G/OL]. (2009-01-01)

〔2010-01-17〕. http://www.library.ca.gov/publications/librlaw-2009-A.pdf.

［8］Institute of Museum and Library Services. Public Libraries Survey: Fiscal Year 2007.［R/OL］.（2009-06）［2010-01-17］. http://harvester.census.gov/imls/pubs/publications/pls2007.pdf.

［9］Public Affairs of the Chief Executive Office of the County of Los Angeles. The County of Los Angeles Annual Report 2007－2008. 2008:8［R/OL］.［2009-07-15］. http://cao.lacounty.gov/pdf/Annl%20Rpt%202007-08.pdf.

［10］刘洪辉，方家忠. 赴美交流学习报告［R］. 2009.

［11］Schnuer R. Local Government Responsibilities & Funding［R］. 2009.

［12］国务院关于进一步完善文化经济政策的若干规定（国发〔1996〕37号）［Z］.

［13］关于支持文化事业发展若干经济政策的通知（国发〔2000〕41号）［Z］.

［14］［15］中华人民共和国个人所得税法（2007年）［Z］.

［16］广州市图书馆学会. 2007年广州地区公共图书馆基本情况统计表［Z］. 2008.

［18］IMLS. About Us［EB/OL］.［2010-01-17］. http://www.imls.gov/about/about,shtm.

［19］ALA. State Library Agencies［EB/OL］.［2010-01-23］. http://www.ala.org/ala/professionalresources/atoz/index,cfm.

［20］California State Library. General Information［EB/OL］.［2010-01-23］. http://www.library.ca.gov/about/cslgen1.html.

［21］State Library［EB/OL］.（2009-01-01）［2010-01-17］. California State Library. California Library Laws 2009. http://www.library.ca.gov/publications/librlaw 2009 A.pdf.

［22］IMLS. IMLS Appropriations History 2000－2010［EB/OL］.［2010-01-24］. http://www.imls.gov/pdf/00-10-AppropriationsTable.pdf.

［23］Will B, Andersen T. Evaluation of use of Library Services and Technology Act(Institute of Museum and Library Services) Funding in California 2002/03-2006/07［EB/OL］.

(2007-03)[2010-01-24]. http://www.imls.gov/pdf/5yrevals/CA03-07Eval.pdf.

[24] California State Library. Grants Information[EB/OL].[2010-01-23]. http://www.library.ca.gov/grants/.

美国洛杉矶郡公共图书馆的组织、管理和服务

Chapter 1

图书馆发展比较研究

【摘　要】以美国洛杉矶郡图书馆事业为主要对象，介绍、分析公共图书馆的组织、管理和服务。

【关键词】洛杉矶郡公共图书馆；公共图书馆组织；图书馆管理；图书馆服务

应美国加利福尼亚州洛杉矶郡公共图书馆（County of Los Angeles Public Library）馆长 Margaret Dorniellan Todd 女士邀请，2009 年 2—7 月，笔者与刘洪辉馆长以交流馆员身份赴美访问考察。洛杉矶郡公共图书馆创立于 1912 年，为郡内非城市化区域和部分城市提供服务。截至 2009 年 6 月 30 日，服务人口 367 万，服务区域面积 8021 平方公里，拥有地区和社区分馆 85 个、机构图书馆 1 个、汽车图书馆 4 个，馆藏文献信息资源 643 万项，以社区图书馆数量和馆藏规模计，该馆为美国最大的公共图书馆系统之一。[1] 在美期间，笔者在洛馆总部与其 19 个部门的负责人及相关员工、助理馆长、副馆长、馆长逐一进行了交流；访问了 5 个地区图书馆办公室，参观访问了其中有代表性的数十家社区图书馆；参加了整个系统、地区图书馆和社区图书馆三个层面的业务会议、馆员培训和读

者活动项目；访问洛杉矶郡范围内的洛杉矶市公共图书馆系统、阿罕布拉市公共图书馆等。本文以洛杉矶郡公共图书馆为主要对象，结合访问的其他图书馆系统和有关文献资料，介绍美国地方公共图书馆事业的组织、管理和服务情况，以供业界参考。

1 洛杉矶郡公共图书馆的组织形式和总体服务水平

洛杉矶郡是加利福尼亚州的 58 个郡之一，设立于 1850 年。截至 2007 年 1 月，总人口为 1033 万人，占加州总人口的 27%，面积 10580 平方公里。洛杉矶郡目前是美国人口最多的郡，只有 7 个州的人口超过洛郡。郡内有 88 个城市（cities）和 125 个非城市化区域（unincor porated area），其中历史最长的城市是洛杉矶市，创立于 1850 年，而最新的城市设立于 1991 年。89% 的居民生活在城市，11% 生活在非城市化区域。[2] 据美国《加州图书馆名录 2008》（*California Library Directory 2008*）和郡政府年度报告统计，郡内共有中央图书馆和分馆 247 个，公共图书馆服务覆盖整个地区。[3][4]

美国是一个以地方自治为基础的联邦制国家，存在多种形式的"地方政府"（local government），包括城市、镇、乡村等地方自治体，州政府的派出机构即郡一级政府有学校、国家森林公园、图书馆等特别区。在税收、治安、医疗保健、教育、公共图书馆等地方事务的组织和管理中，各州和州以下地方政府拥有广泛的自主权。根据加州的《郡免费图书馆法案》（*County Free Libraries Act*）等各州的法律，地方政府必须为民众提供公共图书馆服务，相应的主要通过征收和分配一定比例的财产税作为图书馆运作的主要经费来源。根据各自的历史和现实条件，各地方政府对公共图书馆的组织非常灵活。在洛杉矶郡，非城市化区域的公共图书馆服务统一由郡公共图书馆系统提供，而城市作为基本的地方政府单位，既可以自己建立和运作一个公共图书馆或图书馆系统，也可以委托郡系统提供图书馆服务，还可以选择几个城市合作建立图书馆特别区提供图书馆服务。如果选择加入其他系统，则相应的财产税等要转移给该系统使用。[5]

在洛杉矶郡内，公共图书馆主要有三种类型：

洛杉矶郡公共图书馆系统：在51个城市设立65个社区图书馆，在125个非城市化区域设立24个社区图书馆和汽车图书馆。即洛杉矶郡公共图书馆系统的服务覆盖全部非城市化区域和51个城市。这是提供城乡一体化服务的大型图书馆系统类型。在洛杉矶郡公共图书馆系统中，61个社区图书馆建筑是属于郡或城市政府的物业，24个社区图书馆则利用租来的物业提供服务。

城市图书馆或图书馆系统：31个城市设立了153个公共图书馆或公共图书馆系统，其中包括洛杉矶市公共图书馆的72个图书馆设施（1个中央图书馆、8个地区分馆和63个社区分馆）。其中16个较小城市只有一个独立运作的图书馆。

图书馆特别区系统：Palos Verdes图书馆特别区在3个城市设立4个分馆，服务4个城市居民。

5个城市在本市范围内没有设立公共图书馆，但为其他图书馆系统的服务所覆盖。

洛杉矶郡公共图书馆设施总体发展和2007—2008财年洛杉矶郡公共图书馆、洛杉矶市公共图书馆两大系统服务情况如下：

图书馆设施：平均41830人拥有一个中央图书馆或社区分馆。

注册读者量占服务人口比例：洛杉矶郡系统为80%；洛杉矶市系统为31%。

服务人口人均访问图书馆量：洛杉矶郡系统为人均3.49次；洛杉矶

市系统为人均4.48次。

服务人口人均外借量，洛杉矶郡系统为3.85项；洛杉矶市系统为4.23项。

图书馆活动项目：洛杉矶郡系统为16725项，参加人数531940人次；洛杉矶市系统为18000项。[6][7]

2 洛杉矶郡公共图书馆的管理

2.1 管理和业务架构

洛杉矶郡公共图书馆整个系统分为三层：

总部：负责整个系统的行政领导，公共服务管理、协调，技术支持和行政保障。设馆长1名、副馆长1名、助理馆长3名；再分公共服务、信息系统、财务与计划三大块共设置19个部门，由3名助理馆长分工负责。总部组织结构如图1所示：

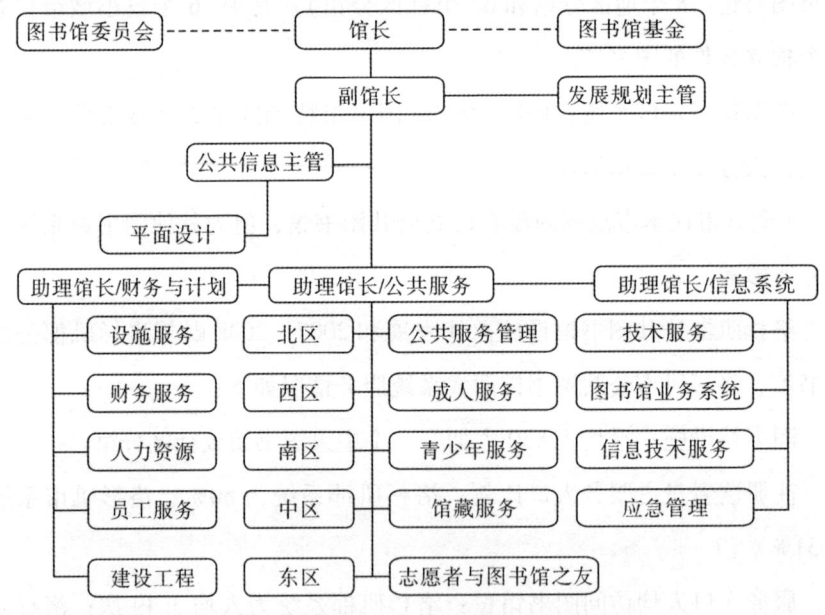

图1　洛杉矶郡公共图书馆组织结构图

地区图书馆办公室：整个系统89个社区分馆划分成5个区域实行分区管理。地区图书馆办公室负责所在区域所有社区图书馆的管理协调、资源配置与保障、人员招聘与培训等事宜。设地区图书馆主管1名，助理主管1—2名，青少年服务、成人服务协调员各1名，地区图书馆办公室经理1名，以及助理人员若干。

社区图书馆：负责为所在社区居民提供服务。按服务量、税费（经费来源）规模、馆藏量、建筑面积等因素划分规模，分1—5级，按照基本统一的标准配置馆员、经费、馆藏等资源。

洛杉矶郡公共图书馆管理和业务架构的特点在于：

（1）网络状服务管理架构。

作为公共图书馆主体的公共服务部分，其管理分层（总部、地区办公室、社区图书馆3个层次）、分区（5个地区），再通过专门部门的设置（公共服务管理）、成人服务（含参考咨询服务、青少年服务、志愿者与图书馆之友4个部门）进行横向协调，形成纵横结合的网络管理结构，以保障整个系统维持整体、规范和专业的服务。

（2）强调与社会公众的沟通、联系，鼓励公众参与。

职能部门——公共信息办公室，类似国内图书馆常见的公关部，但其职责更为全面、细致。其包括：对媒体进行公关宣传，对馆员进行与媒体、公众交流的培训和指引，与利益相关人士（县、州、联邦议员）沟通联系、争取经费等支持，为馆长提供公共事务宣传的咨询意见，统一网站宣传指引、审批等。下设平面设计室负责公共事务和活动项目的宣传海报、招贴设计等。

咨询机构——图书馆委员会，其职责是为郡的最高权力机构郡委会和图书馆馆长提供诸如图书馆政策、行政、运作和服务等各方面的咨询，争取公共投入，并就任何感兴趣的图书馆事务提出建议、评论。具体目标包括：在地方和州两个层面，争取公共经费投入图书馆事业；为图书馆需求和政策变化提供咨询；支持图书馆不断公众化和提升对居民的项目和服务；计划会议日程、时间、地点，以有利于公众的广泛参与，提供一个论坛让公众可以交流和获取充分的图书馆服务信息。委员会自1994年起设立，目前有20名成员，其中10名由郡委会委员指定，每位委员指定2名成员，另外10名从郡馆所服务城市的城市委员会成员中选举产生。即各有10人分别代表郡馆所服务的城市和非城市化区域。委员会每月召开一次例会，对公众开放，图书馆馆长或其代表在会上向各位成员通报图书馆近期的几乎所有重要的工作或设想、计划。图书馆通过该委员会与郡委会委员以及社会、民众进行交流。由于其组成成员的性质，该委员会在一定程度上具有决策机构的性质。图书馆非常重视该委员会的作用。

支持组织——图书馆基金，非营利组织，依法创立于1982年，其宗旨是为图书馆筹集资金，包括企业、基金和个人的捐赠，及建立广泛的伙伴关系以支持图书馆活动。捐赠者可以得到税收减免。

支持组织——志愿者与图书馆之友部门，"图书馆之友"是以城市、社区为基础，以支持个体的社区图书馆为目的，依法注册成立地区性的非营利组织。其活动包括：筹募资金，参与、支持图书馆活动项目（提供资金、人员、设备设施、饮食等），志愿者服务和其他支持活动。

志愿者，协助和支持图书馆员工在书刊排架、参与少年儿童活动项目、参与表演展览活动、参与协助图书馆家庭作业中心和扫盲中心服务等。

志愿者与图书馆之友部门负责吸纳、招募和培训志愿者，鼓励志愿者参与、支持图书馆的公共服务，以弥补图书馆人力资源的不足，并负责举办年度性的表彰活动；负责宣传、培训"图书馆之友"组织。为组织的依法设立及其活动提供咨询,并推进各"图书馆之友"组织之间的交流。其职责即争取社会支持。2007—2008 财年,洛馆共有 2177 个志愿者,全年提供 117538 个小时不计酬的服务,相当于支持 120 个半职人员的工时;共建立 78 个"图书馆之友"组织。目前每一个社区图书馆至少有一个"图书馆之友"组织,每年为洛馆募集经费约 100 万美元。目前,共有会员 6124 人。

(3) 设立管理支持部门。

员工服务部门,这是国内图书馆普遍还没有的制度设计。主要承担两项职责,一是为馆员尤其是馆长,对外界特别是对郡委会各位委员的沟通、联系与公关工作提供信息支持,如搜集相关的会议信息,为馆长和其他高层管理人员提出建议,根据领导的指示进一步搜集、准备相关材料;二是负责根据有关法令收取"图书馆设施纾缓费",按规定的标准向区域范围内申请房地产开发项目的发展商收取。

(4) 重视发展战略管理。

设立发展规划主管一职。其职责是为馆长制订、修改战略规划提供咨询。美国公共图书馆在美国图书馆协会的指引下,自 20 世纪 90 年代中期起,普遍开始了战略规划的制订和管理工作,其主要目的是确立图书馆在一段时期内的定位、目标和发展措施。目前,几乎在所有公共图书馆的网站上,都可以看到该馆的发展规划。洛杉矶郡公共图书馆目前聘请一退休人员担任发展规划主管一职。同时,在整个图书馆系统内,设立了由专业馆员组成的 4 个工作小组,负责研究、跟进发展规划的修订。

2.2 经费来源和分配

详见表1、表2：

表1　洛杉矶郡公共图书馆经费来源表

运作收入项目	2007—2008 财年收入	约占总收入百分比
财产税	61533000 美元	50.5%
特别税（城市地区）	12456000 美元	10.2%
郡资金	26214000 美元	21.5%
Proposition62 公用事业税（非城市化地区）	15430000 美元	12.6%
州资金	1554000 美元	1.3%
其他政府资金	1325000 美元	1.1%
罚款与收费	1600000 美元	1.3%
杂项	910000 美元	0.7%
资助/捐赠	920000 美元	0.8%
合计运作费用	121942000 美元	100%

表2　洛杉矶郡公共图书馆经费分配表

主要预算支出项目	2007—2008 财年预算	约占总预算百分比
员工工资福利	78935000 美元	62.2%
图书资料	10633000 美元	8.4%
设施维护	4435000 美元	3.5%
信息技术运作	4837000 美元	3.8%
信息技术——集成图书馆系统	500000 美元	0.4%
行政管理	27540000 美元	21.7%
合计	126880000 美元	100%

2.3 人员配备和岗位设置

职员分全职（Full Time）、兼职（Part Time）两大类。全职为正式雇员，每周工作40小时；兼职为非正式雇员，每周工作20小时。

公共服务领域：分专业馆员（全职/专业）、图书馆助理（全职/辅助）、书架整理员（兼职）三个系列，并以志愿者（每个志愿者提供1/4个全职员工的工作时间）为补充。其中专业馆员从低到高依次分为1—5级。

技术服务、行政服务领域：大体分专业人员、助理两个系列，在书刊资料辅助加工的技术部门中设有兼职职位。

人员入职要求：专业馆员要求具有美国图书馆协会认可的图书馆学专业硕士学位，所有全职人员要求具有大学水平（包括城市社区大学学位，部分相当于中国的大专水平），兼职人员以高中以上学生为主。

洛杉矶郡公共图书馆2007—2008财年有职员1849人，其中全职人员约占1/3，兼职人员约占2/3；在全职人员中，专业图书馆员约占1/3。所有全职人员都是政府雇员（意味着稳定的工作，相当水平的收入和良好的福利）。专业馆员工资福利收入处于当地中位水平，助理人员收入水平低于专业人员。兼职人员按小时计酬，不享受福利保障。

总体上，洛杉矶郡公共图书馆的人员配备和岗位设置具有以下优点：

（1）有利于控制用人成本：人员配备结构分全职、兼职两大类，其中全职仅占1/3左右，这种人员配备结构有利于控制用人成本。同时利用有利的社会传统，积极争取志愿者的支持。

（2）区分专业工作和辅助工作，保障图书馆作为专业服务机构的服务水准：从人员结构角度，专业图书馆员约占正式职员1/3，辅助人员约占2/3，同时还获得大量志愿者对书刊排架、流通等基本事务性工作的支持，这种结构有效保障了专业工作和辅助工作的分工，保障专业人员把时间用于专业工作上，从而保证了服务的专业化、高水准，也保障了专业馆员在图书馆服务中的核心地位，相应降低了用人成本。在管理工作上，也细分了专业工作和辅助工作，其中如馆一层的领导和相当部分的部门主任都配备了秘书，以协助管理者处理事务性工作。

图书馆人员配备和岗位结构如图 2 所示。

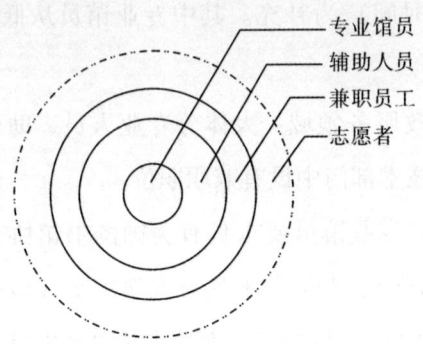

图 2　洛杉矶郡公共图书馆人员配备和岗位结构示意图

2.4　管理特点

2.4.1　因地制宜，因馆制宜，有多少钱办多少事，不强求一致，不追求单一目标

决定一个馆社区服务保障程度的因素包括：该地区或城市的税费水平，图书馆服务绩效和服务人口等。以中央区各社区图书馆开放时间为例：该区有 19 个社区图书馆，其中开放时间最长的图书馆每周开放 7 天 63 小时，最短的图书馆每周开放 4 天 28 小时，18 个馆星期天闭馆。具体如下：

7 天 63 小时，1 个馆；

6 天 50 小时，1 个馆；

6 天或 5 天，40 个小时以上，12 个馆；

5 天 30 个小时以上，4 个馆；

4 天 28 小时，1 个馆。

2.4.2 管理科学化、精细化

表现在：

(1) 高度分工：部门、业务分工细致。如前述员工服务部门的设置。

(2) 精细管理：以应急管理为例，洛杉矶郡公共图书馆应急管理规范通过《建筑应急管理手册》实现。该手册分12章，内容包括：授权和法律依据、组织和任务、应急电话号码、设施计划和平面图、建筑系统（包括生命保障系统、设施设备系统）、灾害应急处理指引、检查培训文件、应急程序手册、参考资料、安全事故报告、美国残障人士法案、例表等。其中，生命保障系统、设备设施一章，包括：充分的信息（装备类型、贮藏地点、装备功能、操作、测试与更新）、装备袋的必要装备（压缩饼干、水、电筒、小刀等）。灾害应急处理指引一章，包括：地震、电力故障、骚乱内乱、医学事故、炸弹威胁、危险化学品等六大类情况。[8]

另如，基于资料类型的外借服务统计（Circulation bymaterial code），洛杉矶郡公共图书馆划分出和可以提供多达97种资源类型的外借统计数字。其中外借量排在前面的10种类型依次为：成人DVD、儿童英语易读图书、成人Video、青少年英语非小说、青少年英语软皮书、成人英语非小说、成人英语小说、成人英语非小说磁带、青少年Video、成人语音CD。

(3) 过程（程序化）管理：实行完全的过程管理。如建设工程部工程项目进度管理。洛杉矶郡公共图书馆馆现有5项工程，每项工程每周有关人员都要召开例会。会议内容包括：通报工程进度，协调资源调配，交流解决存在问题，同步支付工程费用等。

(4) 科学化：例如前述网络状管理结构、人员配备与岗位设置。再如书刊剔旧管理。洛杉矶郡公共图书馆2007—2008财年增加馆藏699157

项（服务人口人均年增加0.2项），而同年剔除书刊资料1014872项。书刊剔旧是专业馆员日常工作之一。通过日常化的图书剔除工作，使馆藏质量始终维持在一个较高的水平。

（5）编码化：所有人员、事务、项目全部实现编码化，对深入实现计算机管理的作用不言而喻。

2.4.3 充分的知识共享

高度重视馆员的继续教育，其内容、形式灵活多样，其中馆员之间、团队之间、各社区图书馆之间的交流占据主体地位；在馆内局域网以WIKI等形式提供知识、信息、意见、思想交流的平台。

2.4.4 重视与公众的交流互动

2.4.5 重视发展战略管理

因此，洛杉矶郡公共图书馆整体运作效率很高，虽然内部某一个部门或某一个馆员的效率由于分工和要求的细化通常并不高。

2.4.6 馆长负责制

馆长是洛杉矶郡政府38个部门首长之一，必须具备专业馆员资格，同时又是政务官，对图书馆的所有事务负责，同时享有充分的权力，包括决定副馆长以下所有职员的聘任及薪资水平。在馆长负责制的基础上，建立层层负责的管理制度，每一个职员对其主管负责。

3 洛杉矶郡公共图书馆的公共服务特点

洛杉矶郡公共图书馆的文献信息资源包括书、刊、录像带、DVD、CD、录音磁带、报纸、名录、小册子、缩微资料、地图、联邦和州政府出版物、地方历史资料等。除英语文献外，代表性的语言文献还包括：西班牙语、汉语、印地语、日语、韩语、俄语、越南语等13种语言。提供借阅服务、参考咨询服务、在线服务、互联网终端免费访问服务、阅读建议服务、馆际互借服务以及会议室服务等。目前会议室服务已成为洛杉矶郡公共图书馆的基本服务之一，凡近年新建的社区图书馆都配套设置了会议室。会议室为社区居民提供服务，公益性、公共性的使用一般免费，商业性的利用需要交纳一定的费用。其服务特点如下：

3.1　服务组织社区化

洛杉矶社区的多样化在美国非常突出。与纽约市一样，洛杉矶是美国主要的人口移入地区，居民在族裔、语言、文化等方面是最多元化的地区之一。据美国人口调查局统计数字，2008年全部人口中白人占74.1%（其中拉美/西班牙语裔占47.7%，只有墨西哥的墨西哥城多于这一人口），亚裔美国人占13.2%，黑人占9.4%；2000年36.2%的居民在国外出生，54.1%的人在家里使用英语以外的语言。[9] 另据洛杉矶教育机构 Los Angeles Unified School Distric 的调查，洛杉矶居民使用超过130种不同语言。墨西哥人、日本人、中国人、韩国人、俄罗斯人、亚美尼亚人等都形成了自己的社区。

图书馆服务完全基于社区、居民的特点和需要来组织。社区居民的种族、语言、文化等因素构成决定了社区图书馆的文献资源语种、馆员和馆长的语言文化背景、服务与活动项目的针对性，以及大到图书馆建筑设计，小到馆内装饰、标识导牌的语言文种，无不体现出社区的特征。如，在中国人聚居的 Diamond Bar 市图书馆的馆长为华裔，并配备了相当数量的中文文献；在日本人聚居的 Gardena 市图书馆，其馆舍建筑以一个特色鲜明的日本花园为中心构建；在拉美裔人聚居的 East Los Angeles 市图书馆，其馆舍建筑具有十足墨西哥风格的艳丽明快色调，装饰着拉美裔明星艺术墙，配备了拉美/西语裔馆员，而西语裔美国人资源中心就设在这个馆内。

3.2　服务对象化

与美国高度的社会分工、市场高度细分相对应，公共图书馆也以服务的对象化实现服务的细化、深化，不同年龄段的群体、对图书馆服务有特殊需求的群体在公共图书馆内都能找到相应的空间、资源和服务。

（1）"家庭空间"（Family Place）：为3岁以前婴幼儿及其家长服务。配置的资源包括：一个明亮的、色彩艳丽的专门空间，易读图书、玩具、录像资料、音乐等方面的文献资源，可获取的初级识字、阅读和父母教育资源，专门的儿童图书馆员。适宜的活动项目如"故事时间"。延伸到针对新居民的服务，其中有一个为期5周的父母、孩子、专家共同参与的工作坊项目等。合作与资助单位包括：洛杉矶郡质量与生产力委员会（Los Angeles County Quality and Productivity Commission）、洛杉矶郡图书馆基金、美国博物馆与图书馆研究机构、图书馆之友等。目前，有27个社区图书馆提供这一服务。

（2）"家庭作业中心"（Homework Center）/"在线家庭作业帮助"（Live Homework Help）服务：现有40个社区图书馆设置家庭作业中心，为各年级的学生提供放学后的作业辅导服务。中心提供经过训练的馆员、志愿者、作业参考资料、联网计算机、教育软件等资源，提供有监管的家庭作业辅导，开展强化学习技能、增强阅读、科学、数学和艺术能力的活动，帮助学生在中心完成家庭作业，以提升学生的读写能力、减低学生辍学率。中心同时提供家长相应的资源以协助他们的孩子完成课业，并与学校的老师开展紧密的合作。图书馆同时以合约形式聘请有关公司提供在线服务。4—12年级的学生可得到老师在英语、数学、社会研究、科学等科目的辅导，辅导以英语、西班牙语两种语言提供。

（3）青少年（13—18岁）空间：在未成年人成长的过程中，13—18岁是一个敏感的时期，这一年龄段的群体表现出鲜明的个性化特征。在图书馆营造的服务空间中，除专门的文献以外，尤其注重家具、色彩的与众不同，如配置高脚凳、滑轮沙发、色彩艳丽的装饰品等。目前，一部分社区图书馆提供这一服务。

（4）扫盲中心：在选定的 12 个社区图书馆设立，由馆员和经过培训的志愿者为成年人提供辅导和协助，以提升成年人读、说和写英语的能力。该项服务在新移民较集中的地区尤其受欢迎。该中心运作由州政府提供经费资助。

（5）图书邮送服务：协助偏远地区和困身于家中（包括残疾、疾病等）的居民提供指定目录内文献的免费送书上门服务。2007—2008 财年，图书馆共外借 18316 项。

（6）长者中心：逐步开始提供。美国二战后"婴儿潮"期间出生的人群正进入老龄期。图书馆目前正制订专项规划，准备为这一目标群体提供针对性的服务。

（7）特殊群体服务：根据美国的残障法案，主要针对身体残障人士提供服务和残障通道等设施。

（8）汽车图书馆服务：4 个汽车图书馆为偏远社区提供服务。

（9）族裔资源中心：洛杉矶郡公共图书馆设置了 4 个中心，为本地区主要少数族群提供信息与研究资源服务，包括：美洲印第安人资源中心、亚太资源中心、非洲裔美国人资源中心、西语裔美国人资源中心。如亚太资源中心主要为来自中国、日本、韩国、菲律宾和越南的族群提供服务，馆藏重点是各有关国家的历史、文化遗产，文献涵盖各种类型，包括语言学习资料。近几年开展的活动项目包括中国风水、烹调、书法讲座，泰国舞蹈表演等。

在针对不同目标群体的服务中，很显然，洛杉矶郡公共图书馆最注重针对少年儿童群体的服务。图书馆鼓励少年儿童阅读和学会利用图书馆资源，提供故事时间、电影和暑期阅读项目、图书馆参观、学校班级集体项目等一系列活动项目，同时为父母、准父母和儿童工作者提供服务。为做好少年儿童群体的服务，洛杉矶郡公共图书馆开展广泛的社会合作，合作伙伴包括：洛郡政府青少年与家庭服务部、教育办公室、缓刑部（Probation Department 公共安全部门之一）、公园与娱乐部、公共图书馆基金、加州图书馆等。以下是2007—2008财年少年儿童服务的基本统计数字：

631万册图书被外借，占外借总量的45%；

118万青少年拥有图书馆读者证，占办证总量的40%；

7万青少年在2008年新申请了图书馆证；

13万人参加了学龄前教育活动，包括故事时间项目；

30万人参加阅读促进活动；

7万人参加了学校课室访问活动；

16万人参加了假期阅读活动；

13万人从图书馆家庭作业中心得到了帮助。

3.3 服务运作整体化

各社区图书馆在整个图书馆系统的支持下，提供充分的、规范的、同一水准的服务。例如：

借还服务：任一读者可在任一社区图书馆借还整个图书馆系统的资源，不管该资源是否在本社区图书馆，其背后是便利的系统内通借通还。

参考咨询服务：简单的问题由社区图书馆解答，复杂的问题转由整个系统的参考咨询中心集中解答。

馆际互借服务：利用一个全国范围的馆际互借系统，可以通过图书馆借阅该馆没有的、任何一个其他图书馆的图书。洛杉矶郡公共图书馆通过参加与其他地方图书馆系统与国家图书馆馆际互借协议实现。服务需要收取一定的成本费用，如邮费。这是服务运作整体化最典型的项目。笔者访问过的位于太平洋Catalina岛上的Avalon市图书馆，是一个海岛图书馆，该馆提供的与社区图书馆同样标准的服务令人印象深刻。Catalina岛是距离美国西海岸长滩市22英里、大概1小时船程的太平洋上的一个岛屿，岛上有Avalon市，常住居民3521人，每年夏季大约有6000—7000人到岛上度假。市政府提供全面的公共服务，其图书馆隶属于洛杉矶郡公共图书馆系统。该馆创建于1914年，是郡系统的第一个"海外图书馆"，面积只有110平方米，馆藏23584册图书、14种报刊及一些语音磁带、盒式录像带等，2个全职职员、1个兼职职员、3个志愿者，提供所有的基本服务。其中，提供的外借服务中，本馆资源即时外借，系统内其他馆资料通过邮局系统1周内送到，馆际互借一般在1个月内可以获得。作为一个海岛上的袖珍图书馆，该馆服务和整个系统内其他图书馆几乎没有任何区别。

当然，需要强调指出的是，由于总体投入保障水平较高、资源配置比较合理，所以洛杉矶郡各社区图书馆自身的资源可以满足90%左右的读者借阅需求，其他10%左右通过通借通还和馆际互借方式从系统内的其他社区图书馆和系统外的图书馆获得。

参考文献：

[1] County of Los Angeles public Library Statistical Information http://www.colapublib org/aboutus/info html, 2009-12-12.

[2] [4] Public Affairs of the chief Executive Office of the County of Los Angeles. The County of Los Angeles Annual Report2007-2008. http://cao lacounty. gov/Pdf Ann% 20RP% 2007-08. pdf 2009-07-156.

[3] Library Development Services Bureau of California State Library. California Library Directory 2008. http://www.library.ca.gov/lds/lbrary directory.html, 2009-07-15.

[5] California State Library. California Library Laws 2009. http://www.library.ca.gov/publications/librlaw_ 2009_ A Pdf 2009-12-12.

［6］Library Development Services Bureau of California State Library CaliforniaLibrary Directory 2008. http://www. library. ca. gov/lds/docs/California Library Directory2008. Pdf, 2009-12-12.

［7］County of Los Angeles public Library Statistical Information. http://www. colapublib. org/aboutus/info html. 2009-07-15.

［8］Los Angeles Public Library. 2008 Library Facts(for fiscal year2007 – 2008). http://www. Lapl. org/newsroom/2008_ facts. html, 2009-7-15.

［9］County of Los Angeles Public Library. County of Los Angeles Emergency procedures Manual.

［10］U. S. Census Bureau. State & County QuickFacts. http://quickfacts. Census. gov/qfd/states/06/06037. html, 2009-12-12.

［11］Woelfel R H. The Story Los Angeles County Public Library. Glendale, Glendale, California. The ArthurH. Claqrk Company, 1987.

从管理的视角看美国公共图书馆的社区认同及其启示

【摘　要】 介绍美国公共图书馆所获得的高度的社区认同，从决策机制、组织结构设计、内部氛围营造、服务管理四个角度分析其制度原因，从利益相关者支持图书馆方式的角度分析其社会环境，提出对中国图书馆管理的四点建议。

【关键词】 美国；公共图书馆；社区认同；管理；社会环境

在中美交流过程中，经常有人提出这样的问题：中国公共图书馆和美国公共图书馆比较，最主要的区别是什么？笔者以为，最大区别在于美国公共图书馆作为社区中心的作用和影响非常突出，这在中国当下还无法看到。2006年，美国图书馆委员会（Americans for Libraries Council）和比尔与梅琳达·盖茨基金会提供资金支持，由跨党派的非营利机构"公共议程"（Public Agenda）组织了一项全国性的关于21世纪公众和领导者对待图书馆态度的调查。调查结果很好地表明了公众对公共图书馆的认同：美国公众认为公共图书馆对于21世纪的社会发展非常重要。92%的受访者同意公共图书馆对维护一个富有成效的、健康的社区是必要的；78%的受访者认为，假如公共图书馆因经费短缺而关闭，则对整个社区而言是一个重要的损失而不仅仅是影响其中一部分人，有受访者描述其感受"就像你把所有的图书都付之一炬一样"[1]。对公众而言,图书馆是受重视的、运作最好的社区机构:公共图书馆获得76%受访公众的肯定,警察部门为68%,公立学校为56%,新闻媒体为50%,社区政府为43%[2]。美国图书馆协会(AIA)的电话调查进一步验证了公众认同:2008年有超过21.7亿美国人认可或强烈认可公共图书馆提升了社区的生活质量,超过2.22亿人认可或强烈认可公共图书馆因提供免费的资源和服务,所以在给予每个人以成功机会方面扮演着重要的角色[3]。

1 公共图书馆得到社区认同的管理制度分析

1.1 管理决策机制保障公众权利

美国公共图书馆实施理事会、董事会、委员会等治理形式。这是一种开放、民主的治理模式,具有三种效用:(1)权力机构,讨论和制订图书馆总政策,决定一切重大问题;(2)审议机构,对图书馆一切重大问题进行审议;(3)咨询顾问机构,对图书馆经营管理起参谋作用[4],包括两种类型:监管决策型和咨询顾问型两种类型。

华盛顿州的图书馆委员会属于监管决策型,具有十项法定权力:聘用或解聘图书馆馆长,规定其职责、报酬;向立法机构提交年度预算,或证明其征税建议的合理性;租赁或购买用于图书馆建筑的地产或建设图书馆及配套财产;接受捐赠给图书馆的资金或财产;控制图书馆的财务等。委员会通过公共会议处理事务,并对外开放,任何人无需登记和无需任何条件都可出席会议[5]。委员代表社区利益,作为看护社区钱财、知识和文化的角色而存在,对社区而言代表图书馆读者的声音,对图书馆而言则代表社区的声音[6]。委员由所在城市管理实体或郡委会任命,但依法拥有自主权而无需对任命机构负责[7]。

加州洛杉矶郡公共图书馆委员会属于咨询顾问型。委员会职责是为郡的决策机构即郡委会和图书馆馆长提供图书馆政策、行政、运作和服务等各方面的咨询，争取公共投入，并就任何感兴趣的图书馆事务提出建议、评论。具体目标包括计划会议日程、时间、地点，以利于广泛的公众参与，让公众可以交流和获取图书馆的充分信息。委员会有20名成员，其中10名由郡委会指定，每位委员指定2名成员，另外10名从图书馆所服务城市的决策机构即城市委员会成员中选举产生[8]。郡委会和城市委员会委员由公众选举产生，代表公众意志。因此，民选代表指定代表或亲身参与意味着公众权利在图书馆治理结构中得以保障和实现。

1.2 组织结构设计保障公众充分参与

仍以洛杉矶郡公共图书馆为例。该馆在组织设计上包括：（1）公共信息办公室：负责对媒体进行公关宣传，对馆员进行与媒体、公众交流的培训和指引，与利益相关人士（郡、州、联邦议员）沟通联系、争取经费支持，为馆长提供公共事务宣传的咨询意见等。（2）志愿者和"图书馆之友"部门：负责吸纳、招募和培训志愿者，举办年度性的表彰活动，鼓励志愿者参与、支持图书馆的公共服务，以弥补图书馆人力资源的不足；宣传推广、推动建立"图书馆之友"组织，为组织的依法设立及其活动提供咨询，每年组织各"图书馆之友"之间的交流活动。

1.3 图书馆内部氛围营造彰显公益文化

作为公益事业，美国公共图书馆普遍得到基金、"图书馆之友"的支持。两者都是非营利组织，依法创立，其宗旨是为图书馆筹集资金，及建立广泛的伙伴关系以支持图书馆活动。洛杉矶市图书馆基金成立于1992年，2008财年为该馆提供资助519万美元，占该馆年度总收入的4.2%[9]。同年洛杉矶郡公共图书馆共得到78个"图书馆之友"组织、6124个会员的支持，每一个社区图书馆至少有一个"图书馆之友"提供帮助[10]。

在图书馆内，对资助者、图书馆基金、"图书馆之友"等支持组织的感谢和表彰随处可见，形式包括：以资助人士或机构名字命名图书馆、阅览区或活动项目，在门厅、大堂等显著位置镌刻基金会、"图书馆之友"会董事会或理事会成员名录，公告资助者名录，在公共区域设置人物像、纪念文字，开展年度表彰与交流活动等。纽约市公共图书馆系统位于曼哈顿第五大道著名的研究图书馆作为19世纪三个私人慈善捐赠的产物，在大堂和其他各公共区域设置了大量的人物塑像和纪念文字对慈善人士予以纪念和褒扬；加州旧金山市图书馆将捐助者的名字镌刻在固定于大堂中庭的片片椭圆形玻璃上；伊利诺伊州厄本那市图书馆新馆将资助人士的名字刻在地板上；洛杉矶市图书馆则别出心裁地将捐助者的名字刻在一排排弃用的旧目录柜柜面上。图书馆普遍在馆内营造出一种浓厚的褒扬和鼓励公益慈善捐赠的文化氛围，这是与我国图书馆的显著区别之一。

1.4 服务管理遵循顾客满意度标准，绩效评价重视社区影响力评价

美国图书馆界有众多的服务标准，既有联邦、州和地方政府制定的标准，也有州图书馆协会制定的标准。以洛杉矶郡公共图书馆为例，该馆遵循的是由郡政府制定，各部门、各机构和社区合作组织所有雇员必须共同遵守的统一的"客户服务和满意度标准"。该标准包括三方面内容：（1）个人服务传递，包括五项具体标准；（2）服务获取，要求服务者促成客户对服务的便利获取，包括十三项具体标准；（3）服务环境，要求提供清洁、安全和友好的环境，包括一项具体标准。该标准同时包括测评和表彰机制[11]。

美国公共图书馆普遍重视影响力评价。以洛杉矶市图书馆为例。该馆2008年度报告即以"影响"为题，包括教育、经济、社区、文化、图书馆基金、地理等六方面影响力评价。在社区评价方面，报告强调社区

图书馆欢迎所有年龄段的每一个人，为儿童、青少年、成人等不同人群提供不同的资源和空间，促使人们集中在一起学习、探索和共享信息；介绍社区图书馆的扩建和重建工程，认为这些风格各异的图书馆建筑的存在强化了社区的活力；图书馆为儿童和青少年提供一个安全的庇护所，为他们在课后和周末提供学习和探索的空间和资源；图书馆基金实施"收养一个分馆"项目等[12]。

2 公共图书馆得到社区认同的社会环境分析

作为社区中心，图书馆管理背后的社会环境更值得中国同行考察和思考。美国学者查尔德斯和豪斯认为，图书馆的利益群体包括图书馆管理者、图书馆员、图书馆信托人、读者、捐赠者、上级主管部门官员、社区领导者等[13]。笔者认为，美国由于采用以民众自治为基础的社会组织形式，因此社区的每一个个体或组织都成为图书馆的利益相关者。热心公益、民主自治的社会文化传统，发达的市场经济形成的财富基础，税法、非营利公益团体法、为图书馆目的的财产税免除法等鼓励公益慈善捐赠、支持公民自治的法律体系，这三个方面共同作用，促成了美国公共图书馆与社区的紧密联系，促成了公共图书馆作为社区中心地位的形成。

（1）纳税人：①交纳财产税作为社区图书馆的主要经费来源；②对选区的民选官员、议员和图书馆预算案施加影响等。社会环境：①各级政府的财产税、特别税等法律；②民主选举制度；③重大事项听证会等民主决策机制。

（2）志愿者、义工：为图书馆提供不计酬服务，通常在书刊排架、文献流通、少年儿童活动项目、表演展览活动、家庭作业中心和扫盲中心服务等领域提供支持，缓解图书馆人力紧张。社会环境：基督教有

"感恩"、"回馈"社会的传统观念，国家有"感恩节"。感恩思想通过学校教育成为公民意识。因此，几乎全体美国人都会拿出部分时间来做义工、志愿者[14]。

（3）社区居民：①捐款、赠书、捐赠遗产、房产；②作为义工、志愿者参与图书馆服务。社会环境：①热心公益的传统；②税法规定，公益慈善捐赠享受个人所得税、遗产税与继承税减免等优惠。

（4）民选官员、议员（决策者）：①年度拨款；②专项经费支持；③制定图书馆政策、法律；④亲身或指派代表参与图书馆理事会、咨询委员会等机构的决策与咨询活动。社会环境：对公共图书馆的重视和支持超越意识形态与党派。

（5）"图书馆之友"（非营利机构）：社区居民组成独立法人实体，为图书馆开展筹款、售卖旧书、出租视听资料等活动，补充图书馆服务，资助文献、家具、设备采购，以经费、人力支持图书馆常规服务以外的项目活动。社会环境：①公民自治传统；②州《非营利公益团体法》等支持公民自治、公益捐赠免税等政策[15]。

（6）图书馆基金（公共基金，非营利机构）：①资助文献资源建设；②资助特定服务；③资助具体技术项目；④直接筹募资金[16]。社会环境：美国联邦税法第501条款、《国内税收条例》第170条款等规定公益捐赠免税。美国税法有三个有助于公益慈善事业发展的特点：税率的累进制、对高收入高资产者的高税率、慈善捐赠与公益慈善机构免税（基金会的增值收入和经营项目收入也免收所得税）。涉及税收减免的税种包括：个人所得税（1917年起实施减免）、企业所得税、财产税、遗产税与继承税等[17]。

（7）家庭基金会、独立基金会、公司基金会等（私人基金，如卡耐基基金会、盖茨基金会等，非营利机构）：①款物捐赠；②对图书馆具体项目予以支持。

（8）公司企业等社会组织：向图书馆或图书馆基金捐赠款物、土地、房产等。社会环境：①同图书馆基金；②"为图书馆目的的财产税免除"等法律[18]。

（9）青少年与家庭服务、教育、缓刑、公园与娱乐、州图书馆等本级或上级政府部门：合作伙伴。社会环境：政府公共管理要求对公共资源进行有效整合。图书馆与社区公立学校、警察局、消防局等机构也需要竞争公共资源。

3 对中国图书馆管理的启示

3.1 在组织设计上，建立公众参与的渠道

我国部分公共图书馆设有公共关系部门，负责与社会公众沟通联系，部分设有读者委员会等阅读交流组织。但总体而言设置不普遍，且公关部门多以媒体与政府部门作为主要目标群体。建议将公众交流作为基本职能，在组织层面作出设计，明确将所有利益相关者作为工作对象。

3.2 在绩效评价上，引入利益相关者影响力评价

在美国，一个小型城市通常就被指称为一个社区，在一个大都市，除了共同的居住区域以外，"社区"更多时候强调其居民的种族背景或文化多样性，强调居民的经济收入状况和共同的社会需求。中国的社区更具同质性、较少差异性。中国可以引入社区影响力评价的理念，但具体操作上可以转化为对不同服务群体的影响力评价、对整个区域与城市的文化影响和利益相关者影响力评价三类指标。通过评估，不断细分服务对象、深化分众服务，同时明确利益相关群体，拓展伙伴关系。

3.3 在治理结构上，推进改革，体现公众权力意志

目前，深圳等地正试行公共图书馆法人治理结构改革，其背景是新一轮的事业单位体制改革，其内容是建立理事会、管理层、职工大会，

形成决策、管理执行和监督"三权分立","其目标是要摆脱政府管事业、政府包事业的格局,使事业单位成为社会管理、社会服务的主体,其价值取向是要去除事业单位行政化趋同性与附属性,回归公共服务本色"[19]。美国理事会制度的主要价值取向则是决策的民主性,强调公众的权力意志,强调公众参与。这一点值得我们立足国情,尽可能予以借鉴。在中国全面铺开公共图书馆法人治理结构改革之前,笔者认为,各馆可以先确立"有效的公众参与是图书馆提供有效社会服务基础"的理念,先行建立读者委员会等对话交流机制。

3.4 在社会环境营造上,推进支持组织的建设

对照美国公益基金会兴盛的三个要件,以及美国"图书馆之友"等支持组织发达的原因,中国目前已初步具备市场经济和社会氛围的条件,公民社会也正在发育中,缺位的主要是法治环境的鼓励和支持,其中最主要体现在税法设计上。2004年世界银行研究报告认为,中国当前税制对公益基金会、社会团体、民办非企业单位等非营利组织的影响主要体现在三个方面:(1)以流转税而非所得税为主的税制设计不足以鼓励非营利组织发展;(2)税收管理过于严格;(3)优惠政策宣传不足、优惠力度过小等[20]。近年来,中国针对公益慈善事业的税收优惠幅度不断加大,但税制对非营利组织的影响总体上并未改变。

在非营利组织设立上,1998年起实施的《民办非企业单位登记管理暂行条例》、《社会团体登记管理条例》都规定,其成立登记的条件之一是要经业务主管单位审查同意。在实际操作中,仅此一条就足以让类似努力知难而退。同时,由于民政登记的门槛较高,如果改而寻求工商登记,则又意味着无法享受税收减免的优惠政策。

针对这样的社会环境,从图书馆的角度,重点是要推动国家机关从完善立法和依法执行两个方面抓紧推进,将社会资金导入图书馆事业,

缓解当前财政投入总体水平还较低的困难，同时进一步开放非营利组织的设立，促进社会在超越公民个体的层面、以自组织的形式对公共图书馆的发展提供更有力的支持。同时，可以通过非正式形式组织读者、公众、机构参与相关活动，以培养社会氛围，推动各界对图书馆工作的支持。

4　结论

当前，公共图书馆在中国公共文化服务体系中的基础和主体地位正不断增强。随着公民社会的初见雏形，需要为图书馆设计一个公众权益表达机制，并提供更多渠道让公民有序参与图书馆管理与服务。同时，随着市场经济的发展，社会财富迅速积累，贫富分化加剧，社会财富需要进行"三次分配"，公益慈善捐赠的社会氛围和政策环境正逐步形成。从图书馆管理的角度，美国公共图书馆得到社区认同给我们的启示有：（1）图书馆治理结构保障公众权益的直接表达；（2）图书馆管理保障公众充分参与；（3）需要努力构建一个鼓励利益相关者支持图书馆的社会环境。由于事业发展水平和国家基本制度设计不同，中国图书馆界需要以多种方式吸收借鉴美国的经验。

参考文献：

[1][2] Public Agenda Long overdue . A fresh look at public attitudes about libraries in the 21st century [2010-04-26]. http://www. Public agenda. oig/files/Pdf/Long_ Overdue. Pdf.

[3] ALA. The Condition of U. S. Libraries, Public library trends, 2002 – 2009. [2010-01-17]. http://www. Ala. org/ala/research/librarystats/Public/Condition_ of_ Libraries_ 1999. 20. Pdf.

［4］［5］徐引篪，盛小平，黄颖. 美国图书馆理事会及其启示［J］. 四川图书馆学报，2004（3）：2—7.

［6］［7］Washington. State Library. Public library trustee summary manual. [2010-05-19]. http://www. Sos. Wa. gov/ library/ libraries/ libDev/ downloads/ trustee/ summary Pdf.

［8］County of Los Angeles public Library. Library commission. [2009-12-12]. http://www. Colapublib. org/aboutus/info. html.

［9］［12］ImPact Los Angeles public library and library foundation of Los Angeles annual report 2007－2008. [2009-05-17]. http://www. Lfla. org/annual-report/.

［7］［10］County of Los Angeles public Library Statistical information. [2009-12-12]. http://www. Colapublib. org/aboutus/info. Html.

［11］Chief Executive Office of County of Los Angeles Customer Service and Satisfaction (CSS) Standards. [20l0-05-10]. http://ceolacoumy. gov/sib/Pdf/tss06/css% 20 STANDARDS% 20 -%20Modified% 20dy% 20all% 20Participants%20rev%21. Pdf.

［13］吴新年. 图书馆绩效评价研究［J］. 情报资料工作，2005（4）：69—71.

［14］李培林，徐崇温，李林. 当代西方社会的非营利组织——美国、加拿大非营利组织考察报告［J］. 河北学刊，2006（2）：71—80.

［15］［18］California State Library. California Library Laws 2009[2010-01-17]. http://www. Library. Ca. gov/publications/libriaw_ 2009_ A. Pdf.

［16］杨岭雪. 美国图书馆基金会的类型与运作［J］. 图书馆杂志，2005（5）：69—71.

［17］王雯. 美国公益基金会兴盛原因的制度经济学分析［J］. 美国研究，2009（2）：103—114.

［19］肖容梅. 公共图书馆法人治理结构初探［J］. 深图通讯，2008（2）：8—14.

［20］利昂·E. 爱力舍，靳东升，卡拉·西蒙. 世界银行委托课题研究报告——中国非营利组织适用税法研究［EB/OL］. [2010－05－10]. http://www. Chinanp. Gov cn/web/showBulltetin do?id＝20786& dictionid＝1835.

中美公共图书馆建设模式比较研究

【摘　要】 文章从设施水平与发展过程、地方图书馆组织形式、系统运作、行政管理地方化等四个方面，和全国、地方两个层面，分析美国公共图书馆建设模式，对比中国设定公共图书馆服务体系建设目标、图书馆发展路径、系统协作、推行行业标准等方面提出相应建议。

【关键词】 美国；中国；公共图书馆

当前，中国公共图书馆事业正处于快速转型发展时期。全国上下许多地方都在进行着多种发展模式的探索。相应的，也突显出许多需要业界去深入、理性思考的现实问题。美国作为世界上图书馆事业最发达的国家之一，其建设模式值得深入研究，以作为我国图书馆事业科学健康发展的借鉴。

1　公共图书馆普及均等化

美国图书馆服务的联邦主管机构——美国博物馆与图书馆服务机构（Institute of Museum and Library Services，IMLS）负责一个全国性的年度调查项目，并发布年度报告《美国的公共图书馆》（Public Libraries Survey，以下简称PLS）。[1]据PLS报告，2007年全美50个州和哥伦比亚特区共有9214个公共图书馆（或系统）16604个服务点（详见下页表1），服务覆盖全美总人口的97%。[2]另据美国人口普查局估计,同期美国人口为307006550人。[3]即2007年,美国平均18503人拥有1个公共图书馆服务点。

在州的层面,以加州为例。据《加州图书馆统计2008》提供的数字,2006—2007财年,加州共有公共图书馆行政单位181个,主要图书馆(Main Library)167个,分馆(Branch Library)631个,图书馆站(Library Station)314个,汽车图书馆(Mobile Library)63个,共计设施1175个。[4]其时加州人口为37662518人,即平均32053人拥有1个公共图书馆服务点。

表1 2007财年美国公共图书馆数量

图书馆类型			数量(个)
公共图书馆(或系统,指行政体系) Public Libraries（Administrative Entities）			9214
服务点 Outlets	固定服务点 Stationary outlets	中央图书馆 Central libraries	9040
		分馆 Branches	7564
		汽车图书馆 Bookmobiles	808
合计			16604

在郡的层面,以加州洛杉矶郡为例。据《加州图书馆名录2008》和郡政府年度报告统计,郡内共有中央图书馆和分馆247个。其时郡内总人口约为10331939人,即平均41830拥有一个公共图书馆服务点。[5][6]

由上述美国全国、加州、洛杉矶郡三个层面的统计数字看,美国各地图书馆发展也存在不均衡的现象,东部相对服务保障水平更高,但总体上美国的公共图书馆服务已实现普遍、充分、均等。所有地方,通过地方系统、州系统、区域系统和全国系统多层保障，均可享受基本均等的服务。

同时，从历史的角度看，美国公共图书馆的发展也经历了一个较长的过程。表2、表3分别列举出全美和洛杉矶郡公共图书馆的发展情况：

表2　美国公共图书馆的发展历程

时间	图书馆服务点数量（个）
1776 年	29
1876 年	188
1923 年（主要由于卡内基的资助）	4873
1985 年	15543
2007 年	16604

注：2007年数字引自PLS报告；其余数字引自：黎难秋．美国图书馆事业与管理．1989.[7]

表3　美国洛杉矶郡公共图书馆的发展历程

时间	分馆数量（个）	增长率	洛杉矶郡人口数（人）	人口增长率
1940 年代	2		4151687（1950 年）	49.0%
1950 年代	5	150%	6038771（1960 年）	45.5%
1960 年代	37	640%	7041980（1970 年）	16.6%
1970 年代	69	86%	7477421（1980 年）	6.2%
1980 年代	73	6%	8863164（1990 年）	18.5%
1990 年代	77	5%	9519338（2000 年）	7.4%
2000 年代	85	10%	9862049（2008 年估计）	3.6%
截至2009年，分馆数量合计85个（另有汽车图书馆4个）				

注：洛杉矶郡公共图书馆数字根据该馆Facilities Data Sheet 2009整理；人口数字引自美国人口普查局网站。[8]

从表 2 的统计数字看，美国的公共图书馆在 1923 年以前的 150 多年时间里，或者从普遍公认的 1833 年在新罕布什尔州设立的第一个现代意义上的以税收支持的公共图书馆算起的 90 多年时间里，发展一直是缓慢的，处于自发状态。20 世纪初由于钢铁大王卡内基的慷慨资助，公共图书馆得到了第一次大发展。二战以后，1956 年美国联邦制定第一部图书馆法——《图书馆事业法》，1964 年通过《图书馆事业与建设法》以及同期美国图书馆协会制定发布《公共图书馆服务标准》、《公共图书馆系统最低标准》等一系列标准规范，促使 20 世纪 60、70 年代成为美国公共图书馆第二个大发展时期，这一时期建立了大量的农村图书馆，图书馆合作系统也迅速发展。[9]

表 3 中"洛杉矶郡人口数"与洛杉矶郡公共图书馆的法定服务人口数是不同的两个概念，但同期尤其是作为郡中最大城市的洛杉矶市的人口增长与洛杉矶郡表现出大体同样的态势，因此可以认为洛杉矶郡公共图书馆服务人口数的增长态势与整个郡人口的增长态势是一种正相关的关系。故由表 3 我们可以判断，洛杉矶郡公共图书馆从 20 世纪 40 年代以来 60 年间一直处于不断发展的状态中，其中 60、70 年代是其快速发展期。这与美国全国的情况是一致的。

分析美国公共图书馆发展的现状和历史，可以说明：一是美国公共图书馆事业发展水平很高；二是美国各地图书馆也存在发展不平衡的现象；三是美国图书馆的发展经历了一个过程。这些似乎最明了的事实对当前我国如何设定图书馆体系建设目标仍然具有实实在在的启示意义。即：公共图书馆服务体系的建设需要一个过程，各阶段目标的设定要与经济社会发展水平、社会需求水平相适应。

我国自 2006 年中共十六届六中全会发布的《中共中央关于构建社会主义和谐社会若干重大问题的决定》正式提出公共文化服务体系建设的

目标任务以来,短短几年间,各层级地方政府普遍出台相应政策、规划,要求几年内建立直到街镇、甚至村居的公共图书馆服务网络。这些规划和目标的科学性如何呢?试以广州市的基本情况为例来做一个分析。广州市2010年辖10区、2个县级市,总面积7434.4平方公里,共设130个街道办事处、34个镇,2592个居委会(行政村),2008年末常住人口1018.20万人。按简单平均计,平均每区县85万人口,每个区县14个街镇,每个街镇6.2万人口,每个街镇16个社区,每个社区3928人。即使仅就设施建设而言,在广州这样的大都市如果实现在街镇层面覆盖公共图书馆设施网络,考虑到广州市人口高度密集的情况,则广州地区公共图书馆将达到比较发达的水平。而如果在短短几年内更进一步在村居层面覆盖公共图书馆设施网络,广州无疑将一步超过美国跨入当今世界最先进地区的行列。

再看当前中国图书馆事业发展的现实基础。突出的事实是,中国到2005年末县以上独立建制的公共图书馆平均设置率为85.6%,还没有完全实现"六五"规划期间提出的"县县有图书馆"的目标。[10]另外一个突出的事实是,不同地区之间、同一个地区之内发展不平衡的现象普遍存在。

分析到这里,可以看出,当前我国各地在公共图书馆发展规划目标设定上存在的问题,至少表现在三方面:一是既超出了我国作为发展中国家的基本国情,也超越了我国经济和社会发展的总体目标,目标实现无法得到社会资源的支撑、支持;二是忽视了当前事业发展的基础,基层图书馆无法得到上一层面图书馆的支撑、支持;三是忽视了事业发展的阶段性,把最终目标当成了阶段性目标。相对于各地方政府的规划而言,2008年颁布实施的《公共图书馆建设用地指标》提出的设置原则、规划目标则显然更为理性,即在服务人口超过5万人的区域设置独立的公共图书馆,在服务人口超过150万人的特大城市,每20万人设置1处小型图书馆。[11]

　　诚然，中国当前在公共服务、社会保障体系建设方面的大政策是低水平，广覆盖，在这个前提下，前述目标不能说全无合理之处。但业界要清醒地看到，图书馆服务体系建设绝非设施建设。从理论上讲，中国的公共图书馆设施早已覆盖到街镇层面，即在综合文化站内设置图书室。但几十年来全国各地的基本情况表明，这样的设施覆盖总体上没有实现民众基本阅读服务保障的目标；再者，公共图书馆服务固然是公共服务，但其根基更是专业服务，其发展要遵循科学发展规律，效率原则应始终作为发展的基本原则。难以想象，没有坚实的县区等中心图书馆作为支撑、作为纽带，却可以发展出有效率、有效益的基层图书馆服务；而没有有效的社会服务，却可以实现基层图书馆建设的根本目标、实现和保障民众基本阅读权益。

　　从美国的发展还可以看到，其社区公共图书馆一直作为一个独立的实体而存在。当然，美国各地方政府一般只提供图书馆和博物馆两项基本公共文化服务。这也启发我们思考，在当前我国文化体制改革的大框架内，在综合文化站内设置图书室、将知识信息教育文化与群众艺术等功能整合在一起的架构其发展前景将是如何。

　　结合中美情况，笔者以为：（1）中国现阶段应将公共图书馆服务体系建设的总体目标设定在切实贯彻实施《公共图书馆建设用地指标》确立的规划目标上；（2）发展策略分两步走，当前阶段，夯实县区级图书馆服务，这也是阶段性目标；下一阶段，将服务进一步延伸、覆盖到街镇，以人口为主要指标，建立小型图书馆网络。在经济相对发达、条件较好地区，两个阶段可以用两个五年左右时间完成。当然，可以适当调整发展速度，但优先次序不宜改变。在总体目标设定上，村居图书馆服务只可作为补充。

2 地方公共图书馆组织形式多样化

PLS 报告显示：美国 85% 的公共图书馆是与地方政府的某种形式相关联的公共机构。在 2007 财年，53% 的公共图书馆是地方自治政府的组成部分，15% 是独立的名为"图书馆区"（library district，地方政府形式之一）的政府单位，10% 是郡/郡以下地方行政区（county/parish）的组成部分，3% 在政府间协议的基础上有多重管辖权，2% 是"学校区"（school district，地方政府形式之一）的组成部分，1% 是城市/郡（city/county）的组成部分，2% 报告他们的法律基础为"其他"。15% 的公共图书馆由非营利协会/组织运作，这意味着他们由私人控制，但符合所在州关于公共图书馆的立法界定。[12]

在地方层面，这些多样化的组织形式是如何实现的呢？以加州为例，该州首先在法律层面作了详细的规定：

《加州图书馆服务法》规定：地方公共图书馆主要得到地方税收的支持，全州各地图书馆得到支持的力度由于税收收入的多寡而各不相同。[13]

加州《郡免费图书馆》法案规定：郡免费图书馆设置和维持的主体是郡委会（立法、行政或二者一体的决策机构），可以在郡治或郡的其他地方，为居住在城市以外、图书馆区以外地方的人群设立郡免费图书馆，其他部分的人群可以选择加入郡免费图书馆；现存的城市或图书馆区可以选择加入郡免费图书馆系统，相应地所在区域内财产应有为此而征税的责任，以履行提供资金的相关协议，如果退出，则相应停止征税。[14]

加州《地方自治政府图书馆》法案规定：州内任何城市的立法机构可以，或应其 1/4 以上选民的要求，建立一个城市公共图书馆。[15]

加州《图书馆区》法案规定：至少 5% 的注册选民签名申请，可以组织形成图书馆区,以建立和维持一个公共图书馆,其服务区域可以在任何一个或多个郡的区域内,可以包括城市或非城市化地区,只要这些区域相邻、而且没有城市被分隔。[16]

在具体实施的层面,以州内洛杉矶郡为例。在该郡范围内,存在88个城市和125个非城市地区。根据上述法案,形成了三种形式的公共图书馆(系统),共有中央图书馆和分馆247个。

洛杉矶郡公共图书馆系统:在51个城市设立65个社区图书馆,在125个非城市化区域设立24个社区图书馆和汽车图书馆。即洛杉矶郡公共图书馆系统的服务覆盖全部非城市化区域和51个城市。

城市图书馆(或系统):31个城市设立153个公共图书馆(或系统)其中包括洛杉矶市公共图书馆的72个图书馆设施(1个中央图书馆、8个地区分馆和63个社区分馆)。

图书馆特别区系统:Palos Verdes Library District在3个城市设立4个分馆,服务4个城市居民。[17][18]

综上所述,美国设立地方公共图书馆的主体有郡委会、地方自治市政府、图书馆特别区、学校区等;这些主体可以为公共图书馆的设立而征税;郡和市政当局等主体可以签订委托公共图书馆服务协议,而相关税收则相应转移用于履行该协议。

美国地方图书馆组织形式的多样化对我国各地公共图书馆发展、建设路径的选择具有重要启示。我国目前公共图书馆设置主体只有县、区级以上政府,图书馆设置形式为单一的政府自行设置形式。美国模式给我国的启示至少在于:同一区域内上下级政府之间、横向同级政府之间,可以用委托协议的方式发展和提供公共图书馆服务。中国当前正处在经济快速发展和社会快速转型期,城镇化比例迅速提高,各地方行政区划调整非常频繁,对这些新设立的行政区划,通过协议委托的方式发展公共图书馆、提供图书馆服务、进而不断扩大图书馆系统运作的范围尤其是一种具有现实意义的选择。目前，厦门等个别地区也已经开始这方面的尝试。

3 公共图书馆运作系统化

PLS 报告显示：2007 财年，美国 12% 的公共图书馆服务着全美 73% 的人口；81% 的公共图书馆只有单个直接服务点（direct-service outlet），19% 的公共图书馆则有超过一个直接服务点；75% 的公共图书馆是联盟或合作服务组织的成员，23% 的公共图书馆则是以个体的形式运作。[19]可以看到，美国只有一个直接服务点的图书馆占了绝对主体，只有 19% 的公共图书馆以我们所谓"图书馆系统"的形式存在；当然，加入联盟或合作服务组织的公共图书馆占了 75% 也是一个主体。

再考察这种系统运作的结果。根据 PLS 报告，2007 财年，全美公共图书馆外借流通量共 2166787000 项，馆际互借中"借出"（provided to）为 49930000 项，"借入"（received from）为 49969000 项。[20]据此推算，馆际互借合计占外借流通总量的 4.61%；公共图书馆（或系统）自身服务保障的满足率达到 97.69%。

关于一个图书馆系统内的通借通还服务，PLS 报告并没有相关统计，因此不知道美国整体的情况。这里仅以洛杉矶郡公共图书馆系统内流通量排第一、服务效益最好的 Valencia 社区图书馆为例。该馆 2007—2008 财年，年外借量为 765782 项；请求他馆借书（Requests Taken）为 23812 项，回应他馆请求借书（Requests Searched）为 28882 项，两项合计即系统内通借通还量 52624 项，占全馆年度外借总量的 6.87%。据此推算，洛杉矶郡图书馆系统的 Valencia 社区分馆自身服务保障满足率达到 96.89%。该系统内各社区图书馆服务大体处于相当水平，因此，我们可以把该个案看作是系统的整体情况。[21]

上述馆际互借和系统内通借通还数字可以充分说明两点：一是美国的公共图书馆（或系统）的本地化服务得到了自身充分的资源保障；二是系统化服务是对本地服务的补充，但决不能替代本地服务。

美国图书馆系统运作的情况可以给我国当前发展图书馆系统带来重要的启示。当前，我国各地正在大力推进区域性图书馆体系建设。不少人以为，只要体系建成，图书馆服务保障水平低的问题就可以迎刃而解。从美国的经验看，这种想法将问题简单化了。要提高总体保障水平，首要和根本的还是要提高总体投入水平。服务体系建设主要解决的还是运作效率的问题。因此，我们一方面要大力推进通借通还、馆际互借等协作网络建设，同时更重要的是要始终关注并努力争取大幅提高事业投入水平、大力解决投入和服务不均衡、服务网点少及布局不合理等根本性问题。

4　公共图书馆行政管理地方化

在业务管理和服务标准化、规范化方面，美国图书馆协会一直扮演着重要的角色，它先后制定了大量的标准为各类型图书馆的管理和服务提供指引。而各图书馆也大都自觉地接受协会标准的指引。当然，其内在的因素还在于，美国专业图书馆员职业资格实行的是由图书馆协会认可的专业硕士学位制度，从专业教育的角度为标准的推行创造了内在条件。美国图书馆服务和业务管理的标准化为我国业界所熟知和推崇，但如果想当然地认为，美国图书馆行业所有的工作都是标准化的，包括其行政管理方面，这就大谬不然了。

地方公共图书馆作为地方性的事务，主要得到地方税收尤其是财产税的支持。每个地方包括同一个郡的区域范围内的若干个城市，其经济发展、甚至仅仅其房地产市场涨跌情况，就足以影响当地图书馆的投入和服务保障水平。当然影响因素还有技术性的，如服务人口、运作效率等。这些因素决定了图书馆的行政管理只能是地方化、因地制宜的，而不存在所谓统一标准规范的问题。

以每周开放时间这一指标为例，这一问题属于行政管理的范围，其实质也是服务保障的问题。仍然来看 PLS 报告提供的数据：10% 的公共图书馆其直接服务点每周开放服务时间少于 20 小时，38% 在 20—39 小时之间，52% 在 40 小时或以上。[22]

再看个案情况。以洛杉矶郡公共图书馆中央区各社区图书馆开放时间为例：该区有 19 个社区图书馆，其中开放时间最长的图书馆每周开放 7 天 63 小时，最短的每周开放 4 天 28 小时，18 个馆星期天闭馆。具体如下：7 天 63 小时，1 个馆；6 天 50 小时，1 个馆；6 天或 5 天，40 个小时以上，12 个馆；5 天 30 个小时以上，4 个馆；4 天 28 小时，1 个馆。

再看办理读者证收费。各馆政策除对纳税人免费基本一致外，对其他对象如非纳税人、非本地居民、非本州公民等政策可能都不一样。再如我们既看到很多图书馆除复印项目外基本免费，但也看到很多图书馆以租借资料方式、以"图书馆之友"组织提供服务等方式收取服务费用。再如旧书处理，有的图书馆直接卖书，有的则必须通过"图书馆之友"等组织来处理。

这里给我国的启示在于：要正确认识、理解和推行行业的标准化、规范化管理，要区分行政管理与业务管理，图书馆的行政管理、服务保障等问题，归根结底是一个地方支持的问题，要因地制宜，因馆制宜，有多少钱办多少事，不强求一致，不追求单一目标；图书馆界的发展和整体水平的提升需要大力推行行业标准，但这些标准应主要限定在社会服务、业务管理和专业技术的范围内。应该说，中国在这方面的理念在不断进步，但不可否认，不考虑地区差别、地方实际，片面通过"一刀切"的方式追求"大一统"目标的做法仍然在众多社会领域包括在图书馆行业还普遍存在。对这种现象，我们可以理解政策制定者的动机，但必须要清醒地认识到，任何只从主观出发、脱离具体实际的做法终究是违反客观规律的，从根本上看对事业发展是有害的。

参考文献：

［1］［2］［12］［19］［20］［22］Institute of Museum and Library Services. Public Libraries Survey: Fiscal Year 2007［R/OL］.［2010-01-17］. http://harvester. census. gov/imls/pubs/publications/pls2007. pdf.

［3］U. S. Census Bureau. Annual Estimates of the Population for the United States［EB/OL］.［2010-02-18］. http://www. census. gov/popest/states/tables/NST-EST2009-01. xls.

［4］［17］Library Development Services Bureau of California State Library. California Library Statistics 2008: Fiscal Year 2006-2007（S0741-031X）［G/OL］.［2009-07-15］http://www. library. ca. gov/lds/docs/StatsPub 08. pdf.

［5］Library Development Services Bureau of California State Library. California Library Directory2008（S074-7688）［G/OL］.［2009-07-15］. http://www. library. ca. gov/lds/docs/California. LibraryDirectory2008. pdf#search = California% 20Library% 20Directory&view = FitH&pagemode = none.

［6］Public Affairs of the Chief Executive Office of the County of Los Angeles. The County of Los Angeles Annual Report 2007 – 2008［R/OL］.［2009-07-15］. http://cao. lacounty. gov/pdf/Annl% 20Rpt% 2007-08. pdf.

［7］［9］黎难秋. 美国图书馆事业与管理［M］. 合肥：安徽省图书馆学会，安徽省中心图书馆委员会，1989.

［8］U. S. Census Bureau. California: Population of Counties by Decennial Census: 1900 to 1990 ［EB/OL］.［2010-1-17］. http://www. census. gov/population/cencounts/ca190090. txt.

［10］李国新等. 公共图书馆规划与建设标准解析［M］. 北京：国家图书馆出版社，2009.

［11］中国城市规划设计研究院. 公共图书馆建设用地指标［S］. 北京：中国计划出版社，2008.

［13］［14］［15］［16］California StateLibrary. California Library Laws 2009［G/OL］.［2010-01-17］. http：//www. library. ca. gov/publications/librlaw-2009-A. pdf.

［18］［21］刘洪辉，方家忠. 赴美交流学习报告［R］. 2009.

美华桥梁　人格丰碑

Chapter 1

图书馆发展比较研究

【摘　要】以个人亲身参与中美交流、与李华伟博士交往为案例，在一个年轻图书馆员个体的层面，从仰慕者、受益者、见证者、追随者4个不同的视角，论述李博士致力推动的中美交流于我国图书馆事业发展的意义、李博士的卓越贡献及其对年轻一代图书馆员的广泛影响。

【关键词】中美交流；人格魅力；图书馆精神；李华伟

从一个侧面看，一百年来中国图书馆事业的发展史就是一部与西方、与苏联图书馆事业接触、借鉴、融合的交流史。[1]改革开放以来，图书馆界中西方交流日益增多，而且越来越趋于双向交流，并且逐步有了整体交流、政府层面交流的项目。但当前我国图书馆事业正处在吸收国外先进技术与管理等经验，向西方发达国家学习的阶段。在对外交流的历史中，韦棣华、沈祖荣、刘国钧、杜定友、彭斐章等前辈在不同阶段做出了卓越的贡献。而在改革开放以后的中美交流中，李华伟博士当是先行者和代表人物。

李博士从1979年开始在其任职馆长的美国俄亥俄大学图书馆设立"国际图书馆实习项目"[2]，先后为中国培训了近百名图书馆员。1982年以后，每年应邀赴中国各地讲学。[3]30年来一直活跃在中美交流一线，积极协助中国图书馆的发展，促成中美图书馆界的合作，被誉为"经纬枢纽，美华桥梁"。现仍担任中美图书馆界第一个政府级合作项目——"放眼全球，行诸全球"中美图书馆员交流项目美方评估员，以80高龄往返于中美之间。

作为年轻一辈的图书馆员与晚辈后学，我对李博士仰慕已久，而有幸与李博士结缘，是由于2009年在美国参加中美图书馆员交流项目。在那以后，我因请教学术论文、组织中美交流子项目及本馆工作等问题，一直与李博士保持着联系。

前段时间得知程焕文、赵燕群两位老师正在主持出版《李华伟文集》，公共图书馆研究院等正在筹备"李华伟博士图书馆学术思想研讨会"的消息，并蒙赵老师嘱写文稿一篇，既觉诚惶诚恐，复感无上之荣幸。经再三思考，我想，作为李博士的仰慕者，李博士倡导和推动的中美交流事业的受益者和传播者，李博士支持、协助大陆图书馆具体工作的见证者，李博士高尚人格、职业精神和交流事业的追随者，本人之情况或可呈作为一个个案，以窥见李博士致力推动的中美交流于我国图书馆事业发展的意义、李博士的卓越贡献及其在年轻一代图书馆员中的广泛影响。

1

李博士一直是我景仰的人物。初闻李博士，大概是20世纪90年代中期，当时的同事、时任馆长助理的刘洪辉先生，在北京参加完一个馆长培训班回来后，说起授课专家中有一位是来自美国的李华伟博士，并大致介绍了李博士在美国图书馆界的影响和地位。自此便对李博士有了美好的印象。

再识李博士，是拜读其所著《现代化图书馆管理》（台北：三民书局，1996）一书。该书是李博士参酌西方管理学理论，结合自己在美国多个图书馆三十多年的管理经验撰述而成，并汇辑了俄亥俄大学图书馆等多个管理案例。正如王振鹄先生在序中所言，该书"是李博士结合了图书馆学与管理科学工作理论和实务的一本精心之作"。尤其李博士在最后一章引述曾仕强教授观点，谓"管理的意义是修己安人"；"管理的最高境界在无为而治"，"无为故能使众为"等[4]，确系李博士熔铸中西管理智慧的结晶。孟子谓"读其书想见其人"，对李博士其人，自此更是心向往之。近年因工作和研究需要，不时翻阅其中章节。今日为写作本文重读是书，联想到业界前辈、广东省立中山图书馆原馆长黄俊贵先生曾大力倡导的"双谋论"以及刘洪辉馆长所谓"无为而治论"等管理理念，犹有豁然开朗之感。以李博士的影响力，我相信该书在大陆的读者甚多，因此在宏观层面，该书对推进中西交流、推进中国图书馆事业向西方学习也发挥了积极的媒介作用。

前几年某日与刘洪辉馆长讨论工作效率问题，刘馆长引述李博士的话来勉励我：李博士曾自谦，与侪辈相比，自己并无特别高明之处，所特出者，在习惯第一时间完成工作而已。这番话让我时常想起，受用不尽。

2

2009年，我获得了赴美学习交流的机会，也因此获得直接向李博士请益的机缘。这个经历让我以一个受益者的视角，更深入地去思考李博士等前辈以及中美两国有关机构、组织致力推动的交流事业对我国图书馆事业发展的意义，以及个人、所在图书馆和学会组织在交流事业中应发挥的作用。

2009年2—7月，受广州市委宣传部和市文化局委派，应美国加利福尼亚州洛杉矶郡公共图书馆（CLAPL）馆长玛格丽特·D.托德（Margaret D. Todd）女士邀请，我与时任广州图书馆馆长刘洪辉先生两人以交流馆员身份，赴美国交流访问。此行的目标是以洛杉矶郡馆为主要对象，考察美国公共图书馆事业的组织、管理、运作和服务，建立与美国图书馆界的交流合作关系，通过交流，学习、借鉴美国的理念和经验，为广州市民提供更优质、高效的图书馆服务。在洛杉矶地区，我们在洛杉矶郡馆总部与全部19个部门的负责人及相关员工、助理馆长、副馆长、馆长逐一进行交流；访问5个地区总馆办公室，参观访问其中有代表性的社区图书馆；参加整个系统、地区总馆和社区图书馆三个层面的会议、馆员培训和读者活动项目；访问洛杉矶郡范围内的洛杉矶市公共图书馆系统（LAPL）、阿尔汉布拉（Alhambra）市公共图书馆、私立亨廷顿伯克（Huntington Park）图书馆，并先后访问加州州立大学长滩校区（CALB）、加州大学洛杉矶校区（UCLA）图书馆、洛杉矶郡法律图书馆和里根总统图书馆等。此外，还访问了旧金山、芝加哥、纽约、波士顿等城市公共图书馆和美国国会图书馆。

其间，适逢"放眼全球，行诸全球"中美图书馆员交流项目之"图书馆馆长计划"在美进行。中美图书馆员交流项目由中国文化部和美国博物馆与图书馆服务机构（IMLS）共同主办，中国图书馆学会、美国伊利诺伊大学厄本那－香槟校区图书馆、美国华人图书馆员协会共同承办。项目旨在建立中美图书馆专业人员之间的合作与文化交流，项目内容包括分别在美中两国进行的培训项目，以及开发一个向美国图书馆开放的有关中国信息资源的门户网站。子项目"图书馆馆长计划"为期3周：2009年6月28日—7月9日在伊利诺伊大学厄本那－香槟校区进行专业培训；7月9—13日参加在芝加哥举办的美国图书馆协会（ALA）年会；此后，图书馆馆长两人一组，分别对一个美国图书馆进行一周的访问。

经洛杉矶郡图书馆的蔡海伦（Helen Tsai）女士协助，经多次沟通、极力争取，蒙该项目负责人蒋树勇博士等人鼎力襄助，我得以"自费生"身份与中国文化部公派的来自全国各地公共图书馆的10位馆长、副馆长一起参与该计划。

该计划在伊大期间安排的内容非常丰富：图书馆法律和政策、版权问题、管理、建筑、图书馆和社区关系、图书馆服务、地方政府运作等专题讲座、研讨；参观访问州立图书馆和郡、城市、社区等三个层面公共图书馆系统；拜访所在城市市长，访问消防站、警察局、公园等市政设施；访问林肯总统图书馆、阿米什（Amish）人社区及其博物馆，参加美国人家庭聚会、"独立日"活动等。

从计划实施的效果看，该项目设计者视野开阔，富有远见，内容安排具有理论与实务相结合、专业交流与文化交流相结合的特点，参与者不仅在职业理念、事业组织、公众服务等专业层面受益，而且得以窥见美国的社会结构、家庭、公众生活，同时也为两国图书馆员建立长期的、多层面的尤其是区域性的和馆际的交流合作奠定了基础。诚如项目负责人蒋树勇博士所言，"对中美图书馆员而言，这是一个难得的好机会，他们将展开广泛的合作"，"我相信这项合作将会对图书馆的全球发展以及两国图书馆间的未来合作产生深远影响"[5]。

对我个人而言，2009年的赴美交流是我职业生涯中的里程碑事件之一。通过近距离观察和亲身接触，对美国公共图书馆事业的组织、管理和服务有了比较全面、深入的了解，对图书馆赖以生存的社会环境有了一个基本的认知，知其然也知其所以然；有了美国图书馆事业这个参照体和标杆，对自身图书馆事业的特点和存在问题、发展的方向、路径和重点等有了比较清晰、明确的认识，为进一步的行动奠定了基础；通过参与交流，更深刻地认识到交流对于我国图书馆事业发展和专业人才培养的深远意义。通过这次交流，个人在专业认知水平、学术研究能力、专业交流能力等方面有了显著提升。个人也致力于在业界传播和分享个人的认知,致力于将新的认识和能力转化为图书馆管理和服务实践,致力于推进对外交流合作。从美国回来2年多时间里,我先后完成了以下4项主要工作,让赴美交流成果得到充分的转化:

第一,与刘洪辉馆长合撰《赴美交流学习报告》,对交流收获做了全面总结,并结合实际对广州地区图书馆事业发展提出以下8点建议:(1)采取分步走战略建设公共图书馆服务体系;(2)提高区县及以下图书馆个体发展与服务保障水平;(3)在市财政投入中设立专项经费,引导区域内图书馆整体运作,协作协调;(4)制订广州地区公共图书馆事业发展规划;(5)细化图书馆服务,区县以下强调服务对象化,市级图书馆强化多层次服务、专题服务和对象化服务相结合;(6)推进内部管理科学化、精细化,建立网状管理结构,推进学习型组织和学习型队伍建设;(7)与现代化建筑相对应,强化广州新图书馆内部装饰,营造阅读和文化氛围;(8)持续实施对外馆员交流项目,扩大包括书刊交换在内的国际交流与合作,以国际化视野,造就现代化人才,推动事业发展站在时代前列。

第二,开展学术研究,结合亲身交流体会和收集的文献资料,撰写介绍美国图书馆事业、中美比较研究及相关主题论文5篇,并全部发表于专业核心期刊:(1)《美国洛杉矶郡公共图书馆的组织、管理和服务》(见《图书馆杂志》2010年第8期);(2)《论美国图书馆事业保障与行政管理体制及其启示》(见《图书馆论坛》2010年第3期);(3)《从管理的视角看美国公共图书馆的社区认同及其启示》(见《图书情报工作》2010年第17期)(该文后被《复印报刊资料·图书馆学情报学》2010年第2期全文转载);(4)《中美公共图书馆建设模式比较研究》(见《图书与情报》2010年第5期);(5)《试论推进地方图书馆立法的三个"必要性"问题》（见《图书馆》2010 年第 6 期）。

第三，建议并作为项目负责人主持制订《广州图书馆 2011—2015 年发展规划》。制订发展规划的议题本馆几年前就有讨论。赴美交流回来之后，有感于美国公共图书馆界从 20 世纪 90 年代起普遍开始，当前几乎所有公共图书馆都订有发展规划，并予公开和贯彻落实的情况；为抓住广州新图书馆建设和广州国家中心城市建设的历史性机遇，推动图书馆管理规范化、专业化，进而实现事业跨越式发展，2009 年 11 月我提出建议，随后受命策划、组织制订《广州图书馆 2011—2015 年发展规划》，为广州图书馆发展确立新的愿景、使命、目标和行动方案。该项目于 2010 年 10 月完成，较好地达到了预期目标。

在发展规划文本中，2009 年《赴美交流学习报告》提出的 8 点建议中，主要与本馆相关的 6 点建议被吸收进来，个人学术研究的相关成果也反映到了规划之中。其中最主要的有：在理念层面，规划提出"连接世界智慧，倡导阅读生活"；在图书馆使命层面，规划提出建设"多元文化窗口"；在管理层面，规划提出以发达国家城市图书馆体系标准为标杆；在社会保障层面，规划提出广泛吸引社会参与策略等。

作为落实发展规划的主要措施之一，2010 年 10 月至 2011 年 8 月，我建议并负责组织实施"广州图书馆新馆功能细化与资源布局专项规划"项目工作。交流学习成果进一步转化到实际工作中。

第四，建议并组织实施"中美图书馆员专业交流项目——广东省图书馆管理人才高级研修班"项目。2009 年底，获知次年 4 月"中美图书馆员专业交流项目"将在四川成都等地举办的消息后，我即向本馆力陈中美交流项目的意义，建议争取在广州举办一次。获馆部支持后，即联系中国图书馆学会秘书处、广东图书馆学会及美方负责人蒋树勇博士等协调争取，很幸运获得各方大力支持，在此前已确定的交流日程之外新增广东项目。我本人受本馆和广东图书馆学会委托,组成项目团队代表广东负责具体承办工作。该项目于 2010 年 4 月 1—3 日在广州举办。来自全省公共、学校和专业等系统的图书馆代表共 300 多人现场与美国专家进行交流,11 个基层图书馆的 200 多名馆员远程同步收看了演讲的视频直播。与会代表普遍反映,该项目专业水准高、针对性强,对于全省图书馆管理人员开阔视野、提升专业素养、促进国际交流具有积极的意义。项目得到了与会代表们的热烈欢迎和美方专家组、中国图书馆学会的高度评价。

从以上列举的 4 方面工作看,参与交流的经历无论对我个人还是对所在的广州图书馆乃至广东图书馆界都产生了非常积极的影响,极大地推动了个人专业素质的提升和图书馆事业的发展。

3

李博士直接参与或协助、支持的中外交流项目和国内图书馆的具体项目很多,或做主讲嘉宾,或为客座教授,或当顾问出谋划策,或就一具体问题答疑解惑。就个人所知,凡有邀约,李博士无不应允,并且不避劳苦,身体躬行,丝毫不摆名家、大家的架子,令人感佩。现列举与本馆有关的几个例子:

2010 年 4 月 1—3 日,在广州举办"中美图书馆员专业交流项目"期间,李博士作为评估员,既负责项目绩效问卷调查,又做了题为"美国图书馆自动化五十年来的主要里程碑"的专题演讲,而且亲临每场讲座现场,直接参与每场讲座交流,不时协助解答与会代表提出的问题。

其时正值本馆"十二五"发展规划编制过程中,本馆抓住这个机会,征询参与交流的美方专家组成员意见。座谈会上,李博士建议,规划文本增加对图书馆自身历史的描述,以更好展示发展历程,昭示发展路向;

在强调推进技术智能化、自动化外，同时强调技术的人性化、社会化等。

特别要指出的是，在本馆制订发展规划过程中，因国内相关学术研究成果较少，管理实践活动尚处在起步阶段，可直接参考借鉴的案例屈指可数，为实现专业、可行的总体目标，李博士所著《现代化图书馆管理》因其管理理论与图书馆管理实务密切结合，尤其有"图书馆的规划"一章介绍规划的定义与目的、种类及步骤、目标管理、策略性的规划等内容，更收录了俄亥俄大学图书馆、美国国会图书馆等相关案例，因此成为本馆编制规划的主要参考书之一。

2011年，本馆编辑出版建馆30周年纪念文集，李博士应邀欣然为本馆题写贺词：

> 馆藏古今中外，民间知识殿堂。
> 信息应有尽有，读者智慧食堂。
> 辅导终生学习，胜于有形学堂。
> 凡事有求必应，不愧人间天堂。

4

图书馆事业是一项服务事业，图书馆学也更多的是一门为人之学。因其为人作嫁，所以平凡；因其服务大众、造福社会的理想主义，所以高尚。因此，图书馆从业人员尤其要培养敬业奉献精神，年轻图书馆员尤其需要前辈精神力量的感召。李博士在图书馆界服务50余年，推动中美交流事业逾30年，成就卓著，赢得美国、中国及国际图书馆界的广泛声誉；李博士著作等身，作育人才无数，不遗余力奖掖、栽培后学；李博士是国际知名的图书馆学家，更是躬行君子、谦和同道、可敬长者。李博士为我们树立了一座丰碑，是一座事业的丰碑，也是一座人格的丰碑，激励着越来越多的年轻图书馆员献身于自己的事业。我相信，李博士以其道德文章、志业人格，正感召和吸引着越来越多的追随者。两年多来我个人多次得到李博士热情的指教。在美期间，李博士陪同我们上课，经常补充解释美方专家演讲内容，参与交流，陪同参观各层面图书馆和图书馆系统，热情解答我和其他学员提出的问题。在完成介绍美国图书馆管理服务的第一篇论文以后，我鼓起勇气给李博士发邮件，请李博士指导、审查论文，没想到李博士第一时间予以回复；此后我撰写中美图书馆事业比较研究系列论文，每篇都得到李博士的指导，且每次都给予充分肯定和鼓励。更意想不到的是，在广州参加中美交流项目，及此后交流项目在各地继续运作期间，李博士多次不吝溢美之词，向参与交流的中方馆员及美方专家推荐我这些粗浅的论文。得到自己衷心敬重的前辈的肯定和嘉许，这对一个晚辈后学而言，是多么大的鼓励啊！最令我感动的是，当我在一个有多位老师在场的场合向李博士表示感谢时，李博士脱口而出："我是爱才如命啊！"凡此种种，给了我无尽的精神力量和强大的动力，激励着我不断探求事业的发展。

以我个人所在的广州市而言，广州作为中国 2200 多年来对外商贸、文化交流唯一一个始终没有中断的城市，具有开放、包容的人文传统；作为华南的中心城市，现有各国驻穗总领事馆 37 个、国际友好城市 22 个，在我国的对外交流合作中发挥着独特的作用；作为市场经济比较发达的地区，市民社会的发育也走在前列。广州图书馆自 2001 年以来，以香港歌德学院图书馆为纽带建立起与德国公共图书馆界的制度化交流关系，现已举办德国专家专题报告会 17 场；2007 年以来，每年至少与其他国家、地区的图书馆或有关机构合作举办一次展览、讲座等交流活动。在即将建成开放的新馆，规划建立多元文化主题馆，进一步拓展与多个国家、友好城市交流，以文献交流与服务为基础，推进多层面的多元文化交流活动。广州图书馆将进一步利用广州市的独特优势，强化作为城市对外文化交流窗口的作用，推进更为广泛的对外文化和专业领域的交流与合作。

我常常回忆起2009年7月6日在美国伊利诺伊州首府斯普林菲尔德（Springfield）街头的一幕：李博士斜挎一个小包，带着谦和的微笑，与来自中国大陆的一群年轻的图书馆员一起，一边吃着盒饭，一边聊天！这就是李博士，一个谦和的人，一个有伟大心灵的人，一个有足够的人格魅力影响他人、感召后人的人。

最后效颦古人，试为李博士颂曰：

三十载化育不曾停，家国才俊，后来者何可胜数；
一百年交流分三截，大川归海，客树处亦是吾邦！

参考文献：

[1] 刘兹恒，朱荀. 当代中国图书馆的国际交流（1949—2009）[J]. 图书馆杂志，2010（1）：2—7.

[2] 卢素心. 李华伟博士及其领导下的俄亥俄大学图书馆[J]. 图书情报知识，1995（4）：46—47.

[3] 徐国定. 美国俄亥俄大学图书馆馆长李华伟博士剪影.

[4] 李华伟. 现代化图书馆管理[M]. 台北：三民书局，1996.

[5] 中美图书馆文化交流项目签字仪式[EB/OL]. [2011-09-28]. http://www.library.illinois.edu/China/chinese/index.html.

广州与香港的公共图书馆比较与研究

【摘　要】通过对广州与香港公共图书馆服务的效益、设施投入和管理体制的比较，认为合理的图书馆服务网点和总馆/分馆制管理体制是完善公共图书馆服务的两个主要因素，也能为我国公共图书馆事业管理变革提供启示。

【关键词】公共图书馆；改革发展；服务效益；广州；香港；比较研究

发达国家和我国台港澳地区的公共图书馆普遍采用总/分馆管理体制，我国图书馆学界对该体制也有若干研究，关于这一体制产生的服务效益尚少有专文讨论。

广州与香港的公共图书馆分别在不同管理体制下开展活动，两地的区域、藏书规模与服务人口等基本相当，本文试将两地公共图书馆的基本设施、社会投入和服务效益等作比较，以探索公共图书馆管理体制的改革模式。

1　设施与投入的比较

在这一领域，本文提取图书馆设置、馆舍面积、文献藏量、馆员数量、事业经费与购书经费共六项指标进行比较（见下页表1）。

表1 1999年广州与香港公共图书馆设施与投入数据

地区	服务设施（座）	服务面积（万m²）	馆均面积（m²）	总藏量（万册）	从业人员（人）	事业拨款（万元）	占地方财政支出比例	购书经费（万元）	地方生产总值比例
香港	67（含流动馆、车8）	6.4295	1090	780	1292	67840.8	0.36%	11000	0.009%
广州	16	8.9345	5584	767.4	606	4201.7	0.108%	1384.60	0.007%

资料来源：香港康乐及文化事务署、香港公共图书馆总馆馆长脱新范女士、广州市图书馆学会1999年统计数字、《香港经济年鉴1999》、《广东省统计年鉴2000》。

[注] 广州市公共图书馆事业各指标值含省中山图书馆；广州市1999年事业经费、购书经费指标中，省立中山图书馆数据为1998年数据；广州市购书经费占国内生产总值比重的基数为广州市产值。

由表1可以看出，图书馆设置量，广州为香港的21%；馆舍总面积，广州比香港多出40%，馆平均面积相当于香港的5倍；总藏量，香港略高于广州；从业人员，香港是广州的2倍多；按地方财政投入力度计算，广州为香港的31%；购书经费指数，香港与广州分别占当地生产总值的0.009%和0.007%，广州为香港的78%。

2 服务效益比较

本文选取图书馆登记读者量（办证量）、书刊流通中的外借数量、市民参加图书馆组织的活动人次等3项指标进行比较（见下页表2）。

表2　1999年广州与香港公共图书馆事业服务效果比较

地区	服务人口（万）	登记读者量（万人）	占服务人口比例	外借量（万册）	人均外借量（册/件）	参加活动人次（万）
香港	690	224	32.50%	3200	4.6	840
广州	685	29.6	4.30%	543.9	0.8	93.7

表2显示，登记读者量、外借量和参加活动人次3项基本社会服务的数据，广州分别相当于香港的13%、17%和11%，两地公共图书馆的服务效益差距悬殊。

3　管理体制分析

广州市公共图书馆事业管理属于文化局行政系统，市级馆与区县馆分别由各级文化局管理，各级馆之间虽有协调活动，但没有制约关系。目前，各级各类公共图书馆发展很不平衡，影响了资源共享以及整体的集约化服务的推行。

以图书馆设施为例，1999年广州市各区、县级馆的馆舍面积平均为2336平方米，最大的为8630平方米，最小的仅200平方米；事业投入方面，各馆年平均经费为57万元，最多的是100万元，最低的仅28万元，甚至还有一个无独立经费的馆；全市购书经费馆平均22.65万元，若按各区人口平均费用，最高的区为1.25元/人，最低的区仅0.28元/人；藏书量各馆平均10.8万册，实际最多的有20万册，最低的才6.3万册；各馆人员平均14.5人，最多的馆有20人，最少的只有5人。

由于各级行政部门对图书馆重视程度不同，造成图书馆建设投入（包括人力和人员素质）的差别很大，以致一个城市之内各公共图书馆的服务品质差别悬殊。正是由于各图书馆服务能力事实上的差异，公共图书馆之间的协作就无法开展，统采统编、通借通还、资源共建共享等在其他城市已经行之有效的图书馆业务协作在广州无法推行，更谈不上产生规模服务效益。

香港公共图书馆由香港市政局管辖，由市议员组成图书馆委员会，委员会下设总馆，总馆以下各图书馆按规模划分为中央图书馆、分区图书馆、小型图书馆和流动图书馆（车），它们之间没有相互隶属关系，由总馆统一管理。总馆统揽人事、经费权并负责制订本地区所有公共馆的发展、电脑网络建设及人员培训等计划，负责所有馆的文献集中采购、编目工作，但不管理各分馆的对外开放服务，总馆按其下属图书馆所处地区的人口比例分配文献，各分馆专事各种读者服务工作，各分馆之间通借通还，共同保障市民服务。

将广州与香港的公共图书馆管理体制对比，不难发现，香港的总产分馆管理体制在集中使用资金投入，合理组织专业分工、最大程度的资源共享等方面有着明显的优势，其结果就是良好的社会服务效益，这就是表2中香港公共图书馆事业的服务效益能够明显优于广州的根本原因。

4 对城市公共图书馆事业管理变革的启示

由上述比较我们获得的启示是，城市公共图书馆事业服务效益的高低，主要取决于服务网络的合理布点和事业管理体制的系统高效，因此内地公共图书馆事业管理变革的模式可以设想为：

（1）建立总馆/分馆制管理体制，变行政管理为行业管理。参照香港等地区的经验，在各个特定区域明确一个地区总馆，其他各图书馆依规模列为各级分馆。由总馆负责事业整体规划，确定服务布局网点，建设自动化网络，制定统一服务标准，开展人员培训，集中文献采购、编目。分馆专责读者服务，购书经费由各馆所属地财政按服务人口、地区社会生产总值按比例拨付或按地方政府规定拨付，转交总馆支配。事业经费、人员费用等按各馆服务规模由地方政府按统一行政法规拨付并给予保障。

（2）以管理体制改革为起点，逐步将区县、街道、乡镇和村（居）委会图书馆（室）和文化馆站图书馆（室）纳入公共图书馆多级服务网络中，使图书馆网点遍布城乡各地、服务各类人群。

参考文献：

［1］黄俊贵. 图书馆的转型与发展散论//中国图书馆学会编译出版委员会，北京图书馆出版社主编. 中国图书馆事业二十年［M］. 北京：北京图书馆出版社，1999.

［2］世界图书馆事业资料汇编. 文化部图书馆事业管理局科教处编. 北京：书目文献出版社，1990.

一座纪念碑式的图书馆

Chapter 2

新馆建筑、功能与服务

【摘　要】从建设规模、选址、建筑设计、功能实现、与城市文化建设关系等方面对广州图书馆新馆进行了介绍，兼论新馆建设过程；并在中国改革开放、城市现代化的时空背景和全球图书馆发展的层面上，对广州图书馆新馆建设的代表性、文化意义进行了论述。

【关键词】广州图书馆新馆；图书馆建筑；图书馆功能；建设意义

"当美国国会图书馆大厦1897年11月1日对公众开放时，它被称颂为一个辉煌的国家纪念碑。"[1]它似乎具备一切被视作经典的元素：诞生于美国综合国力迅速上升的历史时期，世界上最大的图书馆建筑规模，典雅的意大利文艺复兴风格，超过五十位美国艺术家参与装饰的最美的、最富人文理想的公共建筑，世界上最大的知识宝库，美国民主的象征等。简言之，它配得上一个伟大的时代，配得上一个伟大的国家。

回顾图书馆发展的历史，从第一座现代意义上的大型公共图书馆——波士顿公共图书馆（1848年），到19、20世纪之交的纽约公共图书馆（1895年），到进入21世纪前后相继建成的中国国家图书馆新馆（1987年）、法国国家图书馆新馆（1995年）、旧金山市新图书馆（1996年）、上海图书馆新馆（1996年）、大英图书馆（1998年）、亚历山大图书馆（2002年）、深圳图书馆（2005年）等，无论被长久称颂，抑或引发巨大的争议,其实理想主义的图书馆建设者们都怀抱类似的梦想:一座纪念碑式的图书馆[2]。

1 大时代的机遇:建设一个更大的图书馆

2003—2005年,从广州市政府决定建设新图书馆,到新馆正式立项,到确定新馆建筑设计方案,当时的图书馆人与城市管理者达成共识:"建设一个更大的图书馆。"因此,新馆建筑规模从立项建议的8万平方米增加到建筑设计招标时的9.5万平方米,到设计修改后的9.8万平方米,争取成为城市图书馆中最大的单体建筑,并由此在所在区域限高50米的规划要求下,极力增加地下空间的面积。2012年新馆建成后实测面积为100444平方米,在世界城市图书馆中,确实实现了单体建筑规模最大的目标。

应该说,建筑规模从来都不是理性的图书馆人所追求的核心目标,在当前我国图书馆基础服务体系仍十分薄弱的背景下,这还常常是一个引发激烈争议的问题。但在人口高度密集的中国城市,尤其在一个国家、地区经济社会快速发展的时空背景下,它却因具有时代、发展、实力等诸多象征意义而被赋予合理性。从世界图书馆发展史来看,这也是一个普遍现象。时至今日,世界上仍有不少地方在考虑建造大型图书馆的长远任务。进入21世纪以后,随着我国改革开放政策的持续深化、经济的快速发展和社会财富的积累,图书馆新馆建设进入第三个高潮时期,一批大型图书馆在这一时期先后出现。体量、规模几乎成为这一时期图书馆建筑的首要特征。"建设一个更大的图书馆"实际上形成了当今中国公共图书馆建筑的潮流。

在改革开放的大时代,广州图书馆新馆无疑可以称作是上述潮流的在公共文化领域的一个突出代表。

也正因为体量如此庞大，所以新馆在功能设计时有条件几乎"集成"、"融合"了当今国内外新图书馆所出现的各种新功能。

2　一座城市的选择：在新城市中心建设新图书馆

2003年十位广州市人大代表联名提案，建议广州市建设广州图书馆新馆。[3]次年新馆筹建工作即告展开。当时，新馆选址有两个选择：一是珠江新城现址，预留的四大文化设施中的最后一个地块，好处是可以马上确定，问题是地块面积偏小；二是另行选址，好处是可以争取增加建筑面积，但问题是无法预测确定时间。当时的图书馆人做出了务实的选择：抓住眼前的机会。这一选址建议得到了各级领导的支持。而事实上，这个选址早在1999年广州市制订新中轴线总体城市设计《广州新城市中心——珠江新城规划》时，图书馆作为当时广州市亟待建设的文化建筑项目，就已经被预留在新中轴线上的文化广场区、未来的中央商务区核心区。当时，同期规划的中轴线文化广场四大文化建筑包括大剧院、博物馆、少年宫和图书馆。而该规划的形成背景，是20世纪90年代以后，广州经济高速发展，广州旧城市中心区已不能适应广州作为华南地区中心城市的需要，必须规划建设一个现代化的新城市中心[4]。

2012年12月28日新馆对公众开放服务以后，这一选址越来越体现出极其重要的意义：由于地处新城市中心，区位条件极为优越，并且与区内多个标志性建筑共同形成具有强大吸引力的城市公共空间、文化共同体，新馆迅速成为中国最受公众欢迎的公共图书馆，也成为广州市迄今为止投资绩效最好的大型公共设施之一。

随着时间的推移，新馆由于这一选址被赋予了越来越丰厚的文化意味——它正处在历史与现代的时空交汇点上：位于新城市中轴线与古老珠江交汇处；仰望城市新地标——广州塔，与同为标志性建筑的西塔、东塔、广东省博物馆、广州大剧院、广州市第二少年宫以及面积达56万平方米的广州市最大的市民广场共同形成"城市客厅"。所在区域现已成为当今中国三大中央商务区之一，是广州市改革开放后形成的最具现代大都市气息的新城区，大气磅礴的新城市中轴线完美体现了广州这座古老而又崭新城市的现代化建设成就、建设世界名城的雄心和活力。目前，城市新中轴线还在持续建设过程中，新的广州博物馆、美术馆、科技馆、文化馆等文化设施正在兴建。可以说，广州图书馆新馆是与城市新中轴线，与广州这座新城市共同"成长"的。在中央商务区兴建文化设施、在城市"心脏"地带建设公共图书馆，契合了"城市发展以文化论输赢"的理念，这足以说明城市决策者的魄力和远见。

新馆于2004年正式立项，2006年2月奠基，7月正式动工，2012年10月基本完成建筑工程。从项目投资安排到工程实施，正是广州市城市建设的高潮时期，但城市建设投资主要用在基础设施尤其是交通基础设施，以及2010年广州市承办的第16届亚运会场馆建设上，文化建设投入还比较有限。为解决新馆建设的庞大费用，睿智的决策者们商定，调整重大项目投入，"用修地铁的钱建设新图书馆"。当时的设想是，每年调出半公里补助地铁建设经费，即每年2.5亿，共安排四年，以解决新图书馆建设经费投入问题[5]。新馆建设项目最终核定的总投资额为13.14亿元——"无论凭什么标准都是一大笔钱，但是从这项措施影响所及的人数来看，仍然可算是最有效率的投资。"[6]

3 颠覆传统：一座如此不同的图书馆建筑

2004年5月，广州市组织广州图书馆新馆建筑设计方案国际邀请竞赛，来自世界各国的88家设计单位和联合体报名，来自美国、法国、德国、加拿大、西班牙、日本以及国内的13家设计单位获邀参加竞赛并提交 13 个设计方案。2005 年 8 月，由日本日建设计株式会社与广州市设计院联合体设计的九号方案被评为优胜方案。选择该方案的原因，主要是它较好地处理了与周边环境、与整个区域内其他一系列标志性设施的整体关系，"与能够提高文化新区魅力的计划相辅相成"[7]。也有人认为，新馆造型的选择与位于珠江岸边有关，作为"河岸建筑"，它的正立面是曲面，与河流保持一致。珠江是母亲河，河流的灵动、绵延不绝、滋润大地等可以对建筑内涵进行文化意义上的演绎。

这是一座如此与众不同的公共图书馆建筑："之"字优雅体造型，倾斜的结构设计极富动感精神，以及象征岭南文脉的骑楼式独立柱设计；体现"美丽书籍"建筑构思，外观由石材堆砌、形成寓意书籍堆积与历史文化积淀的建筑肌理；东西走向、南北塔楼之间形成 40 多米高的气魄宏大的通高中庭设计，内部空间采用大开放设计；在内外空间关系处理上，采用同一平面关系，东西立面大玻璃幕墙形成内部空间透视，甚至内部空间地面材质刻意与外广场材质保持统一，以保证内外空间的自然过渡、无障碍延伸。雕塑化的艺术造型，石材、玻璃、金属等新型材料的运用，简洁的线条，素雅的色调，以及平等的内外空间关系处理，使新馆形成现代、时尚的建筑风格，并具备"亲民"的内在品格。

新馆的内外空间可以被诠释为一个"内外不分、无限延展的城市公共广场"、"一个'人'字形公共广场"[8]。它东西贯通，甚至成为西边文化广场与东边商户住区的公共通道，通行距离最短、最安全、最舒适，并且提供多元多样的公益文化服务，极富亲和力，极具公共空间的特点。

这座建筑总吸引人们去对比经典的图书馆建筑：古罗马时期的塞尔苏斯图书馆遗迹[9]、波士顿公共图书馆、纽约公共图书馆、美国国会图书馆、中国国家图书馆、上海图书馆等。这些图书馆普遍具有方正、典雅、沉稳、厚重的造型设计和殿堂式风格，外部普遍采用向上延伸的台阶设计以象征知识与文明的崇高，内部依功能分区多设计隔断式空间等。许多人感叹，相对于人们印象中的图书馆，这座建筑更像是一个现代化的商城。

作为城市的地标式建筑，它的标志性不仅体现在个性鲜明的建筑造型上，同时也体现在内部宏大的中庭设计上。它从地面直达建筑的最高层，以斜面的玻璃天窗取代了传统的穹顶，以天空或瑰丽或壮美的自然景色取代了装饰华丽的藻井，它的非比寻常之处在于40多米的高度：这与罗马万神庙、科隆大教堂、米兰大教堂等世界上最著名的宗教建筑的穹顶或中厅具有相近的高度。[10]想象一下进入这些教堂的感觉！震撼、仰视、神圣、庄严肃穆！当人们初次进入这座图书馆时，它扑面而来的同样是令人震撼的感觉，不禁让人仰视，驻足欣赏建筑之美，继而感叹这座城市的气魄和手笔！

广州图书馆新馆于2012年12月移交给图书馆方，12月28日部分开放，2013年6月23日全面开放。回顾新馆从建筑设计到工程完工、投入开放的整个过程，其间有各种各样的讨论，不乏争议的声音。在确定设计方案阶段，图书馆界专家认为，该方案可以接受，但并非最佳，主要问题在于其建筑平面布局多块分割影响功能实现、不规则结构造成空间实用率低和建设、运作成本高等。[11]在建设过程中，媒体质疑其倾斜的框架结构，甚至以调侃的语气给予"中国第一斜"的名号。但最大的质疑声来自它不断延宕的工期以及不断增加的项目投资。而造成这些问题的根本原因正在于其与众不同的建筑设计。所幸的是，新馆对公众开放后，这座建筑以其个性鲜明的造型设计和美轮美奂的审美效果带来了更多的惊叹与惊喜，如潮水般涌入的人流也削弱了对其巨大投入及其他问题的批评。2011年，这座尚未投入服务的建筑甚至就被当地主要媒体发起的公众评选活动评为新"广州好"百景之一。[12]可以说，因为其广泛而充分的利用，或者说人们现实主义的态度，使这座图书馆的建筑设计在总体上获得了良好的名声。

从功能实现和发展的角度，除馆址因素外，图书馆建筑的好坏取决于其内部空间设计。在这个意义上，新馆最重要的特征可以归纳为开放、平等主义、交流功能和多种功能融合，以及其背后真正的以人为本的理念。这些特征较好地满足了城市图书馆服务与发展的需要，契合公共图书馆在新时期转型发展的最新理念。

新馆的开放特征体现在开放的中庭和楼层设计、超过70%的馆藏开架、东西立面大面积玻璃幕墙营造的视觉进入效果等。开放的设计可以营造出开放、自由、包容的氛围，也让读者可以尽可能接近他们所需要的图书。平等主义特征主要体现在建筑内外空间关系的处理上，采用同一平面关系、同样地面材质，公众可以没有任何障碍（物理或心理上的）地走进图书馆、利用图书馆，体现了对用户、对人的尊重和欢迎。设计师极为关注用户的感知与体验，"作为一个大型的公共建筑，我们要考虑这里承载的人数。为了保证即便人数相当多的时候，空间看起来也不会狭窄和压抑，所以选择了通高的中庭设计"[13]。中间共享大厅、方便的垂直交通可以提高整体空间识别性，顶部天窗设计可以获得充足的采光效果；"图书馆内设计如同一座大型百货店。在宽广的馆内建有大型开放式中庭，在这里，馆内情况一目了然。由此乘坐自动扶梯或观光电梯，可直接前往想要搜寻的书籍的所在楼层。在这座10层建筑物里，图书、外国书籍、少儿读物、中国古籍、多媒体等不同分类的图书、影视资料等如同专卖店似的一字排开，宾客可如逛商场购物一样在馆内游览，也可随意阅览自己喜爱的图书。"[14]新馆内部空间设计的最大特点在于它提供了一个开放的平台，强调大空间和整体性，而功能更多是后组织的，强调使用者的自我发展、自我调适，人、书、设备设施、多层面的服务与活动等可以根据使用者的需求实现最大限度的整合、融合与调整。这有别于传统设计思路，即依据规范在设计阶段便界定严谨的功能分区，甚至超越了"三统一"、"模数化"设计的层次。新馆也并未刻意强调图书馆作为"适合安静思索的庄严场所"[15]，从使用效果的角度评价，这座建筑在吸引公众入馆、推广阅读方面表现更为突出。

新馆的建筑设计可以充分实现图书馆作为社会公共空间、"第三空间"的交流功能。新馆的交流空间可分为五个层次：图书馆整体，展厅、报告厅、多功能厅等专门交流区域，文献服务区中配套但相对独立的交流区域，与文献服务区融为一体的交流区域，以及灵活组织的适合于三两个人的个性化交流空间。比较而言，新馆尤其设计有众多的小型交流空间，大开间设计带来可以灵活组织的交流空间，因倾斜造型产生大量小型休闲空间。[16]

新馆以10万平方米的体量，足以满足不同主体各种目的、主题、形式与规模的需求，兼具报告厅、展览厅、美术馆、音乐馆、档案馆、博物馆、科技馆等多种功能。

从世界范围内图书馆新馆建设实践看，并不总是能做到建筑与功能的完美结合。而广州图书馆新馆幸运地实现了公众、馆员、建筑师的"多赢"局面。除了能较好满足图书馆功能需要以外，新馆从外部造型的倾斜动感设计、内部空间的商场式开放设计、内外空间平等关系设计等方面，极大改变了公众、馆员对图书馆的固有印象。广州图书馆新馆作为一种全新风格的设计，为图书馆更好适应社会发展做了非常有益的探索。

4 角色的变化：交流平台、文化中心和城市窗口

广州图书馆新馆绝佳的区位条件、个性鲜明而又极富美感的建筑设计吸引了众多的市民和国内外游客。但一座好的图书馆，必须是建筑与

功能、硬件与经营的完美结合。广州图书馆利用新馆提供的新平台、新机遇，应用新理念、拓展新功能、推进新服务。

由于互联网的迅猛发展，当今世界范围内的公共图书馆正处在一个转型发展期，而"第三空间"理论作为转型发展的基础理论已经形成图书馆界一种新的潮流。该理论认为，理想的"第三空间"以开放作为空间条件，以交流作为主要功能，以自由作为用户体验关键，以人气作为管理运营目标，其核心在于强调公共空间的非功利性的社会交流功能。公共图书馆作为"第三空间"的一种类型，交流应成为重要功能。传统的阅读、学习是图书馆的基本功能，而交流功能也要占据主体位置，并努力"嵌入"传统功能之中；交流空间也从馆外广场、台阶延伸进入馆内空间，而空间形态、规模要适应交流主体、交流层次与交流形式多样化的需要。作为"第三空间"的城市图书馆应该为人们发展新的非功利性的社会关系，推动公众的社会融入、参与创造条件，它应该成为人们观察城市居民文化生活、精神生活甚至日常生活状态的一个窗口。

广州图书馆新馆建成开放后，逐步界定"阅读、交流、分享"三个服务层次，尤其将多元文化交流作为重点拓展的新领域、新方向，致力于将图书馆建设成为城市的公共交流平台和公众的交流分享空间，以适应新时期的社会需要并充分利用优越的馆舍条件。新馆开放以后在本土文化与传统文化、世界多元文化、都市文化、面向不同社会群体等方面举办了大量的交流活动，2014 年超过了 1000 场次。广大市民通过图书馆的活动参与城市的公共生活，众多的社会主体与图书馆合作或直接利用这个平台，与社会交流、为公众服务。图书馆已经逐渐成为这个城市居民、不同群体和组织共建、共享的公共交流平台。这丰富了图书馆的服务形态，产生了良好的社会影响，图书馆的知名度、美誉度大大提高，2014 年仅大众媒体对图书馆活动和服务的关注就达到 751 次，同时在民间、政府两个舆论场也都赢得了良好的口碑。新馆已经深入参与城市的公共生活。这正如1960年代旧金山市公共图书馆在经历快速发展后所获得的激动人心的社会评价：在历史上，图书馆第一次成为这座城市重要的文化中心[17]。

图书馆的新功能也极大地促进了传统功能的发挥。越来越多的市民进入图书馆阅读、学习。2014年新馆日均接待访客超过2万人，节假日均值超过3万人，高峰期达到4.5万人，分别达到了设计接待量的2倍以上。新馆受公众欢迎的程度超出了所有人的预期，在广州市公共服务机构中首屈一指。这也为公共图书馆在网络时代仍然备受公众欢迎提供了一个绝佳案例。新馆的广泛利用还获得了额外的收益，如为广州市同时期制定地方图书馆立法、推进公共图书馆服务体系建设营造了良好的社会氛围。

广州图书馆新馆已经在广大市民中树立了城市文化地标、城市窗口的新形象，改变了公众对公共图书馆仅仅作为地方文化组成部分的传统印象，成为城市文化的积极参与者与塑造者。2012、2013年，新馆开放服务经公众投票两度成为"年度入载地方志十件大事"。越来越多的新广州人、国内外游客通过新馆认识广州这座开放、包容、多元的城市，也有越来越多的老居民通过新馆改变了对这座城市的印象，人们发现，广州人爱读书、爱学习、爱参与公共生活、公共事务，这座城市的书香氛围浓厚，市民社会、公民社会的氛围浓厚。

广州图书馆新馆日益扩大的社会影响吸引了越来越多的社会资源进入图书馆，不断丰富图书馆的功能与服务，非常好地体现了传承与创新的关系。新馆开放以来，中国（广州）国际纪录片节展示服务中心、"广州之窗"城市形象推广厅、广州大典研究中心等相继落户。这也正验证了图书馆学家阮冈纳赞1931年提出的历久弥新的著名论断："图书馆是一个生长着的有机体。"

5　走到历史深处：城市文化建设的纪念碑

密特朗总统在建设法国国家图书馆新馆时说："建造一所 21 世纪的图书馆是为了满足某些实际需要。但是除了满足实际需要之外，法国还应该以纪念碑的形式来表明它对智力遗产的高度尊重。表明它对书籍与阅读活动的前途充满信心。"[18]

如果我们把广州图书馆新馆的建设放到当代城市文化建设的大背景中去看，如果我们再把这个文化建设的背景放到广州市 2200 多年城市发展的历史长河中去看，或再过三五十年当我们回顾这段历史时，我们会发现，包括广州图书馆新馆在内的这一轮文化设施建设的浪潮，是广州市历史上迄今为止项目最多、覆盖最广、投资最大、影响最为深远的一个时期。2004 年，广州市启动建设 26 个文化设施建设项目，总投资约 107 亿元；2013 年，广州市再启动 39 个文化基础设施项目，总投资 200 亿—300 亿元，而同期由各区及广东省筹建的文化基础设施项目共 41 项；2015 年起各区将启动建设或改造约 150 个中小型图书馆。在这轮城市文化建设的浪潮中，广州图书馆新馆无疑是一座纪念碑。既因其所处新城市中心的地位、体量的巨大、造型的标志性，更因其服务受众的广泛性与包容性，对城市文化建设和城市公共生活的参与，以及对这座城市务实、开放、包容的人文精神的体现和形塑，同时还因其凝聚了城市决策者、图书馆人、文化人、建设者等无数人的感情与梦想。广州图书馆新馆脱胎于城市的母体，又参与构筑新的城市风貌，与这座大都市共同成长。

无论从公共服务还是内涵精神的层面，广州图书馆新馆都可以作为这座城市的最具代表性的文化符号之一。

而从中国图书馆行业的角度，当我们在未来以体系建设为主要特征的时期再回望的时候，我们或许会发现，今天的广州图书馆新馆已在不知不觉中走到了一个时代发展的高峰。

参考文献：

［1］ Library of Congress History of the Library［EB/OL］.［2015-03-27］. http://www.loc.gov/about/history-of-the-library/.

［2］［6］［9］［15］［17］［18］（美）尼古拉斯·A. 巴斯贝恩著，杨传纬译. 永恒的图书馆［M］. 上海：上海人民出版社，2010.

［3］伍根培等. 关于加快我市公共图书馆建设的议案. 广州市第十二届人民代表大会第一次会议代表提出的议案（教科文卫类第075号），2003.

［4］林树森. 广州城记［M］. 广州：广东人民出版社，2013：424—452.

［5］程焕文. 崛起的广州市公共图书馆事业——向陈建华部长致敬.（2006 – 05 – 16）. http://blog.sina.com.cn/s/blog_ 4978019f01000358.html.

［7］［14］（日）宫川浩，（日）野口直人，张健. 现实生活中的知识宝库［J］. NIKKEN JOURNAL，2014（Spring）：11.

［8］吴建中. 广图：无限延展的城市公共广场［EB/OL］.（2013 – 06 – 29）［2014 – 05 – 15］. http://blog.sina.com.cn/s/blog_ 53586b810101a56i.html.

［10］苏华，红锋，连爱兰. 图说西方建筑艺术［M］. 上海：上海三联书店，2008.

［11］广州新图书馆使用功能专家论证会专家论证意见，2005 – 6 – 19.

［12］新"广州好"百景揭晓［N/OL］. 广州日报，（2011 – 3 – 28）［2015 – 5 – 21］. http://gzdaily.dayoo.com/html/2011-03/28/node-17.htm.

［13］刘洋. 广图新馆［N/OL］. 新快报，（2013 – 01 – 07）［2014 – 05 – 15］. http://www.ycwb.com/ePaper/xkb/html/2013-01/07/content_ 59901.htm?div=-1.

［16］方家忠. 广州图书馆新馆开放后的若干启示［J］. 图书馆杂志，2014（2）：4—9.

城市图书馆作为"第三空间"的建筑特征分析
——基于广州图书馆新馆的案例

【摘 要】 以雷·奥登伯格"第三空间"理论为基础，结合城市社会学公共空间理论，分析"第三空间"的建筑特征，进而对广州图书馆新馆建筑进行研究，提出城市图书馆作为"第三空间"在建筑方面所要具备的八个特征。

【关键词】：第三空间；公共空间；城市社会学；城市图书馆；图书馆建筑；广州图书馆新馆

"第三空间"理论是当前图书馆界学术热点之一。广州图书馆新馆作为我国最新的大型城市图书馆，开放一年多来，基本服务效益创造了新纪录，引起了业界的广泛关注，成为一个可以从建筑、功能、服务等多角度观察图书馆发展的一个新样板。本文试从"第三空间"及更广泛的城市社会学的理论视角，对广州图书馆新馆案例进行分析，并借此对城市图书馆作为"第三空间"的建筑特征进行探讨。

1 "第三空间"的定义与特征

1.1 雷·奥登伯格（Ray Oldenburg）对"第三空间"的描述

关于"第三空间"的概念，不同学者有不同的定义，也有越来越多的行业用"第三空间"来推广他们的品牌和企业,其中星巴克咖啡是最出名的例子之一。图书馆界多用美国城市(都市)社会学家奥登伯格的提法。[1]在他撰写的《绝好的地方》(*The Great Good Place*)一书中,他定义的"第三空间"是城市中除家庭和办公室以外的公共空间,像市中心的杂货店、酒吧、咖啡店、图书馆、城市公园等。在这些不受功利关系限制的空间里,人们的关系是自由平等的,没有职场的上下等级意识,也没有家庭里各种角色的束缚,可以把真正的自我释放出来。在生活节奏紧张、匿名性强的大城市里,这样的空间是人们在家庭和工作之外发展一些非功利性社会关系的理想场所。[2]奥登伯格认为"第三空间"有八个特征:

(1)中立的场所:参与者通常没有正式的责任、义务,没有财政、政治或法律的关系,不同的人来去自如,做他们想做的事情。

(2)平等主义者:个体的经济、社会地位并不是最重要的。

(3)交流是主要的活动:谈话是有活力的、鼓舞人心的、多姿多彩的和参与式的。

(4)无障碍和包容的:"第三空间"往往是便利的,其地理位置优越,通常处于从家庭步行可达的范围之内,开放的时间较长尤其在工作时间之后。

(5)有常客:员工和常客给空间定调,设定气氛和区域特征。常客也吸引新人,使他们感到受欢迎和容易融入。

(6)低调:"第三空间"给人的感觉是温馨的、舒适的、不势利、不自命不凡,接纳来自不同阶层不同行业的人们。

(7)有生机和活力的氛围:它鼓励人们怀着好心情长时间停留和经常光顾,在这里,有食品、饮料、游戏、交流。

(8)一个类似于家的地方:经常待在"第三空间"的人们对此地方

有很强的归属感，有时甚至有主人翁的感情。[3]

从奥登伯格的描述可知，"第三空间"的特征存在于不同的层面，包括城市规划、建筑、设备设施等环境层面，理念、功能与服务层面，用户参与与体验层面等。营造一个良好的"第三空间"，需要从不同的层面去努力。

1.2 城市社会学对城市公共空间的描述

奥登伯格是美国城市社会学家，他提出的"第三空间"实质上是城市的公共空间。为加深对这一理论的理解，我们再从城市社会学的更宽泛的视角去看城市公共空间的特征。我国社会学家郑也夫教授对公共空间的主要观点可以归纳如下：

（1）公共空间是公共生活展开的舞台，是相对于私人空间而言的；城市公共空间是相对于农村公共空间和私人空间并没有明确分野的状态而言的；公共空间特别突出地展现和建立在城市中，是现代化、城市化的产物。

（2）城市公共空间的产生源自于人们交往的愿望和交往的需求。

（3）"人气"是衡量一个公共空间好坏的最主要标准。人有一种本性，即人往人处走，人气越足就越吸引人，人气越不足就越冷清。人有一种观看他人行为活动的愿望，这是公共空间之所以被需求的心理基础。

（4）一个好的自由的公共空间应该能够满足多种需求。这是对公共空间的设计和管理的一个要求和挑战。

（5）从社会的层面看，公共空间的发达与否是开放社会区别于封闭社会的标志之一，或现代社会与传统社会的区别。开放社会与封闭社会无论在性格、内心还是在外观、物质设置上都是不一样的。

（6）人们对公共空间的需求分四种类型：即对舒适的需求、对松弛的需求、消极参与与积极参与。

（7）公共空间的意义或人们与公共空间的联系也分四种类型：个人习惯，即通过家庭和工作空间之外，多一个场合来调节自己；寻找特殊的群体，如跟个人有相同爱好的群体；寻找某些公共信息；宗教和政治活动。

（8）公共空间的基本条件包括：便利、安全和大小合适的规模尺度。

（9）人们对公共空间的权利包括：进入权，即空间是开放且不受干扰的，最好还有视觉进入的功能，即人们可以从外面判断出里面的人在做什么及是否适合自己，另外入口处或外部有用以暗示里面内容及欢迎哪些人不欢迎哪些人的象征物。行动权，即行动的自由，但公共空间同时要处理不同的人、人群在空间分配上的冲突，对自由适度约束，对专门的活动或宽泛的活动作出选择，而是否适合残障人士、老年人等也是判断行动自由度的重要标准。要求的权利与变更的权利，这与市民社会、民主社会的发育发展相关，如果真正进入市民社会，人们就要有要求、变更等主张的权利。此外还有所有权和处置权[4]。

1.3 "第三空间"的建筑特征

从建筑的角度，比较奥登伯格和另一社会学家郑也夫的观点，可以归纳出以下共同点：

（1）开放而不是封闭的设计，包括视觉进入、内外空间自然过渡。

（2）便利的区位条件与公共交通配套。

（3）交流是主要功能，适宜交流休闲的空间。

（4）可以满足多种需求的空间设计，可以是多功能的，也可以是弹性的。

（5）无障碍设计。

（6）平等、亲切、吸引人。

（7）餐饮等配套服务。

（8）以人为本，以用户为中心，关注用户对舒适、安全等需求的感知与体验。

2 广州图书馆新馆建筑的形成与特点

2.1 建筑设计师理解与演绎的新馆建筑

建筑服务于功能。广州图书馆新馆建设之初其定位是：集学习阅读、信息交流、文化休闲等功能为一体的信息化、网络化、智能化、安全环保、具有鲜明时代风格和岭南人文蕴涵的图书馆，是广州市精神文明建设的重要基地；具有文献存储、文献传递、文化教育、信息导航、信息加工、图书馆学研究、对外文化交流等七项功能。新馆建筑设计方案即在此定位上展开。在2010年制订的《广州图书馆2011—2015年发展规划》中，进一步定位知识信息枢纽、终身学习空间、促进阅读主体、多元文化窗口、区域中心图书馆等五大使命。此时，尚未完成的内部空间设计依最新定位进行了局部调整。

新馆建筑设计方案由日本株式会社日建设计和广州市设计院组成的联合体完成。作为主设计方的日建设计是世界四大建筑设计集团之一，希望通过该项目打破以往保守稳健的设计思路，在中国的公共建筑设计领域能够有所斩获，树立在中国的建筑设计新形象，这是日建设计在中国设计市场定位方面的战略部署。[5]日建设计的基本理念是"选择正确的设计方向"，即根据历史发展评估未来趋势，从各种时尚潮流中选择最有发展前途的创意，同时尊重当地的风俗信仰。[6]

新馆是所在区域四大文化设施中最后一个建设项目，有学者戏评新馆的设计是"三缺一情境下的空间演绎与营造"[7]。的确，设计师首要考虑的问题是如何与广场上及所在区域已有建筑相协调。这也是广州市政府选择现设计方案的主要原因。对新馆建筑的外观造型和内部空间的形成，主设计师宫川浩先生这样描述："我们的设计灵感来源于书籍，想象这个图书馆是由很多书籍堆积而成。同时考虑到旁边的博物馆是方形设计，我们作为紧密相连的建筑，最好以长条形并具线性美感的建筑匹配，因此才有大家看到的图书馆'之'字外形。"所谓"之"字外形，就是说无论你鸟瞰还是侧看，新馆都和中国汉字"之"字很像，宫川浩说，这个造型就像翻开的书页，意味着知识带给人惊喜。新馆的惊喜还不止于奇特的外观设计，走进它的内部，你也会情不自禁地"哇"一声，然后感慨所在的地方不像一个图书馆，倒是仿佛置身高级购物商场。这样气魄宏大且具有动感的内部设计，除了考虑足够的美观以外，也有其特别的意义。宫川浩说："作为一个大型的公共建筑，我们要考虑这里承载的人数。为了保证即便人数相当多的时候，空间看起来也不会狭窄和压抑，所以选择了通高的中庭设计。同时，因为馆体庞大，为了让访客清楚自己所在的位置，所以设计都是半封闭的。"[8]

在环境设计方面，新馆呼应华南地区的传统文脉，运用广州地区典型的建筑符号——骑楼，对各主要入口进行挑高设计，在室内空间与室外空间之间形成自然过渡。

在立面设计上，新馆建筑原型是一个长条形、充满智慧象征的形体。建筑师对这个形体进行分割，寓意受到重力、摩擦等自然力的作用后，形成"之"字形"书"所特有的优雅造型。其外观寓意书籍堆积的造型，具有极富雕塑感的粗犷外表，并以倾斜的体量体现现代建筑的动感精神。体量的分割令人仿佛可以看到巨大的书架整齐地排列着书籍。由远渐近直至进入新馆后，人们亦如同遨游在由数百万册开架图书所形成的书山书谷中，享受探索文化的旅行。

在结构设计上，新馆工程最大的建筑特点是倾斜和西端的单柱支撑。

总体而言，无论从城市规划、建筑形态、结构配合还是节能技术应用等方面，新馆设计都有诸多创新，归纳起来具有以下特征：

（1）通过形式上轴线对称的处理与外立面材质的统一与其他建筑相融合。

（2）外观设计通过外装石材表现书本堆积的形象，隐喻图书的"文化地层"般的历史含义，并通过叠层石材凹槽处开口满足图书防晒的需求。

（3）引用商业空间布局手法，创造面向市民开放的多层立体公开阅览区，并通过中间的共享大厅提高整体空间识别性，方便垂直交通。

（4）通过共享大厅顶部天窗获得充足的采光和自然通风效果，实现绿色建筑目标。[9]

2.2　公众与图书馆员对新馆建筑的认知

公众对新馆建筑的认知，经历了一个颇具戏剧性的、从质疑到不怀疑、认可的转变过程。在新馆建设过程中，公众讨论、媒体报道最多的是新馆的倾斜设计，"中国倾斜角度最大的框架结构建筑"，甚至直接指新馆为"中国第一斜"。2010年广州举办第16届亚运会之前，《广州日报》组织公众投票评选"新'广州好'百景"，新馆荣列其中。新馆开放以后，入馆者纷纷感叹，新馆不像图书馆，"而是更像商场"；到访的珠三角其他城市的游客尤其慨叹于新馆气势恢宏，"不是广州这样的中心城市不可能有这样的建筑"。新馆开放一段时间以后，有很多读者开始抱怨，"新馆太吵"，像市场、游乐场；但同时也有很多读者表示很喜欢新馆，"每周都会带着孩子来"。还有一个突出的现象是，新馆开放以后，游客纷至沓来，据估算节日期间游客人数约占接待访问人次的7%，即平均每天接待游客约1600人。以上情况表明，公众对新馆建筑的关注度极高，同时逐步形成总体正面评价。建筑成为广州图书馆新馆吸引人气的一个重要因素。

而从图书馆员的视角，也同样经历了一个从认为不适合到认可、从担忧没人来馆到因每天入馆者太多而担忧安全问题的过程,总结出新馆具有现代、时尚、亲民的建筑特点,并逐步形成具有强烈实用主义的共识:能吸引人的设计就是好设计,能用得好的建筑就是好建筑。

3 从"第三空间"的视角分析广州图书馆新馆的建筑特征

如前所述,"人气"是衡量一个"第三空间"、公共空间好坏的最主要标准。如果从结果的角度,广州图书馆新馆无疑是一个好的"第三空间":在开放一年之后,2013年新馆接待访问量达到434万人次,平均每天接待1.8万人次,节假日多在2万—3万人次,最多一天接待3.9万人次,创造了国内公共图书馆的新纪录;举办各种活动454场次,共28.3万人次参与;公众参与度、社会关注度很高,新馆建成开放和正式全面开放连续两年经公众投票入选2012、2013年"广州市入载地方志十件大事",大众媒体2013年各种报道共计632次。不同的人、群体、组织、机构等怀着不同的目的来到图书馆,参与各种主题或群体的各种各样的交流活动。这一结果令我们思考,广州图书馆新馆建筑与"第三空间"理论究竟有哪些契合之处。以下试作分析:

(1)开放而不是封闭的设计,包括视觉进入、内外空间自然过渡。如前所述,新馆运用岭南地区的建筑符号——骑楼,对各主要入口进行挑高设计,馆内空间与馆外空间处在同一平面之上,形成自然过渡;在地面材质的运用上,新馆大堂采用了与外部市民广场相同的火山岩材料;在东西两个入口,运用通透的大面积玻璃幕墙,使图书馆内部的开阔空间、读者通过电梯与自动扶梯在上下楼层之间、在南北楼连廊之间的活动,即使在外广场的远处也能一览无遗,很好地营造出了视觉进入的效果。如果说著名的纽约市公共图书馆前的大台阶是"第三空间"的话,广州图书馆新馆的"第三空间"则一直延伸到了馆内大堂及各个楼层。

上海图书馆吴建中馆长将广州图书馆的内外广场生动地诠释为一个"内外不分、无限延展的城市公共广场"、"一个'人'字形公共广场"。[10]这样的设计使馆内外空间自然过渡，吸引公众可以没有任何障碍（物理或心理上的）地走进图书馆。新馆这一开放的建筑特征是基于平等主义并保证平等主义实现的技术条件，它定义馆内馆外是一个平等的空间，给公众的感觉是亲切、无障碍的。这有别于传统图书馆多采用的殿堂式、古希腊神庙式、罗马式或文艺复兴式的建筑风格，及由此想要营造、传递的知识与文明的崇高感。这一特点是广州图书馆新馆在建筑上非常重要的内在特征，我们定义其为一种崭新的"亲民"风格。

（2）便利、优越的区位条件与公共交通配套。新馆具有非常优越的位置条件，而且处在"第三空间"的"嵌套"之中。首先从城市规划上，新馆所在的珠江新城位于新的城市中心，处在现代化城市的南北新中轴线与古老珠江东西景观轴线的交汇点上；置身于广州市最大的市民广场——花城广场，该广场被定位为"城市客厅"；与广州大剧院、广州市第二少年宫、广东省博物馆同属四大文化建筑，与中国第一高塔、广州最新城市标志——广州塔隔江相望，与广州国际金融中心（西塔）、广州周大福金融中心（东塔）等著名建筑及海心沙亚运公园毗邻。该区域有七大建筑入选"新'广州好'百景"，已经成为广州市民最大的休闲文化区域和外地游客到访广州的首选参观目的地。区域地下规划为广州市最大的地下商城，商业经营空间将陆续开放，而且中轴线珠江以南部分正启动建设广州市新博物馆、新美术馆、科学馆、文化馆等四大文化设施。可以说，新馆正处在一个由广州市最好的文化休闲设施所形成的文化共同体，或"第三空间"共同体、"第三空间嵌套"中，这样的位置条件确实得天独厚。如果说图书馆作为城市"第三空间"要更多突出在城市中的地位，以及与城市和居民之间的关系，那么图书馆在城市规划中的地理位置就是一个最重要的表征。公共交通配套上，目前有三条地铁线站点在步行十分钟距离之内，五条公交线可以到达该区域，整个广场地下配套比较充足的停车位。随着地下商场的逐步启用，公共交通将更趋完善。从服务绩效、与城市关系、功能发挥与社会作用等提升的角度，对广州图书馆而言，区位条件的重要性是摆在第一位的。我国当前公共图书馆尚未达到普遍设置水平，因此图书馆区位的选择在整体上更是重要的。

（3）交流是主要功能，具有适宜交流休闲的空间条件。在新馆建筑设计中，交流空间形态可分为五个层次：图书馆整体是一个交流空间，展厅、报告厅、多功能厅、研究与交流区等专门的交流服务区域，文献服务区域中配套但相对独立的交流区域，文献服务区域中配套但融为一体的交流区域，以及灵活组织、由沙发台椅等构成的适合于三两个人的个性化交流空间。与许多图书馆相比，广州图书馆新馆尤其具有自身特点的是：比较多地设置了第三、四层次的小型交流空间；大开间设计可以形成一系列灵活组织的交流空间；因倾斜的建筑造型带来的大量的处在边角位置的休闲空间。这些交流空间的特点又在于：与文献服务空间融为一体；开放，欢迎人们参与，不论是"积极参与"还是"消极参与"；具备举办小型交流活动的空间规模；配备可移动的展板、书架、沙发台椅、电子屏幕、小型音响等设备设施；适应不同范围、不同主体之间的交流需要，包括一对一、一对多、多对多等交流范围，也包括公众个体、群体、组织甚至城市政府等交流主体；可以提供小型化的真人书、展览、沙龙等活动。而其优点在于，适应了公共图书馆读者活动日益小型化、常态化、多样化、自组织等新趋势，为多主题、多群体、多面向、不同规模的交流活动提供了条件，吸引越来越多的读者、读书人、文化人、知识精英、居民、居民群体、单位机构等"积极参与"图书馆活动，也汇聚了大量社会资源为公众服务,以及由此获得大众传媒及社会各界的广泛关注,为提升公众对图书馆的认知发挥了重要作用。[11]这也是社会各界普遍认为广州图书馆新馆服务形象有很大改变、充满生机与活力并进而认知城市活力、开放与包容的物质支撑条件。在城市这个"非熟人社会"中,人们在图书馆交流知识、信息、思想、观念乃至感情,结交新朋友,融入与自己有共同爱好的小群体,在心理、情感层面产生归属感,使图书馆成为精神生活的家园;新居民在新馆感受到被城市接纳,新访客在新馆感受到自己受欢迎,他们与城市的关系在图书馆被基本界定,并以此为基础进一步发展。

(4)可以满足多种需求的空间设计,可以是多功能的,也可以是弹性的。新馆以10万平方米的体量,容纳了满足公众个体、群体、组织等各层面服务对象的各种主题化的、群体化和各种规模需求的多种空间设计,兼具音乐馆、美术馆、博物馆、体验馆等功能元素。同时又因每个平面大开间、无隔断的设计,为越来越多交流活动提供了充分延展的可能。

(5)无障碍设计。新馆具有符合规范的针对残障人士等特殊群体的各种无障碍设计。

(6)平等、亲切、吸引人。新馆"与能够提高文化新区魅力的计划相辅相成,以动感的开放式公共图书馆改写了以往大型图书馆安静至上的封闭印象"[12]。新馆造型设计个性鲜明,符号性强,辨识度高,公众普遍认可其作为世界一流公共建筑的设计水平,具有强烈的广告效应;"美丽书籍"的设计理念及"之"字优雅体造型符合公众对图书馆功能的认知;与造型设计的"高大上"不同的是,内部装饰设计定位中端,低调质朴。加上前述基于平等主义的现代、开放、亲民风格的设计,对公众形成了强烈的吸引力。

(7)提供餐饮、停车、饮用水、公共电源、无线网络等配套空间、设备设施与服务。

（8）以人为本，以用户为中心，关注用户对舒适、安全等需求的感知与体验。这一点尤其集中地体现在内部空间的设计上。内部通高中庭设计气魄宏大、现代感强烈，商场式楼层空间设计给人以开放、自由、明快、放松的感觉，中间共享大厅提高整体空间识别性，方便垂直交通，顶部天窗设计可以获得充足的采光和自然通风效果，实现绿色建筑目标等。"图书馆内设计如同一座大型百货店。在宽广的馆内建有大型开放式中庭，在这里，馆内情况一目了然：由此乘坐自动扶梯或观光电梯，可直接前往想要搜寻的书籍所在的楼层。在这座10层建筑物里，图书、外国书籍、少儿读物、中国古籍、多媒体等不同分类的图书、影视资料等如同专卖店似的一字排开，宾客可如逛商场购物一样在馆内游览，也可随意阅览自己喜爱的图书。"[13]吴建中馆长说，"第三空间"根据人的需要设置，因此"以人为本"是最主要原则。[14]广州图书馆新馆的内部空间设计突破了传统以营造安静环境为主要目标的思路，真正把"人"放到中心，关注并力图实现用户的良好感受与体验。

综上所述，广州图书馆新馆建筑设计较好地契合了"第三空间"理论，为新馆作为"第三空间"获得旺盛的"人气"创造了硬件条件，也满足了图书馆功能与服务的转型需要。新馆并从外部造型的倾斜动感设计、内外空间平等关系与自然过渡设计、内部空间商场式开放设计等三个最重要的方面，大大改变了从公众到馆员对公共图书馆的固有印象。可以说，广州图书馆新馆作为一种全新风格的设计，为图书馆更好适应社会发展的内在要求、发挥作为城市"第三空间"的功能做了非常有益的探索。

4 结论：城市图书馆作为"第三空间"所要具备的建筑特征

正如2013年国际图联新加坡年会的主题"一切皆有可能"，也正如英国伯明翰图书馆对新馆进行"重新定义",处在转型发展中的城市图书馆其建筑也需要结合"第三空间"等理论进行重新定义。从功能与作用发挥的角度,根据广州图书馆新馆的案例,城市图书馆作为"第三空间"所要具备的建筑特征,依重要性排列如下:

(1)便利的区位条件,包括"第三空间"共同体的形成与完善的交通配套。这是保障城市图书馆具有旺盛"人气"的基础条件。

(2)开放的设计,包括视觉进入、内外空间自然过渡等。其目的在于尽可能消除公众利用公共图书馆的物理门槛。

(3)平等、亲切、吸引人的建筑风格。将城市图书馆内部空间定位为与外部公共空间平等的空间,是世俗化而非令人尊崇的空间,这是进行技术层面的开放设计的心理基础。

(4)以人为本,以用户为中心,关注用户对舒适、安全等需求的感知与体验,对某种既定环境的营造至少要摆到第二位。

(5)交流成为与阅读、学习同等重要的功能,要有适宜交流休闲的各种形态的空间。传统的阅读、学习仍然是图书馆的基本功能,但交流功能同时已占据主体位置,并努力"嵌入"传统功能之中;交流空间从馆外广场、台阶绵延进入馆内空间,空间形态、规模要适应交流主体(包括居民个体、群体、组织、机构甚至政府部门、城市等)、交流层面与形式多样化的需要。作为"第三空间"的图书馆应该为人们发展新的非功利性的社会关系创造条件,它甚至应该成为人们观察一个城市居民生活状态的一个窗口。

(6)可以满足多种需求的空间设计,可以是多功能的,也可以是弹性的。

(7)无障碍设计。

(8)餐饮等配套服务。

参考文献：

［1］［14］吴建中. 转型与超越：无所不在的图书馆［M］. 上海：上海大学出版社，2012：53—80.

［2］钟和晏. 公共关系：第三空间与精神空间［EB/OL］. （2007 - 09 - 11）［2014 - 05 - 15］. 三联生活网 http://www.lifeweek.com.cn/2007/0911/19583.shtml.

［3］Kathleen Azali. "Third Place" in the library: Supporting participation and engagement//方家忠. 大都市的公共图书馆事业国际学术研讨会论文集［M］. 广州：中山大学出版社，2013：92—93.

［4］郑也夫. 城市社会学［M］. 上海：上海交通大学出版社，2009：170—191.

［5］［9］杨熹微. 广州新图书馆为功能服务的造型［J］. 时代建筑，2011（3）：80—85.

［6］Alice. 日本日建集团：建设一个成功的公司［R/OL］. （2013 - 03 - 19）［2014 - 05 - 15］. http://re.chinaluxus.com/Dsg/20130319/269157.html.

［7］杨明，丁锋. 三缺一情境下的空间演绎与营造——广州图书馆新馆设计竞赛评析［J］. 城市建筑，2006（9）：85—88.

［8］刘洋. 广图新馆［EB/OL］. （2013 - 01 - 07）［2014 - 05 - 15］. 新快报 http://www.ycwb.com/ePaper/xkb/html/2013 - 01/07/content_ 59901.htm?div = -1.

［10］吴建中. 广图：无限延展的城市公共广场［EB/OL］. （2013 - 06 - 29）［2014 - 05 - 15］. http://blog.sina.com.cn/s/blog_ 53586b810101a56i.html.

［11］方家忠. 广州图书馆新馆开放后的若干启示［J］. 图书馆杂志，2014（2）：4—9.

［12］［13］（日）宫川浩，（日）野口直人，张健. 现实生活中的知识宝库［J］. NIKKEN JOURNAL，2014（Spring）：11.

公共交流平台：公共图书馆服务新模式

新馆建筑、功能与服务

【摘　要】本文论证了公共图书馆作为社会"第三空间"的功能定位——公共交流平台；引入平台商业模式的理论框架，在理论层面初步构建实现新功能的服务模式；讨论其与传统模式的关系。

【关键词】第三空间；公共空间；公共交流平台；服务模式；公共图书馆

1　问题的提出

近年来，随着社会环境急剧变化，加上公共财政支持不足、公众利用图书馆减少等原因，全球范围内的公共图书馆普遍面临转型发展的问题。社会学领域的"第三空间"理论作为公共图书馆寻求新价值的基础理论得到广泛认同，这一理论的应用成为理论研究与实践探索的热点[1]。在我国，公共图书馆近年长足发展，一方面新一轮新馆建设热潮方兴未艾，另一方面多元多样的服务和各种新业态纷纷涌现，如何定位新功能或利用新平台拓展新功能成为业界普遍关心的问题。放眼整个社会，图书馆、博物馆、美术馆、档案馆等公共文化机构的交融发展、重新定义已成为一大潮流，站在图书馆的立场，笔者的期待是：在新一轮文化发展浪潮中，公共图书馆应通过更深度的社会参与，走到社会舞台的中央。

对上述问题进行探索，图书馆界要回答几个基本问题：一是在新理论指导下，公共图书馆应定位何种新功能；二是这一新功能的实现需要具备何种前提条件；三是如何实现这种新功能，即实现新的社会价值需要何种服务模式。笔者结合图书馆服务实践和已有研究成果，对此作进一步的探讨，供业界参考。

2 公共图书馆作为公共交流平台功能的形成

2.1 理论视角下的交流功能

公共图书馆无疑是社会公共空间的一种，被业界普遍认为是第三空间理论定义下的一种类型。笔者曾对美国都市社会学家雷·奥登伯格（Ray Oldenburg）定义的第三空间的8个特征，以及我国城市社会学家郑也夫有关公共空间的9个观点进行初步探讨[2]，形成对第三空间或公共空间的基本认知：它在性质上属于中立的场所，社会中的任何人都可以自由、平等地加以利用；它起源于人类开展社会交流交往、公共生活的需要，在人类历史中，突出地展现和建立在城市中，是现代化、城市化的产物，其发达与否是开放社会区别于封闭社会的标志之一。笔者下面再结合社会学、心理学的基本理论，从功能视角对这些观点作进一步梳理：（1）自由、平等的交流是主要的活动；（2）交流主体是社会上的所有人，包括个体与各种群体、组织，来自不同阶层不同行业；（3）人是群体的生物，社会交往是人的基本需求，交流活动源自人们交往的愿望和交往的需求[3][4]；（4）交流目的是发展非功利性社会关系，包括：个人习惯，即在家庭和工作空间之外多一个场合来调节自己；寻找特殊的群体，如与个人有相同爱好的群体；寻找某些公共信息；参与公共生活、宗教和政治活动等；（5）在交流空间、时间上都体现出包容性，容易到达，开放时间长，尤其是在工作时间之后保持开放；（6）交流主体权利包括进入权、行动权、要求与变更权、所有权与处置权等；（7）"人气"是衡量交流活动好坏的主要标准，它吸引常客，也吸引新人，使他们感到受欢迎和容易融入；（8）在用户体验上，交流主体有很强的归属感，有时甚至有主人翁的感觉，将其看作一个类似于家的地方。

2.2 实现交流功能的物理条件

笔者曾对公共图书馆作为第三空间的建筑特征进行过初步研究，本文基本引述并作修正如下：（1）便利的区位条件，包括第三空间共同体的形成与完善的交通配套，这是保障公共图书馆具有旺盛人气的基础条件；（2）开放的设计，包括视觉进入、内外空间自然过渡等，目的在于尽可能消除公众利用公共图书馆的物理门槛；（3）平等、亲切、吸引人的建筑风格；将图书馆内部空间定位为与外部公共空间平等的空间，是世俗化而非令人尊崇的空间，这是进行技术层面的开放设计的心理基础；（4）以人为本，以用户为中心，关注用户对舒适、安全等需求的感知与体验，对某种既定环境的营造要摆到优先位置；（5）适宜交流休闲的各种形态的空间；满足多种需求的空间设计，可以是多功能的，也可以是弹性的；交流空间从馆外广场、台阶绵延进入馆内空间，空间形态、规模要适应交流主体、交流层面与形式多样化的需要；（6）无障碍设计；（7）餐饮等配套服务，形成有生机和活力的氛围，鼓励人们怀着好心情长时间停留和经常光顾[5]。

2.3 实践视角的交流功能

近年我国公共图书馆开展的以促进知识、信息与文化交流为主要目的的展览、讲座、培训等读者活动大幅上升，相较于2010年，2013年举办活动场次、参与人次分别上升52.30%、60.98%[6]。

广州图书馆自新馆开放以来，基本形成传统服务与交流服务并重的服务格局，组织了展览、讲座、真人书、阅读分享会等大量交流活动，形成"环球之旅"、"友创意"、"玩具图书馆"、"爱绘本爱阅读"亲子读书会、"羊城学堂"、"雅村文化空间"、"阅读体验荟"、广州新年诗会等品牌性及系列性活动 33 个；其中 2013 年组织交流活动 454 场，参与公众 28 万人次，2014 年组织活动 1077 场，参与公众 41 万人；多元文化交流活动、未成年人交流活动形成特色；与社会各界建立了广泛的合作伙伴关系，在多元文化、本土文化、都市文化、未成年人服务、特殊群体服务、学术研究领域等，已与 80 多个主体建立经常性伙伴关系；传播效应显著，取得良好的社会效益和影响，2013 年大众媒体累计报道 632 次，另有 360 家媒体转载 2121 次，2014 年有 91 家大众媒体累计报道 751 次，另有 588 家媒体转载 3074 次，自媒体报道 837 条[7][8]。

在服务实践中，我们认识到，公共图书馆作为公共交流平台功能广受社会各界欢迎，其扩大伙伴关系、汇聚社会资源、激发社会需求、拓展服务对象、拓宽服务领域、推进社会传播、推进服务转型与图书馆社会角色转变等多方面价值需要被充分认识、挖掘和构建[9]，但要在功能层次予以推进，则需要系统地研究功能实现即服务模式的构建问题。

2.4 公共交流平台功能的形成

由前述可知，在理论层面，第三空间在功能层面主要强调的是空间的交流功能，而且主要是人际交流功能；在实践领域，公共图书馆越来越多地开展公众交流活动，这些交流活动涉及知识、信息、文化等诸领域。

传统图书馆学基础理论的文献交流论、知识交流论都认为图书馆是社会中文献、知识与信息交流系统的一个组成部分[10]。就此而言，第三空间理论可谓文献交流论、知识交流论的延伸，即从文献交流、知识信息交流延伸到主体交流，即广泛的人际交流，而交流的范围延伸到文化及更广泛的领域。这些理论引入的结果，都足以导致图书馆与整个社会系统的关系的重新构建,这正是第三空间理论对图书馆在传统功能基础上转型发展的引领意义所在。

众所周知,公共图书馆作为公益性的服务机构,公共性是其首要属性,而且它本身也具有社会交流媒介的基础属性。从社会人际交流系统的一个组成部分的视角来看,公共图书馆作为包容性最大、可以为所有社会个体、群体利用和接受的公共机构,可以发挥连接各方的"社会连接器"作用,其平台特征明显。

综上所述,公共图书馆可以定义其第三空间的功能为公共交流平台功能,它以图书馆传统的知识信息交流为基础,以人际交流为主要特征。

3 基于商业模式理论的公共交流平台服务模式构建

3.1 公共交流平台服务模式的定义与特征

公共图书馆要定位作为公共交流平台,必须要构建相应的服务模式,否则难言成型,更无法对其绩效进行科学评估。产品或业态等服务层面的设计都不足以支持功能层次的发展。管理大师彼得·德鲁克认为,当今企业间的竞争,不是产品之间的竞争,而是商业模式的竞争。传统图书馆管理领域并无现成的框架可以利用,而在商业领域,伴随着淘宝、苹果、亚马逊等公司的成功,当前平台商业模式大行其道,因此可以借鉴作为图书馆领域构建新服务模式的基础框架。

按照畅销书作者、权威研究专家陈威如和余卓轩的定义,平台商业模式指连接两个(或更多)特定群体,为他们提供互动机制,满足所有群体的需求,并巧妙地从中赢利的商业模式。其核心观点包括:一个成功的平台企业并非仅提供简单的渠道或中介服务,平台商业模式的精髓在于打造一个完善的成长潜能强大的"生态圈",拥有独树一帜的精密规范和机制系统,能有效地激励多方群体之间的互动,达成平台企业的愿景；平台商业模式带来的变革包括产业价值链从单边市场向多边市场重组，使多样化的供给与多元化的需求更加匹配，其特点是利用群众关系来激发网络效应、建立无限增值的可能性。而多数平台企业不仅能拓展单一群体间的关系网络，还能够连接双边（或数边）使用群体，让不同群体都能通过平台相连而达到为彼此增值的目的，成为"多边市场的连接体"；平台视角认为，各方对平台的发展有等量的贡献，因此百度等平台企业必须同时吸引各种甚至截然不同的用户（信息需求者与提供者）以维持事业的发展；平台企业的核心利益是建立起一个完善的生态系统，让有利益相关性的诸多群体彼此交流互动，实现价值的飞跃[11]。

参考上述观点，笔者试为公共图书馆公共交流平台服务模式定义为：连接公众与图书馆资源及服务供应商、社会各种公益性群众性组织、政府组织等多个不特定群体，为他们提供互动机制，满足所有群体开展社会交流交往的需求，并获取更多用户、更高资源利用率、对社会主要群体的更强影响、广泛的传播效果及社会影响的服务模式。

3.2 公共交流平台服务模式的机制设计[12]

3.2.1 定位多边群体及其需求，提出价值主张

就公共图书馆而言，在交流平台框架下，首要的第一边群体（市场）是读者及其他公众，要满足其开展社会交流交往、参与公共事务、追求自我实现、实现个性解放等需要，其中要强调吸引各种非阅读目的利用图书馆的公众；第二边群体是文献作者群体与其他知识群体，包括有社会交流需要的专家、学者、公共知识分子；第三边群体是各种群众性组织、公益性慈善性组织、政府或准政府组织，满足其出于各种目的与公众交流的需要，这类群体包括读书会、书友会、老年书画家协会、狮子会、爱心读书会、志愿者协会、地方政府或其外事部门、宣传文化部门、残疾人联合会、科普协会、外国或旅居当地外国人组织等；第四边群体

是各种市场主体，包括出版社、数字资源供应商、阅读设备供应商、市场化教育机构，满足其出于广告营销、市场推广或承担社会责任等多元目的但以公益方式为主要手段的社会交流交往需要。按平台商业模式的理论，任何成为平台中一个"边"的群体，都需要一个中立的参与机制建立其与平台的关系，而不能取决于图书馆的主观判断。因此，在平台视野下，需要图书馆人转变观念，应视其他目的利用图书馆为社会个体、群体的固有权利，如同读者利用图书馆一样。

　　商业模式的核心在于具有强有力的价值主张。在我国当前发展阶段，整个社会日趋多元多样多变，而对美好生活包括高品质精神文化生活的追求成为基本的社会价值。在这样的环境下，公共图书馆作为公共交流平台，应秉承自身崇尚理性、关爱人文等职业理念，利用自身丰富的资源，包括场所、空间、各种配套设备设施以及作为基础媒介的文献信息资源等，为社会各群体提供丰富而且平等的交流机会，倡导公众自由交流、理性参与公共生活，满足多种形式的社会交流交往需要。其价值主张应与整个社会的脉动相呼应，并回应公共图书馆的传统价值：增进社会交流，共建精神家园。

3.2.2　激发网络效应，包括同边网络效应和跨边网络效应

　　同边网络效应是指：当某一边群体（市场）的用户规模增长时，将会影响同一边群体内的其他使用者所得到的效用。跨边网络效应是指：一边用户的规模增长将影响另一边群体使用该平台所得到的效用。平台若能同时激发同边网络效应和跨边网络效应，将大大增加用户的使用意愿与满足感，进而推动赢利或绩效目标实现。其中的核心是如何建立网络效应捕捉机制。

　　对公共图书馆而言，基础的一边群体自然是读者或出于任何目的的到馆访问者。就这一边而言，用户越多，可以获得的交流机会就越多，

交流效用即同边网络效应就越大。而跨边网络效应则指用户越多，人气越旺，其他多边群体开展社会交流，甚或广告传播的效用就越好。当然，实际上各图书馆条件不同，有的地处偏远，初始阶段可能读者较少，所以需要通过吸引其他群体对图书馆的利用来激发人气，撬动整个网络效应，形成良性循环。对公共图书馆而言，核心的网络效应捕捉机制是个体、群体、组织对社会交流的基本需求和公益性交流机会的稀缺。

3.2.3 设定"付费方"与"被补贴方"

公共图书馆作为公益服务机构，其作为公共交流平台的运作与商业平台的不同之处在于：政府虽非交流平台中参与的一"边"，却是交流平台的主要"付费方"。根据平台模式理论，补贴模式的选择需要考虑各边群体对价格的弹性反应、成长时的边际成本、同边网络效应、多地栖息的可能性、现金流汇集的方便度等因素。参考上述准则，图书馆公共交流平台的第一边、第二边群体是主要的"被补贴方"，原因在于他们对参与交流的成本比较敏感，规模成长时的边际成本很小或几乎为零，同边网络效应呈正向，多地栖息的可能性较大，对第一边群体收费在操作上并不方便等。第三边群体与图书馆分担部分成本投入，其中图书馆一般投入空间及配套设备设施资源，其他投入如组织策划、嘉宾邀请、展品制作等成本则由参与群体、组织负责，这些群体组织在公共交流平台中既是"补贴方"也是"付费方"。第四边群体则是另一个"付费方"，往往需要通过付费获取交流机会。

3.2.4 赋予用户归属感

通过机制唤醒用户归属感，包括提供交流机会，让用户参与自我决策，达致自我实现等。唤醒用户归属感的核心在于赋予用户权限，提供选择的自由。根据城市社会学的研究，人们对公共空间的权利包括：进入权，即空间是开放且不受干扰的；行动权，即行动的自由，而是否适合残障人士、老年人等也是判断行动自由度的重要标准；要求的权利与变更的权利，这与市民社会、民主社会的发育发展程度相关，但就公共图书馆与读者、用户层面的关系而言，公众也拥有要求、变更等主张的权利；所有权和处置权，这是最高层次的权利，在法理上也由公民享有[13]。当然，根据马斯洛需求层次理论，最高层次的用户归属感应该建立在如何提供机会、帮助用户自我实现上。

对公共图书馆这个公共交流平台而言，应在运作机制层面赋予用户（各边群体）的权利包括自由、平等地参与公共交流活动，平等地利用平台内的各种资源，提出要求、意见、建议或批评，自主决策、策划组织交流活动等。

3.2.5　建立用户过滤机制，以维护平台的质量、声誉与形象

用户过滤机制包括用户身份鉴定、意见调查、互相监督、彼此评分、先期完成支付手续、平台自身的主观判断（及由此引申的第三方评估）等。

对图书馆交流平台的第一边群体而言，图书馆原则上不设置进入门槛，但可以针对具体的交流活动设立注册读者参与、报名者参与、持票者参与以及图书馆审核后参与等过滤机制。对第二边群体即作者群体与其他知识群体，可以通过图书馆方邀请、个人申请图书馆审核、参与者评价等方式予以过滤。对第三边群体即各种群众性组织、公益性慈善性组织、政府或准政府组织，可以通过图书馆邀请参与或合作、设立第三方中立审核机制等遴选高质量的参与者。对第四边群体即各种市场主体，可以通过与图书馆功能相关度等符合性审查、收费利用等机制设立门槛。但其中需要把握：原则上支持各种市场主体为履行社会责任而开展的公益性的交流活动，此种活动应区别于市场化的商业广告活动。

3.2.6　定义有限度的开放式策略

在商业领域，谷歌公司和苹果公司是分别采用开放式与管制式策略

并且都取得了巨大成功的经典案例。而就公共图书馆这个公共交流平台而言，首先必然拥有开放性特质；其次，除基础群体是自主的并且是有保障地参与以外，平台与其他用户群体的关系应经由"中立的机制选择"确定。当然，作为公共交流平台必须符合公共政策目标，同时因资源的有限性，所以这个中立的机制一定要设置选择标准。因此，图书馆能采用的管理策略只能是有限度的开放式策略。而且，需要充分预见的是，作为本质上开放的交流平台，相较于传统功能，必然会存在产品与服务可能碎片化、质量难以监管与统一、用户体验与口碑难以统一等问题。

3.2.7 决定绩效获取模式

商业模式中一定要有关键赢利模式。平台商业模式的关键赢利模式包括：在网络效应达到高峰时予以阻拦，设立关卡后从中获利；通过挖掘多方数据来设定并实现多层级的价值主张，进而推动赢利。

首先，作为公共交流平台，公共图书馆主要的经费来源还是政府，因此通过各种交流活动实现良好的社会效益和影响，以期保障或增加公共财政投入必然是关键的"赢利"模式；其次，作为公共交流平台的价值，最主要仍然体现在"人气"尤其是基础群体的"人气"上，所以激发基础群体的网络效应在平台运作层面是第一要务；再次，通过提供社会交流机会吸引其他各边群体的参与，使公共交流平台的服务"渗透"到这些群体，形成新的生态圈和合作共赢关系，获取传统图书馆服务框架下难以获得的社会群体影响力，使公共交流平台乃至公共图书馆的社会价值进一步彰显；最后，通过各种专业化方法挖掘各种数据，以帮助设定并实现各边群体多层级的价值主张，提高平台对各边群体的吸引力，推进平台的利用和高质量平台的建设，最大限度地挖掘平台的效益与影响。

4 公平交流平台服务模式与传统服务模式的关系

在理论层面初步完成基于交流功能的新服务模式构建后，必然面临与传统服务模式的关系问题。以下试作分析：

（1）在服务对象和服务领域上进一步拓展。传统模式以公众个体自主阅读服务为主体，新模式则将传统用户群体、其他社会群体、组织作为服务对象，并以各服务对象的交流活动作为服务领域，其中除知识、信息领域外，文化领域的交流将占很大比重，并进一步向其他领域延伸。新模式下各种群体的交流服务成为图书馆服务的基础组成部分，不再定位在延伸服务层面，可以让图书馆提供更多样的服务，以满足社会更多元的需求。

（2）在服务绩效上，突出追求人气、用户体验、对各社会群体的影响力和广泛的传播效应。人气方面要求达到一个临界值，并以此作为关键指标，以争取政府更多投入、所连接的各边群体的积极参与和相应的丰富社会资源的引入。用户体验方面，新模式予以更多关注，并专门设计赋予用户归属感的机制，如果成功运作，将非常有利于图书馆在移动服务、虚拟服务时代保持较强的用户黏性。群体影响力方面，新模式通过对各社会群体活动的深度参与，实现尽可能广泛的影响力，进而实现深度社会参与，提升社会价值。传播效应方面，在新模式下，各参与交流方主体性大大增强。反映到活动传播方面，从图书馆为主拓展到各参与主体都是可能的传播主体，传播视角、主题也将大为拓宽，各参与主体共同形成远比传统模式下更广泛深入的传播效应。广州图书馆新馆的传播效应已有较好体现。

（3）在专业方法上，如前所述，新模式吸收新理论，引入新方法，有利于提升在传统模式下逐步开展的交流活动的专业化管理服务水平，如建立赋予用户归属感机制、建立用户质量管理机制。在新模式下，参与交流各主体的数量与结构，交流活动的场次与参与人次，大众媒体与自媒体的传播主体、关注主题与传播效应，引入平台的社会资源及成本测算，用户体验，平台对各群体影响力等都将成为专业测度的对象。这与传统模式下的要素、结构及其发挥功能的方法将有很大不同。

（4）整体而言，传统模式以书为本，新模式以人为本；但新模式以传统模式为基础，与传统模式互相促进。广州图书馆的初步实践具有较强的说服力。广州图书馆新馆开放以来，在强力推进传统服务的同时大量开展交流活动，初步形成多样化服务的新框架。在此框架下，图书馆的"人书比"即进馆人次与外借文献册次的比值2014年为1∶1.18，而全国平均水平为1∶0.76[14]，即广州图书馆平均每进馆人次借书的数量是全国平均水平的1.5倍左右。可见，新模式具有推广阅读、促进传统服务的显著效果。

（5）新模式与传统模式一样，需要实现线下与线上服务的融合，二者在线上也有一个互相融合的问题。笔者的基本判断是，二者将在虚拟社交空间实现交会。

参考文献：

[1] 贾佳. 图书馆作为第三空间的社会价值研究[D]. 武汉：华中师范大学，2013.

[2][5] 方家忠. 城市图书馆作为"第三空间"的建筑特征分析——基于广州图书馆新馆的案例[C]//城市图书馆研究（第4卷第1辑）. 北京：国家图书馆出版社，2015.

[3] 邱泽奇. 社会学是什么[M]. 北京：北京大学出版社，2002：195—222.

[4] 马斯洛需求层次理论[EB/OL].[2015-07-30]. http://baike.baidu.com/link? url = HStvcAt - _ qmTZHimylqRXbrrnGxqwcN21qlCf007N1sO - A9raAbaTY9Es -

ZuzrHUeB64TLMS16slRJeJLytE6a.

［6］申晓娟. "十三五"时期公共图书馆事业发展环境扫描［R］. 2014.

［7］广州图书馆. 广州图书馆 2013 年年报［R/OL］.［2015 - 07 - 03］. http://www.gzlib.gov.cn/gtnb/gtnb2013.html.

［8］广州图书馆. 广州图书馆 2014 年年报［R/OL］.［2015 - 07 - 03］. http://www.gzlib.gov.cn/gtnb/gtnb2014.html.

［9］方家忠. 广州图书馆新馆开放后的若干启示［J］. 图书馆杂志，2014（2）：4—9.

［10］于良芝. 图书馆学导论［M］. 北京：科学出版社，2003：143

［11］［12］陈威如，余卓宣. 平台战略：正在席卷全球的商业模式革命［M］. 北京：中信出版社，2009：176—179.

［13］郑也夫. 城市社会学［M］. 上海：上海交通大学出版社，2009：176—179.

［14］国家图书馆研究院. 2012 中国公共图书馆事业发展基础数据概览［R］. 2013.

社会转型背景下的图书馆多元文化服务

【摘　要】中国当代公共图书馆多元文化服务处在社会转型、经济与文化全球化的背景下，对比世界范围内多元文化主义政策溯源与图书馆多元文化服务，提出践行核心价值、倡导多元文化的双重使命，以普通公众、外来务工人员、外籍人士作为三大对象群体，以世界多元文化、现代城市文化、传统与本土文化、社会各阶层与群体公共交流平台、多元文化氛围营造等为五大服务领域。最后介绍广州图书馆培育"多元文化窗口"功能的探索和实践。

【关键词】公共图书馆；大都市图书馆；多元文化服务；社会转型；文化转型；多元文化主义

　　探讨当代中国公共图书馆多元文化服务的问题至少有两个维度。其一，中国改革开放 30 多年后，整个社会正处在深刻的转型过程中。社会转型包含文化转型或重构。这一转型又处在全球经济、文化一体化的大背景下，必然要担负维护民族传统文化、文化多样性的重任。文化转型的目标、任务决定了图书馆多元文化服务的内涵。其二，当代中国图书馆要推行多元文化服务，必然要考察世界范围内多元文化主义政策的形成，比较和借鉴相关国家公共图书馆推行多元文化服务的实践。正是由于不同的时空背景，当代中国公共图书馆的多元文化服务应有不同的使命、内涵。

1 当代中国图书馆多元文化服务的背景

1.1 社会转型期的思想文化具有多元、多样、多变的显著特征

当代中国正处在社会转型期。关于社会转型的内涵,学界的意见主要集中在三个方面:一是体制转型,即从计划经济体制向市场经济体制转变;二是社会结构变动,是一种整体的全面的结构状态的过渡,而不是某些单项发展指标的实现;三是社会形态变迁,即从传统社会向现代社会、从农业社会向工业社会、从封闭性社会向开放性社会的社会变迁和发展。[1]转型期中国社会呈现出人口大规模流动、利益多样化、社会信息化、思想文化多元化的复杂形势。[2]2011年,中国城镇人口达到6.91亿,城镇化率达到了51.27%,人口城镇化率超过50%,这是中国社会结构的一个历史性变化,表明中国已经结束了以乡村型社会为主体的时代,开始进入到以城市型社会为主体的新的城市时代。在这一新的城市时代,城市经济将占支配性地位,城市生活方式占主导地位。[3]当代中国社会结构从所谓"两个阶级一个阶层"分化成十个阶层。不同阶层的利益诉求差别很大。[4]深刻的、大规模的社会转型,必然引起文化传统的转向,价值观念的更新,文化模式的变换,从而导致整个文化模式的转型。就文化建设而言,它把中国过去一个半世纪以来现代化进程中的缺陷——传统文化转型的任务再一次提到了日程之上。[5]

中宣部部长刘云山2009年撰文指出,经济体制的深刻变革、社会结构的深刻变动、利益格局的深刻调整,带来了思想观念的深刻变化,社会思想意识日益活跃,人们思想活动的独立性、选择性、多变性、差异性明显增强,中国国内社会思想多元、多样、多变特征更加明显。[6]此后多次指出当前我国思想文化面临多元、多样、多变的现实境遇。

2006年,周世康、樊和平就当前我国社会思想道德文化多元、多样、

多变的特点和规律的课题，以政府公务员、企业家与企业员工、青少年、青年知识分子、新兴群体、弱势群体等六大群体为调查对象，以江苏、广东、广西、新疆等四省区为重点，分别代表发达地区和发展中地区，采用问卷、座谈、访谈等形式，进行大规模调查研究，并于2012年发布调查报告。报告对当前我国思想、道德、文化中的"多"中之"一"，"变"中之"不变"，进行比较系统全面的调查，对经过改革开放30年后当前大众社会意识呈现的"中国问题"寻找"中国解释"或"中国理论"，进而提出"中国战略"。报告引起了学术理论界和政府宣传文化部门的广泛关注。报告提出了"后意识形态"的四个"中国难题"，即："全球化"与"改革开放"交汇造成的两种"一"的力量的不平衡；"经济意识形态"下的精神意识形态乏力和精神贫困；同一性手段的悖论与精神意识形态主体的缺位；深层的传统情结与传统资源的供给不足的矛盾。其中，有几项调查结果令人印象深刻。关于全球化背景下意识形态是否应当"多元"以及"多"与"一"的关系如何处理的问题，调查结果表明，在对100位中高级公务员的调查中，68%认为"思想文化必须多元化"，15%主张"坚持思想文化的一元化"，理由都是"全球化过程不仅是经济的全球化，而且要参与政治、文化的全球化"。在对"经济全球化背景下，哪种思想状态最好"的选择中，69%选择"一种为主多样存在最好"，14%选择"只有一种主流思想价值观最好"，12%选择"多种多样最好"。公务员是政治意识形态的主体，他们的主张能充分说明，在社会心理中，多样化、多元化已经成为中国意识形态的基本倾向，但在"多"中并不放弃"一"。当被问及"你认为当前社会影响较大的几种思想文化观念"时，调研对象的选择是：71.3%选择市场经济的竞争观念，56.6%选择拜金主义，55.4%选择传统道德，54.3%选择流行文化，市场经济的影响高居首位。当问及"当前思想文化多元多样的原因"

时，57.7%选择"市场经济条件下的利益多元"，也高居所有选项之首。在对 98 位农民的调查中，42%认为功利主义是当前对人们思想影响最大的因素，远高于传统儒家思想（27%）和马克思主义（19%）。[7]

1.2 文化转型的外在要求——经济全球化与文化的全球化、多元化

全球化即全球各地人们的密切关联，始于 15 世纪末的航海大发现。航海技术克服了海洋障碍，人类的洲际交通成为可能，其后以机械化大生产为特征的工业革命，使西方生产力领先的国家向世界各地的扩张成为可能。从 19 世纪 40 年代开始，中国作为一个古老的文明中心被强行纳入西方国家主导的全球化进程。二战以后，美国主导世界经济秩序，全球化进程明显加快。运输和通讯技术的革新，使物资与信息的流动可以跨越种种空间障碍。经济交往的规模和频次大为提高，促进了经济组织的革新，以跨国公司为代表的经济力量对生产要素和世界市场进行新的整合。20 世纪 70 年代以后，全球化进程的参与者以及驱动力呈现多元化局面。许多曾经被压制的力量和众多的新兴力量纷纷登场，走向前台，在全球化进程中积极强化自身的角色分量和参与权利。目前全球化进程正摆脱单一中心为主导的局面，形成多元推动、多元共存、多元发展的强大趋势。

经济的一体化必然促进价值观和制度文化的协同互动，从而形成全方位的社会一体化趋势。当前美国主导全球化进程，使美国模式的社会制度、文化价值观念等成了许多国家模仿的对象。真正意义上的、全方位的全球化实际上是一种以经济为先导，以价值观为核心，以政治为辅成，以广义的文化为主体的社会合理化与一体化的浪潮。文化全球化，是人类社会不同的文化（物质的和精神的）通过各种形式、各种范围、各种程度、各种途径的交往和碰撞，相互影响、相互渗透、相互融通，在某些方面达到统一，实现一体化，在某些方面又保持个性、多样性、

多元化，通过相互理解和尊重，达成文化价值的全人类共识和共享，它认为多元文化的价值共识和价值共享是文化全球化的基础和核心，以促成全球性的人类文化的繁荣。维护文化的多元性，在相互尊重的基础上进行平等对话，是实现全球化的唯一途径。[8]联合国教科文组织2001年发表了《世界文化多样性宣言》，强调保护人类共同文化遗产的多样性，由文化多样性到文化多元化，实行文化多元化政策。经济上的休戚相关和政治上的各行其是、文化上的各美其美，给人类带来一个不能不面对的课题，即文化自觉和文化调适问题；全球化潮流发端于西方世界，非西方世界应当通过发扬自身的文化个性来对全球化潮流予以回应。[9]

1.3 当代中国文化转型的几个要素

存在决定意识。放在中国社会转型的背景中，首先要面对思想文化多元、多样、多变的现实境遇，要认可多样化、多元化已经成为中国意识形态的基本倾向，要认识到市场经济作为社会的基本经济结构已经在我国得到确立，其发展导致的利益多元化将使思想文化多元化成为中国现代社会形态的一个基本特征。要面对、接受、认可这种基本特征，理性倡导多元文化价值。其次，要完成文化转型，必然要追求共同价值，形成主流价值，在中国即是要建构形成社会成员共同认同和遵守的核心价值观。

放在更宏大的经济全球化、世界一体化和中国一百多年现代化历史进程中看，毫无疑问，中国文化转型的方向是建立现代文化模式。这是一个与传统文化模式相对应、与市场经济相适应的文化模式。中国传统文化模式是群体本位的、伦理主义的、自然主义的文化，而现代文化模式则是个体本位、法治本位、理性主义的文化。[10]中国要顺着潮流走，要融合到潮流中去，要学习和掌握先进的东西，要接受现代化这个大方向，但同时要看清自己的条件，盲目接受新事物是不行的，要"软着陆"。[11]

中国同时要维护和保持民族传统文化在文化全球化中的个性化存在。

进一步从文化转型的实质即现代化的一般意义上看，现代化的关键是人自身的现代化。比较中国现代化进程的几个标志性时期，即洋务运动、"五四"运动和20世纪80年代文化启蒙运动时期，新一轮的文化转型将从知识精英阶层的自我启蒙进入到普通民众的日常生活世界，并且迅速提高的城镇化率使城市生活方式即现代文化的普及、针对公众的普遍的启蒙教化机制有了一个虽是外源性的但是天然的载体。城市生活方式崇尚理性、知识，与农业社会传统生活方式崇尚经验、自然相对立；崇尚个体主体性的张扬以及建基于此的民主、法治与社会契约观念，与农业社会传统生活方式群体本位及建基于此的伦理、人情、宗法观念相对立。

关于文化转型，在中国是一个争论了一百多年的问题。如果抛开种种结论性的观点，当代中国文化转型可以归纳出几个关键词：核心价值观、多元文化、现代文化、民族传统文化、普通公众、城市文化。

2 世界范围内多元文化主义溯源与图书馆多元文化服务

2.1 多元文化主义溯源

在英语中，对应多元文化主义的词汇有三个，即：Multiculturalism、Cultural diversity 或 Cultural pluralism，前者可译为"多元文化论"，第二个可译为"文化多样性"，后者可译为"文化多元主义"，三者表达的意思基本相同。尽管多元文化主义一词被频繁地使用，但多元文化主义的内涵至今未有一个清楚明晰的界定。中外学者的研究和探讨可以归纳为三点：第一，多元文化主义是对一个国家所处的实际状态的描述，主要是指在全球化的影响下，很多国家存在文化和民族多样性这一事实，多元文化主义在这个意义上指的是多种文化并存的社会状态。第二，多元文化主义是一种理论和学说。第三，它是作为一项政策出现的，它是指政府为谋求民族、宗教或语言方面的少数群体对公共领域的参与而设计的处理民族、文化多样性问题的一系列方针、原则和措施。

多元文化主义的意识最早起源于美国。许多美国学者认为，从19世纪到20世纪中期，最有影响的美国民族关系形象和持久的特征就是把美国比喻为"熔炉"。哲学家霍勒斯·卡伦（Horace Kallen）1915年认为，美国文化来自"美国马赛克"中的各个不同部分，每一部分都有自己的作用，就像一个"乐队"，它需要各种不同的声音才能演奏出好听的音乐。包括中国学者在内的许多人都认为卡伦是多元文化主义的创始人。20世纪90年代以来，多元文化主义理论成为美国学术界探讨和论争的一个重要话题，涉及社会、民族、人种与种族、宗教、性别、语言、教育等诸多学科领域。该理论需要从美利坚民族的形成与发展、移民与美国种族关系、宗教多元化、女权主义和同性恋、多语种使用和教育体制中的平等问题等各方面来认识。[12]

现代意义上的多元文化主义伴随着欧美各国解决民族问题政策的发展而逐渐形成。多元文化主义最初作为一种政策出现在加拿大。20世纪70年代以来，魁北克法裔加拿大人在国内寻求特殊地位甚至要求完全独立，加上美国60年代民权运动的胜利和民族意识的不断高涨，促使加拿大放弃"同化"努力，于1971年率先将双语框架内的多元文化主义作为解决国内种族、民族矛盾的基本构想，推出多元文化政策，并于1988年正式推出《加拿大多元文化法》（*Canadian Multiculturalism Act*）。[13] 此后，澳大利亚、美国、瑞士、新加坡、欧盟等国都相继推行以多元文化为内容的民族政策。

"多元文化主义"之所以逐渐在国际上达成共识，最显著的原因在于过去半个世纪，西方国家在对待种族文化多样性的方式、政策上经历了重大的转变。即在如何对待附属于本国的少数族群的民族主义、原住民、移民群体（有权获得公民身份的移民范畴）、不被承认为永久居留者和未来公民的移民等群体的政策上，表现为四种共同的趋势，即从压制、同化或排斥的历史政策到一个承认并接受多样性的更加"多元文化"道路的转变。它们逐渐成为国际讨论的问题，并以两种形式出现。一是知识层面的对话。这样就出现了"有差别的公民权"理论、"认同政治学"理论、"多元文化的公民权"理论等。二是少数族群权利的国际标准正被联合国、世界银行、国际劳工组织等国际组织接受。这些组织已着手编纂有关少数族群的最低国家行为标准，并且建立各种机制监督国家遵守这些标准。[14]

2.2 国外图书馆多元文化服务政策、研究

作为承担接受少数族群种族身份和文化多样性责任的公共机构之一，西方国家公共图书馆在多元文化政策的指导下，普遍开展了多元文化服务的理论研究与实践工作。国际图联（IFLA）以及美国、加拿大、澳大利亚等国图书馆组织制定了图书馆多元文化服务方针。

多元文化服务的第一个指导文献《澳大利亚规则》产生于1982年。同年7月，美国公共图书馆学会发布"公共图书馆：民主政治的资源——原则宣言"，其要点是尊重各族群的多元文化与平等提供自由使用图书馆馆藏与服务的机会。1986年，国际图联成立多元文化服务图书馆分委员会，并陆续制定了一系列指导性文献。1987年，国际图联发表《多元文化社会：图书馆服务方针》，指出民族、语言、文化的多样性；明确以民族、语言、文化的多样性为对象的少数群体，如移民、外来劳工、难民、土著居民等；指出多元文化的服务责任包括：少数群体人数达到300人以上，即应建立自成体系的藏书和服务，为每一个读者提供其需要的语种以及相关文化的资料，提供借阅、信息、语言等服务。[15] 1998

年版发布增订版——《多元文化社会：图书馆服务指导方针》，主要修订和讨论的问题包括：服务对象上增加了难民，成为第四种人；在数字化和因特网方面，提出资料类型应增加了 CD-ROM、web、联机数据库等；并且提出重视演讲以及土著人问题等。2008 年，国际图联多文化人群图书馆服务部提出：（1）多文化图书馆是通往多元文化社会对话的门户；（2）原则：全球社会中的每一个人都有权获得全方位的图书馆与信息服务，应特别关注多元文化社会中常常被边缘化的群体；（3）多文化图书馆服务的使命：在一个多元文化的社会里，侧重点应放在与信息、扫盲、教育及文化有关的一些关键使命上。

根据赵润娣的研究，国外学者的研究主要集中在四个方面：（1）图书馆多元文化服务规划。Cowles 图书馆列出了多样化计划：招募和雇用来自不同背景的馆员、工作人员以及学生员工，以增加图书馆员工的多样性，加强与丰富多样化研究领域中馆藏印刷资源及电子资源等。（2）馆藏建设与管理。Sharon Gray 认为，均衡发展的多元文化媒体馆藏有助于增强认同感和自豪感，增进来自不同文化人们的相互理解。最理想的馆藏应能够展现历史的全貌。（3）读者服务。Kendra Bender 介绍了加拿大等国图书馆对移民的各种信息服务与文化推广工作，帮助移民熟悉新环境及适应当地生活。RPL（Richmond Public Library）2000 年建立了多语言服务部，实施了系列多语言项目和服务，包括新移民方向、系列职业趋向、ESL（English as a Second Language）会话等项目。（4）馆员教育。Loft Mestre 调查访谈了 100 多名图书馆多元文化服务馆员，调查了相关人员是否特别愿意寻求此职位，是否觉得自己从事该项工作具有相应的素质、技能和经验，从事该项工作最重要的素质是什么等。[16]

3 当代中国公共图书馆多元文化服务的使命与内涵

3.1 践行核心价值

作为社会公共机构,公共图书馆在社会转型发展过程中理应发挥稳健的建设者的作用。在多元文化服务中,首先要践行社会核心价值。

中国共产党作为执政党,在十八大报告中对社会主义核心价值观做了最新概括,即:"倡导富强、民主、文明、和谐,倡导自由、平等、公正、法治,倡导爱国、敬业、诚信、友善,积极培育和践行社会主义核心价值观。"[17]这个表述分别立足于国家、社会、个人三个层面,凝练为24个字。从国家层面看,倡导富强、民主、文明、和谐;从社会层面看,倡导自由、平等、公正、法治;从公民个人层面看,倡导爱国、敬业、诚信、友善。

当然,新的社会核心价值体系也正处在培育、建构过程中。核心价值体系是整个社会价值体系中最基础的部分,是兴国之魂,是国家和民族长期秉承的一整套根本原则,它从深层次稳定而又恒久地影响着个人和民族的思想观念与价值取向,决定着国家的发展方向。核心价值体系要发挥引领社会思潮、凝聚社会共识的作用。比较中国共产党十六届六中全会、十七大、十八大等最新的三个纲领性文件,发现其表述都在不断凝练、发展过程之中。因此,在践行的基础上,公共图书馆也要为核心价值观的培育、建构发挥积极作用。

3.2 倡导多元文化

文化是一个相对的概念。根据不同的视角,可以区分传统文化与现代文化、东方文化与西方文化、民族文化与世界文化、主流文化与多元文化、主文化与亚文化、中心文化与边缘文化等相对的范畴。如前所述,在全球化和社会转型的双重背景下,中国思想道德文化领域的变化广泛而深刻,当前社会已形成一元主导、多元并存的多元文化格局。在核心价值体系之外,还存在着多元化的价值生态与格局,如传统本位价值观与现代本位价值观的互竞、市场本位价值观与计划本位价值观的博弈、个体本位价值观与社会本位价值观的冲突、特殊本位价值观与普世本位价值观的分立、扁平本位价值观与超验本位价值观的对抗等。[18]以及各种有关西方化、现代化、全球化、多样性、共同体与个人价值,包括普世价值在中国的适用性等种种争论。对此,杜维明认为:"关于即将到来的文明冲突的警告带来了文明间的对话,不仅是可取的,也是必需的。即使现代化最武断的界定——市场经济、民主政治、民间社会和个人主义——也为其可行性的争论和研讨留下空间。自由市场引起人们对治理方式的思考;民主可以表现出不同的实践方式;不同文化的民间社会形式多种多样;关于是否必须界定在个人主义范畴之内的问题没有简单的答案。"[19]

图书馆职业的基本态度,是要承认国内社会思想多元、多样、多变的特征和现状,认同文化多元化是一个大的积极的发展趋势,理性对待、包容各种讨论、争论、博弈、冲突,积极吸收借鉴国外优秀文化成果,积极倡导多元文化价值,推进公众社会包容意识、市民精神和公民素质的养成。

现代公共图书馆制度作为西方国家现代化过程中启蒙运动和工业革命的直接产物,其基本价值观与当代中国需要建构的引领社会健康发展、转型的多元文化价值体系的目标高度一致。中国当代公共图书馆在倡导社会多元文化价值中,尤其要倡导理性、人文、包容三个核心价值。

3.3 构建多元文化服务体系

根据当前所处的社会转型和全球化的双重背景,比较西方国家公共图书馆多元文化服务经验,构建当代中国公共图书馆多元文化服务体系必须首先界定两个关键问题，即服务对象和服务内涵。

服务对象的界定：三大群体。与西方国家多元文化服务对象以国内的少数族群、原住民、移民、外侨为主不同，中国图书馆的多元文化服务应以普通公众为主体对象，以外来务工人员为重点对象，以外籍人口为一般对象。其中，外来务工人员按当前流行的社会分层的观点，主要涵括在产业工人和商业服务人员两个阶层内。[20]

服务内涵的界定：五大领域。对于不同群体，提供分众化服务。对于城市尤其是大都市的普通公众，其现代化转型已有相当的积累，因此重点提供外部文化即世界多元文化服务；对外来务工人员，其现代化转型以传统文化尤以乡村文化转型为主，重点提供现代城市文化服务；对外籍人口，要提供其国族文化也即世界多元文化服务；针对所有群体，要提供中国优秀传统文化与本土文化服务；为普通公众与知识精英、大众文化与精英文化、为社会各阶层与群体之间提供公共交流平台，要营造理性、人文、多元包容的文化氛围。

在专业方法方面，可以充分借鉴、吸收西方国家公共图书馆开展多元文化服务的经验，包括：对服务对象的多元人口结构研究及多元文化需求研究；多语言界面服务；多语言文献提供服务与馆藏建设；多元文化空间营造；母语以外第二语言培训服务；新移民融入当地生活信息服务；多元文化月、展览、讲座、沙龙等多元文化推广活动；低教育人群的读写能力培训项目；多元文化背景的馆员队伍建设等。[21]

4 广州图书馆的探索与实践

4.1 制订发展规划，明确"多元文化窗口"使命

广州图书馆于2010年制订实施《2011—2015年发展规划》。提出"连接世界智慧，丰富阅读生活"的愿景，"将广州图书馆发展成为公众

与世界智慧相连的结点,成为保障信息获取,促进阅读、学习与交流,激发理性、灵感与想象力的公共空间"。在共同愿景的基础上,根据时代需求和广州市的历史文化特点,将"多元文化窗口"作为着力打造的五大使命之一,提出"汇集和展示本地和世界多元文化馆藏,营造多元文化氛围,提供文献、信息、讲座、展览等多样化服务,支持相应领域的学术研究,推进社会的多元文化交流,支持城市的对外交流与合作,涵养开放、包容的城市个性"。

规划提出拓展多元文化服务的目标,并提出四大发展策略:发展地方性专题服务,保存地方文化遗产,弘扬岭南文化;加强国际合作,以文献服务为基础,拓展多元文化交流活动;强化公益讲座、展览服务,建立社会各层面人员之间的交流平台;拓展综合性的多元文化服务。[22]

4.2 主要实践

从服务对象定位、服务载体(功能区域与项目)、资源构建(空间、文献信息、馆员)、服务手段(文献提供、咨询导读、文化展示等日常服务,培训、展览、讲座、沙龙等项目服务)、服务界面(标识导读系统、环境装饰、网站页面设计等)、业务支撑(业务协作、学术研究)等各方面进行总体设计,综合布局。现从服务载体角度介绍如下:

设立多元文化馆:定位为本地居民了解世界多元文化的窗口,外籍人士获取母语阅读文献的空间,城市对外文化交流平台。计划设立10—15个专区,包括世界主要语言、代表性国家民族文化文献馆藏,其中包括中文相关文献;在空间装饰设计上力图体现多元文化特点。新馆开放时将设立韩国、日本、法国、德国、墨西哥等专区。计划以文献服务为基础,开展展览、讲座、沙龙、论坛等文化交流活动,增进公众对不同文化的认知、尊重和包容。实施"友好图书馆"项目,扩大与广州市国际友好城市图书馆、外国驻穗领事馆等机构合作,签订协议,建立书刊交换、展览互办、交流馆员等合作机制，开展交流合作。并计划与街道、社区等有关机构合作，在外籍民众聚居的社区建立分馆，开展具有多元文化特点的社区阅读活动。

设立广州人文馆：定位为保存地方文献、展示地方文化名人和优秀文化、开展本土文化交流。基于"人物是地方文化的核心与灵魂"的理念，除继续大力发展传统地方文献外，重点发展名人专藏服务。收藏名人和著名家庭之成员的出版物、手稿、相关研究文献、个人藏书、信札、照片及其他收藏，保存和展示地方文化精华。新馆开放时将设立的名人专藏有：老革命家、收藏家、诗人、书法家、慈善家欧初先生"五桂山房专藏"，著名藏书家、版本文献学家王贵忱先生"可居室专藏"，著名父子作家、茅盾文学奖获得者刘斯奋及其父亲刘逸生先生专藏，国际知名的敦煌学研究专家姜伯勤教授专藏，一家三代八位女作家"南粤风华一家"专藏等。实施"广州之窗"项目，设立图书专架，方便不同文化背景的读者了解广州概况。开展经常性的名人手稿、代表性古籍和地方文化等专题展览活动。设立家谱查询区，与世界上最大的家谱收藏与服务组织美国犹他家谱学会合作设立，提供本地及其他地区家谱查询服务。

设立语言学习馆：定位为城市居民学习外语与各地方言、外籍人士学习汉语、各类城市新居民学习粤语、及公众开展语言学习与交流的平台。提供世界主要语言、粤语及国内其他主要方言视听资料与学习资源借阅服务，并作为语言培训项目的空间载体。

设立都市休闲生活馆：体现现代都市休闲生活、城市文化生活。其中包括网络、旅游、汽车、食在广州等四大主题区域。

设立创意设计资料区、影音鉴赏区、"广州国际纪录片节"展示服务中心主题服务区域：对应和服务城市居民日益高级化、多元多样的文化需求。

开展语言培训项目：2010年起设立每周一期的英语沙龙项目，2012年尝试开设俄语培训短期项目。新馆开放后，除继续拓展英语、日语等常用外语培训项目外，将针对新居民开展地方方言即粤语培训项目。

开展信息技能培训项目：其中外来务工人员将是重点服务群体之一，以提高其现代化生存技能。

开展多元文化推广项目：利用公益展览平台，从上世纪90年代起，即举办德国、加拿大、瑞典、美国、韩国等多元文化展览活动；利用公益讲座平台，2010年广州举办亚运会期间开展韩国、日本、印度、伊朗等亚洲多元文化系列讲座，此后陆续开展韩国文化月、俄罗斯文化月等活动。

举办"羊城学堂"公益讲座项目：自2007年启动，每周一期，逐步形成知识普及、公共交流、多元文化推广三大定位，并将研究发展公民素质培养定位。该项目成为普通公众与知识精英、为社会各阶层与群体之间提供公共交流、对话平台。

计划推动市民共享空间项目：将利用新馆众多的公共空间，如研究交流室、展览厅、多功能厅、报告厅、培训室及多个功能区域内设的小型交流区域，以及墙面、柱面等各种展示立面，为市民个体、群体、各种市民组织提供公益性的交流、共享空间服务，与各种市民组织合作提供公共文化服务，推进市民精神培育和市民社会建设。

多元文化服务界面与环境氛围营造：包括标识导读系统、网站页面设计、读者咨询等逐步实现中英双语服务，环境装饰逐步体现出多元文化特点等。

多元文化服务支撑体系：包括开展专业交流协作，组织多元文化服务研究，建设多元背景馆员队伍。其中，在国际交流合作方面，相继与韩国光州广域市、俄罗斯叶卡捷琳堡市、英国伯明翰市、法国里昂市等广州市国际友好城市图书馆，与美国、德国、墨西哥等外国驻穗领事馆，德国歌德学院图书馆，OCLC（联机计算机图书馆中心），美国犹他家谱学会等建立合作关系。2012 年起与中山大学资讯管理学院与资讯科学研究所合作建立多元文化服务研究合作，并将逐步建立多元文化研究专藏。2012 年起开始尝试聘用外籍馆员，2013 年将尝试引入外籍志愿者。

参考文献：

［1］［18］王丰. 中国社会转型进程中的价值观变化研究［D］. 北京：中共中央党校硕士学位论文，2012.

［2］新华社. 中央经济工作会议举行 习近平温家宝李克强作重要讲话［R/OL］. （2012－12－16）［2013－04－20］. 新华网 http：//news. xinhuanet. com/fortune/2012－12/16/c-114044452. htm.

［3］王茜. 城市蓝皮书：中国城镇人口首超农村人口［R/OL］. （2012－08－14）［2013－04－20］. 新华网 http：//news. xinhuanet. com/politics/2012－08/14/c_112725295. htm.

［4］［20］陆学艺. 当代中国社会阶层［R/OL］. （2010－11－09）［2013－05－01］. 北青网 http：//bjyouth. ynet. com/3. 1/1011/10/4941770. html.

［5］［10］贺潜. 论当代中国社会转型中的文化转型［D］. 开封：河南大学硕士学位论文，2010.

［6］刘云山. 社会思想多元特征明显意识形态面临挑战［R/OL］. （2009－07－02）［2013－4－20］. 人民网 http：//politics. people. com. cn/GB/1024/9582490. html.

［7］樊浩."后意识形态时代"精神世界的"中国问题"——当前我国思想道德文化多元、多样、多变的意识形态背景与难题［R/OL］. （2012－03－29）［2013－04－20］. 中国网 http：//www. china. com. cn/guoqing/2012/03/29/content_ 25018236. htm.

［8］苏前辉. 全球化趋势下的文化转型与构建刍议［J］. 昆明理工大学学报（社会科学版），2008（6）：62—67.

［9］［11］费孝通. 经济全球化和中国"三级两跳"中的文化思考［J/OL］.

(2000 – 11 – 07)［2013 – 05 – 01］. 中国网 http://www.china.com.cn/ch – jingji/jinji1/19.htm.

［12］董小川. 美国多元文化主义理论再认识［J］. 东北师大学报（哲社版），2005（02）：5—14.

［13］戴晓东. 加拿大的多元文化主义与文化安全［J］. 现代国际关系，2004（04），23—29.

［14］威尔·金里卡，黄文前. 自由的多元文化主义：西方模式、全球趋势和亚洲争论［J］. 马克思主义与现实，2006（1）：40—54.

［15］吴建中. 21世纪图书馆新论［M］. 上海：上海科学技术文献出版社，2003：170—173.

［16］赵润娣. 国内外图书馆多元文化服务研究综述［J］. 图书情报工作，2010（3）：87，89—92.

［17］胡锦涛. 坚定不移沿着中国特色社会主义道路前进为全面建成小康社会而奋斗——在中国共产党第十八次全国代表大会上的报告［R/OL］.（2012 – 11 – 19）［2013 – 05 – 02］. 新华网 http://www.xj.xinhuanet.com/2012 – 11/19/c_ 113722546_6.htm.

［19］（美）杜维明，刘德斌译. 文明对话的语境：全球化与多样性［J］. 史学集刊，2002（1）：1—13.

［21］方家忠. 美国洛杉矶郡公共图书馆的组织、管理和服务［J］. 图书馆杂志，2010（8），61—67.

［22］广州图书馆2011—2015年发展规划［R/OL］.［2013 – 05 – 01］. http://www.gzlib.gov.cn/aboutus/fzgh/fzgh.jsp.

广州图书馆新馆开放服务后的若干启示

新馆建筑、功能与服务

【摘　要】以广州图书馆为例,系统梳理新馆开放服务带来的启示与思考,归纳为社会需求、图书馆功能、理念与政策、服务转型与拓展、专业化支撑、建筑设计、服务组织等方面。

【关键词】广州图书馆新馆;社会需求;图书馆转型;图书馆功能;图书馆理念;图书馆管理

广州图书馆新馆建筑面积100444平方米,是世界上建筑规模最大的城市图书馆之一;以"美丽书籍"为设计理念,建筑设计个性鲜明,独具特色。新馆于2012年12月28日开放基本服务,2013年6月23日基本实现全面开放。2013年底各项统计数字出炉,服务绩效令人鼓舞。本文以新馆开放至2013年底的服务绩效为例,结合社会反应及自身多样化服务和专业化管理的探索,系统梳理新馆开放带来的一些启示,供图书馆同行参考。

1　互联网环境下传统图书馆需求依然旺盛

尽管社会上对于数字信息和互联网时代是否需要实体图书馆有一定疑虑,但是广州图书馆新馆的实践则表明了另一种发展趋势,表现在多个方面。一是基本服务数据突出,访问接待、注册读者、外借文献量等三个基本指标分别达到433.87万人次、41.77万人、575.53万册次(见表1),创造了全国公共图书馆服务量的纪录,跻身世界公共图书馆服务的前列。

表1 广州图书馆新馆开放服务主要指标统计

指标	总量	日均	全面开放后日均	峰值
接待访问量	433.87万人次	1.36万人次	1.77万人次	3.91万人次
注册读者量	41.77万人	1305人	1093人	5491人
外借文献量	575.53万册次	1.80万册次	2.08万册次	4.17万册次
外借人次	129.43万人次	4045人次	4969人次	9492人次

注:所有数字均来源于广州图书馆业务统计;统计周期为2012年12月28日—2013年12月31日,共320个开放日,其中6月23日后全面开放。后同。

二是注册读者结构年轻化,占比最大的三个年龄段依次是11—20岁、21—30岁、31—40岁,40岁以下(含40岁)的读者占注册总量的83.1%(见表2)。三是新馆活动受到大众媒体的关注。粗略统计,2013年64家境内外媒体先后累计报道632次,还有360家媒体转载2121次。一个公共服务机构的开放引起如此广泛的关注,这在广州的历史上是第一次,也反映了背后的社会需求。由此表明,在网络高度发达的当今时代,公众的传统图书馆服务需求仍然旺盛,即便是年轻人群体,对实体图书馆服务的需求也同样强劲。

表2 广州图书馆新馆各年龄段注册读者统计

序号	年龄段(岁)	读者数量(人)	占比
1	0—10	39792	9.5%
2	11—20	64972	15.6%

（续表）

序号	年龄段（岁）	读者数量（人）	占比
3	21—30	144529	34.6%
4	31—40	97948	23.4%
5	41—50	44130	10.6%
6	51—60	13127	3.1%
7	61—70	9690	2.3%
8	71—80	3247	0.8%
9	大于80	533	0.1%
合计		417968	100%

2 公共图书馆承担了城市窗口的社会效用

公共图书馆本身属于社会文化机构，大型城市图书馆建筑也往往成为当地的文化地标，如果兼有区位、建筑设计、社会影响、城市日程参与程度等"硬"、"软"实力，就能够承担起城市窗口的社会效用。广州图书馆区位条件十分优越，处于新的城市中心，南临珠江，面对城市新地标、中国第一高塔——广州塔，置身城市新中轴线上和最大的市民广场——花城广场。所在区域在2010年媒体组织的"新'广州好'百景"评选中有七景入选，除广州塔、花城广场外，还有海心沙亚运公园、广州大剧院、广东省博物馆、广州国际金融中心（西塔），广州新图书馆以其独特的建筑设计，也入选新百景。为此，这一区域时下已经成为城市最重要的市民活动中心和国内外游客羊城旅游的首选地。

广州图书馆新馆因为广泛参与城市日程而受到公众和媒体关注。图书馆开馆以来，接待业界同行、国内各地区及外事来访等合计158批次、3455人次；市领导多次视察新馆，其中市长陈建华先后七次到馆调研、参加活动或陪同客人参观；新馆成为省市宣传文化、外事、建设规划等众多部门对外交流的重要接待机构，下半年新馆全面开放后，外事部门安排几乎所有国际友好城市代表团到馆参观访问；新馆也成为国内外游客羊城游览的新景点之一。据统计，新馆每个开放日外借人次占接待访问人次的比重为29.83%，以2013年国庆假期为例，该比重降至22.54%，平均每天接待访客约1600人。

广州图书馆新馆正逐步成为"书香羊城"的窗口、学习型城市的窗口、多元文化窗口、公共文化服务的窗口、公众共享空间、广州文化新地标、培育世界文化名城的重要载体，展现城市窗口的新作用新形象。为此，目前广州图书馆将业务统计口径中的"接待读者量"调整为"接待访问量"，同时探索与有关部门合作，进一步拓展城市宣传功能，如旅游信息服务、城市书架和图书馆导游等。

3 降低门槛是图书馆提升社会效益的重要途径

广州图书馆向所有居民提供均等化服务，本地居民或常住人口凭本市有效身份证或社保卡，也可凭各种常住证明，如租房合同、房租和公用事业发票等注册后即成为正式读者。非常住人口则凭有效证件注册临时读者证，有效期为2个月，临时证在有效期内与正式读者证享有同等服务。用户还可以通过网络或邮寄等方式远程注册。

在公益、开放、平等、便利等理念指导下，广州图书馆全面实行免押金注册。馆藏文献90%以上开架借阅，数量超过300万册，其中可外借文献超过200万册，每一读者证可外借文献15册次。截至2013年年底，注册读者达41.8万，其中新注册用户为36.6万。

在新馆开放服务实践中我们发现，很多城市居民也是第一次走进公共图书馆，无门槛的管理、优雅的环境、丰富的资源和先进的设备设施，吸引他们即时注册，成为图书馆的新读者。由于新馆硬件建设实现无线与有线网络全覆盖，基本达到服务自助化，管理软件等保障了高度的开放与便利，图书馆社会公益服务得到了公众自然的认可。

对于降低门槛后可能导致文献资源流失的担忧，广州图书馆在新馆开放服务一年中做了专项统计，逾期未还的各种文献约 8 万册件，占总外借总量的 1.43%。同时也发现，此类情况随着时间推移表现出逐月递减的趋势（见表3）。

表3 广州图书馆新馆逾期未还文献数量统计

逾期时间	1周内	1—2周	2—3周	3周—1月	1—2月	2—3月	3—4月	4—5月	5—6月	6—7月（修正数）	7—8月	8—9月	9—10月	10—11月	合计
数量（册件）	17551	10728	7640	6242	10234	7080	4628	3209	2353	2353	1870	2279	1569	1551	79287

换一个角度思考，上述数据可以得出更理性的解读。一是从资源管理角度看，确实存在一定损失，按表3数据推论，最终不能归还的文献约2.4万册/年。假定这部分资源全部损失，对应年度新增资产总量约占5%，在可以接受的范围内。二是从馆藏建设总量的角度观察，对绝大多数图书馆而言，在稳定发展的阶段，图书的剔旧与新增应维持必要的平衡。[1]正常进行的文献剔旧工作，或能冲抵未归还文献所带来的财产损失。因为，广州图书馆在"十二五"规划中制定的标准是，每年剔旧量占新增馆藏比重为20%。[2]三是从服务绩效的角度思考，相对于现有的实现效益而言，这些投入也是值得的。

4 未成年人是公共图书馆的重要服务群体

未成年人服务活动，在广州图书馆新馆服务结构中的占比情况为：

区域面积约 5700 平方米，占全馆日常服务空间的 11% 左右；相关馆藏文献约 50 万册件，在开放区域的馆藏比重为 12.5%；注册读者 9 万人，比例为 21.5%；外借文献量近 184 万册，占比为 31.89%；馆藏流通率达 367%，是开放服务区域平均流通率 144% 的 2.55 倍，其中为小学三年级以下未成年人服务的亲子绘本馆流通率更高达 456%。未成年人注册读者人均访问广州图书馆的次数、人均外借文献量分别是成年人的 1.40 倍、1.71 倍（详见表 4）。

这些数据说明，未成年人的阅读需求满足，应该是今后图书馆需要重点关注的服务群体。对于不具备独立行为能力的未成年人群体，其家长需要重视培养他们的阅读习惯。未成年人，尤其是处在身体、心智发育早期的幼儿、儿童，纸本图书阅读有利于其成长发育，公共图书馆在这一群体中可扮演的角色将更为突出。

表 4　广州图书馆新馆未成年人与成年人注册读者服务统计

	未成年人	成年人	倍数
注册读者量占比	21.50%	78.50%	
人均访问次数	3.99 次	2.85 次	1.40 倍
人均外借文献量	20.42 册	11.95 册	1.71 倍

5　图书馆作为公共交流平台的价值开始显现

图书馆是社会交流系统的重要组成部分——现代图书馆学理论成果之一。当代图书馆作为公共交流平台，可从实体与虚拟两个方面、不同层次去理解。图书馆作为公共交流平台的价值至少体现在五方面：扩大伙伴关系、汇聚社会资源、激发社会需求、拓展服务对象、拓宽服务领域，由此推动图书馆服务进入新的发展阶段。

广州图书馆新馆设置了多元文化馆、广州人文馆和创意设计馆等主题馆,其定位是服务公众的专题文献信息需求以及与社会组织、机构交流的需要。以文献服务为基础,提供展览、讲座、沙龙和真人书等多类型或层面的服务、展示与交流空间。多元文化馆于2013年6月28日对外开放,已连续举办了墨西哥、加拿大和法国文化月等活动,还将举办印度和日本等国的文化交流活动,逐步显示了多元文化平台的价值。以加拿大文化月活动为例,内容有加拿大华裔移民图片展,"加拿大留学"等三种真人书,"中国人在加拿大"、"两次世界大战中加拿大华裔军人的故事"等讲座与纪录片展播以及加拿大华裔女作家方曼俏作品悦读分享会等。活动的举办令图书馆增加了一批合作伙伴,如广州市政府外事办公室,加拿大驻广州总领事馆,广东外语外贸大学加拿大研究中心,加拿大温哥华公共图书馆,加拿大华裔作家郑霭龄,华裔研究专家贾葆衡、黎荃恩,加拿大纪录片导演王建军等。他们把学术研究资源、历史文献资源、纪录片资源、嘉宾资源和展览资源等引入了图书馆服务,活动的成功效应又激发了合作伙伴进一步的交流需求。政府外事部门看到了图书馆对外交流活动的价值;外国领事馆看到了借助图书馆与公众交流的途径;研究机构看到了图书馆在学术传播与普及中的作用;公众通过参与"真人书"活动萌发了与他人交流的新需求等。

　　交流平台的建设与实践,推动图书馆服务进入新境界。从传统图书馆基于文献资源的常规型公众服务,提升为汇聚社会资源,构建交流平台展开的广泛社会服务;从传统的单一读者服务,拓展为向特定人群、组织、机构等多形态公众服务;图书馆建立的交流平台,在城市文化生活中逐步成为一种独特的公共空间。在这一过程中,图书馆服务领域得到了有效拓展,社会服务能力也得到了锻炼与提升。

6 专业化管理推动图书馆服务模式变革

2009年,广州图书馆与中山大学资讯管理学院开展合作,用了近一年时间,制订了"十二五"发展规划,然后按计划逐步实施:耗时6个月,制订新馆专项规划,落实到新馆平台,内容包括新馆功能规划细化设计、资源布局和馆藏结构等;历时8个月,组织内设机构调整与人力资源需求测算;费时7个月,实施全员岗位竞聘,根据新馆需求配置人力资源;此后,逐步推进对外文化交流等专项规划的制订和各专项业务的实施。

在服务层面,划分大众(基本)服务、分众服务和交流服务,大众层面按更开放、平等、公益及更便利的思路强化服务与创新,界定出最受大众欢迎的资源;分众层面按对象化与主题化进一步细分,界定出最重要的服务群体,弄清潜在服务对象,把握最受欢迎的专题领域等。

按照新馆规划思路,大众服务方面界定出文学图书、视听资料和考试专题图书等,设立专区,空间则安排到较低楼层;对象服务方面将未成年人界定为最重要的群体,专区面积达到5000平方米,内设亲子绘本、分级阅读馆等;需要主动提供服务的人群,如视障人士、外来务工人员、老龄和低收入群体等,以信息技能培训区为主提供服务;同时,为初次到馆者设立阅读体验区;主题服务方面,以本土文化、多元文化和都市文化为要素搭建多元文化服务框架。经过一年运作,总体绩效良好(见表5)。

表5 广州图书馆新馆各区域外借量一览表

服务区域	外借册次(册次)	比例	排名
综合图书区	1628693	28.30%	1

(续表)

服务区域	外借册次（册次）	比例	排名
文学图书区	1157572	20.11%	2
中小学生文学艺术图书区	927655	16.12%	3
普通视听资料区	504280	8.76%	4
亲子绘本阅读馆	498701	8.67%	5
中小学生综合书刊区	348977	6.06%	6
报刊区	310576	5.40%	7
休闲生活馆	221089	3.84%	8
中小学生视听资料区	59996	1.04%	9
其他区域	97792	1.70%	
小计	5755331	100%	

当前我国公共图书馆多以分层分面的逻辑组织服务，以分层为主体。分层的主要标准，大体基于馆员智力投入的程度；分面的主要标准，则有学科、主题、服务目标群体等。在此逻辑下，分出文献流通或提供、一般咨询、信息与参考服务、历史文献与特藏服务等。广州图书馆新馆将服务分为基本服务、对象服务、主题服务和交流服务四大部分，其中加大了分面组织的比重，以主题馆、对象馆为载体进行分面服务建构。从服务效果看，主题、对象服务区域因定位提供多样化、多层面服务，因此使服务领域得到极大延伸，使服务对象群体得到扩展，使合作伙伴关系可以广泛建立，为公众个体与群体之间的交流提供了更多的资源支持——如前所述，可以形成公共交流平台。其中最重要的是可以吸引更多的人和群体利用图书馆，激发对图书馆服务的需求，也有利于激发馆员的活力和专业化，对图书馆长远发展具有重要意义。试想一下，如果将公共图书馆中利用率最高的文学类图书，从仅仅提供流通层面的服务

调整为可提供多层面的主题服务，可将多少小说家、诗人及其群体、组织汇聚到图书馆形成多少新的服务资源？因此，分面再分层的服务组织，或许将是公共图书馆服务组织变革的一个探索方向。

7 文化服务与未来公共图书馆活动转型

转型发展是国内外公共图书馆当前的探索热点，吴建中指出："我们正处于旧范型向新范型转型的时期，旧范型的主要特征是以纸质资源为主体，而新范型将以数字资源为主体。"[3]王世伟认为，全球大都市图书馆服务体系在服务空间发展上呈现功能融合、文化融合、智慧融合三大趋势；尤其在功能融合方面，全球大都市图书馆较为普遍地导入了博物馆、音乐厅、美术馆、科技馆、档案馆、文化馆的服务空间，并融合了这些场馆的服务功能。[4]从当前中国图书馆建设的特点与公共管理改革发展趋势来看，超大规模的建筑和运营成本的攀升，要求图书馆服务功能、领域有所拓展，服务绩效不断提升。

从服务领域思考，可以把当代图书馆服务分为知识、信息、教育、文化四个领域，这四个领域的服务内容一直在消长变化。知识领域服务即知识组织与交流，从基于文献的组织与传递到基于数字文献、知识单元的组织与传递，是可以转型发展的领域，但它对馆员业务能力和素质的要求很高；信息领域方面，置身于互联网、报纸、电视、杂志、智能手机、百度百科等形成的新技术与内容环境中，图书馆已经不再是第一选择；教育领域方面，随着教育大众化、市场化发展，图书馆逐步集中于社会教育空间、终身学习空间等专门领域；文化领域方面，应对公众文化需求的多样化和高水准，当代图书馆注重休闲阅读，到提供讲座、展览、艺术、音乐鉴赏、"第三空间"和文化交流等，服务面越来越宽广。

再从服务层次的角度分析转型发展的可行性：文献服务是对文献和作品的收集、整理、贮存和传递；信息服务是对信息的组织、整合、开发与交流；知识服务是对知识的组织、评价、筛选、汇总和提炼；文化服务是对地方文化活动的参与。如果以馆员投入智力劳动程度作为分层标准，那么显然知识服务对馆员要求最高，转型难度最大；文化服务首先依托于馆员知识结构，其次才是层次要求，因此相对转型难度略低。对公共图书馆而言，转型文化服务的可能性最大。

广州图书馆以本土文化、多元文化和都市文化为要素搭建文化服务框架，设立广州人文馆、家谱查询中心（与美国犹他家谱学会合作）、《广州大典》与广州历史文化研究基地、广州非物质文化遗产常设展览，展示与传播广州本土文化；设立多元文化馆、语言学习馆，开展多元文化推广项目与语言培训项目，丰富多元文化；设立休闲生活馆、创意设计馆、多媒体鉴赏区、广州国际纪录片节展示服务中心，倡导现代都市文化；推动建设公众共享空间，举办"羊城学堂"公益讲座，营造文化服务的社会环境氛围，建立文化服务支撑体系。

广州图书馆对文化服务的探索获得了各方面的积极响应。如广州人文馆目前设立了五个广州名人专藏，其中最早设立的"南粤风华一家"专藏是对一个在广州艺术领域卓有声誉的著名家族的作品与出版物的专藏。这个家族一家三代出了九位女画家，家族成员主要从事艺术创作，而且在各自领域都卓有成就。该专藏在文化层面的意义在于，它是古今中外都罕有的案例，可用以倡导优秀家庭文化对社会的正面影响。又如"刘逸生刘斯奋家族专藏"，该家族是岭南文化的一个世家，其家族文化很好地反映了岭南文化的特质：民主、开放、包容。这些名人专藏的设立，吸引了专藏藏主及其家人、友人、学生、研究者、仰慕者和普通公众到馆参观和利用资源，举办交流活动，吸引藏主新的资源投入，吸引其他专藏的引入，同时也使广州人文馆形成地方文化交流平台，吸引其他人、群体、机构利用这个平台。可以说，专藏的设立，能够服务本土文化建设，同时可使图书馆服务深入本土文化生活。另如《广州大典》重点文献专藏的设立，吸引市长经常利用图书馆作为介绍广州文化的平台。

新馆半年多的探索表明，公共图书馆开展文化服务得到了社会的广泛认同和响应。图书馆转型文化服务具有广阔的空间，具有较高的可行性。

参考文献：

［1］国际图联，联合国教科文组织. 公共图书馆服务发展指南［M］. 林祖藻译. 上海：上海科学技术文献出版社，2002：65.

［2］广州图书馆. 广州图书馆2011—2015年发展规划［R］. 2010：35.

［3］吴建中. 转型与超越：无所不在的图书馆［M］. 上海：上海大学出版社，2012：5.

［4］王世伟. 国际大都市图书馆服务空间发展的融合趋势论略［G］//广州："大都市的公共图书馆事业"国际学术研讨会，2013.

图书馆发展规划的效用问题

【摘 要】本文结合广州图书馆"十二五"规划的实施效果,对如何发挥规划的效用提出三点建议:在规划制订环节,充分运用 SWOT 等分析方法;在组织实施阶段,规划管理突出系统性、整体性;评估优化贯穿整个实施过程。

【关键词】图书馆;发展规划;效用

从"十二五"到"十三五",虽然制订并实施发展规划的图书馆越来越多,但仍然有相当强的声音质疑规划的效用。广州图书馆制订并组织实施了"十二五"规划,又在 2015 年编制完成了"十三五"规划,从我们的立场看规划的效用是毋庸置疑的,我们也希望越来越多的图书馆利用规划这个管理工具。当然,利用的前提是认同。笔者试图结合广州图书馆的实践,就规划管理的最基本问题——发展规划的效用问题,谈谈个人看法。

1 发展规划有没有用?

广州图书馆于 2009—2010 年,在新馆工程建设后期,用时 11 个月,制订"十二五"发展规划。此后,作为管理的主要工具,持续组织实施。2015 年对实施效果进行评估,总体结论是效用显著。评估认为,"十二五"规划成为广州图书馆有效利用新馆历史性机遇的重要抓手,与新馆建筑互为表里,"重新定义图书馆",推动图书馆实现服务结构调整、服务效益提升和转型发展。广州图书馆的案例说明:第一,发展规划能发挥显著作用;第二,在面临大的变化、挑战、尤其是机遇时,发展规划是一个有效的管理工具;第三,管理者或图书馆希望有所作为时,发展规划是一个科学的管理工具。广州图书馆"十二五"规划的实施效果主要体现在:

一是构筑多样化服务新框架。既强化传统文献流通借阅服务,又构建多领域、多层面交流服务;丰富和拓展传统服务,按大众化、分众化、对象化、主题化的逻辑层层细分,形成由基础服务、主题服务、对象服务、交流服务等四大部分构成的多样化服务体系。

二是形成多元文化服务新特色。界定传统与本土文化、世界多元文化、现代都市文化三个部分,搭建主题服务框架。设立广州人文馆、家谱查询中心、广州大典研究中心、广州非物质文化遗产常设展等,展示与传播传统与本土文化;设立多元文化馆、语言学习馆等,开展多元文化推广项目与语言培训项目,丰富世界多元文化;设立创意设计馆、休闲生活馆、多媒体鉴赏区、广州国际纪录片节展示服务中心等,倡导现代都市文化。

三是获得突出的服务效益与社会影响,发挥新的社会作用。服务传播与阅读推广效应显著,重构图书馆与政府、社会的关系,使图书馆展现出城市窗口的新形象,成为城市新的文化地标。广州图书馆新馆因开展了大量多层面的交流活动,传播视角、主题大为拓宽,传播主体从以图书馆为主拓展到各参与主体,传播的广度、深度均大大增强,在公众个体、多群体中形成良好口碑,在公众、大众媒体、政府三个舆论场均获得良好影响。大众媒体的宣传,参与群体、组织及公众个体利用自媒体的报道，使图书馆经常出现在公众视野中，发挥了强大的服务传播与阅读推广效应，广大公众慕名而来，更多的群体、组织寻求与图书馆合作。

广州图书馆新馆自2012年年底部分开放、2013年年中全面开放以来，服务效益十分显著：截至2015年年底，接待访问量、外借文献量、注册用户量分别达到1669万人次、2662万册次、102万人，2015年日均接待用户19597人次、外借文献24014册次、注册用户990人，创造了我国公共图书馆服务的纪录，跻身世界公共图书馆前列。同时，社会影响广泛：2012、2013年连续两年入选"广州市入载地方志十件大事"，2014年入选"新型城市化"战略实施代表性事件，2015年微信服务号传播力在广东省1772个政务微信中排名第五。

四是在争取政府保障方面成效显著。突出表现在：信息资源购置经费得到有力保障，2012年大幅增加1000万经费，2013年跨上3000万台阶，年新增各类资源达50万册件以上；2012年起推进公共图书馆立法工作，2015年《广州市公共图书馆条例》颁布实施，图书馆服务体系建设得到立法保障、完成制度设计，在法律层面上正式确立了广州图书馆作为区域中心图书馆的地位；图书馆公共服务职能不断得到强化，2013年广州国际纪录片节展示服务中心落户，2014年与市委外宣办、市政府新闻中心合作建立"广州之窗"城市形象推广厅，2015年广州大典研究中心挂牌成立等。

2　发展规划如何发挥效用？

使发展规划发挥效用的过程就是实施规划管理的过程。规划管理是一项系统工程，是过程管理，需要在规划制订、组织实施、评估优化等环节予以认真组织。

在规划制订环节,需要运用 SWOT 分析等方法研究图书馆所处环境与自身实际情况,收集参考案例与标杆图书馆信息,研究理论与行业发展趋势等不同层面问题。而其中又需要抓住几个核心问题,包括:(1)机遇分析,即机遇是什么及如何抓住机遇。"组织的重点必须放在机会上",把握住机遇、实现跨越式发展是规划管理最核心的目标。广州图书馆"十二五"规划的最大作用,就是很好地把握住了新馆建成开放这一历史性机遇。(2)规划定位。就一般图书馆而言,发展规划是战略规划与系统规划的结合。对于面临变化较多及第一次制订发展规划的图书馆而言,战略规划的成分偏重;而对于进入稳定发展阶段的图书馆而言,系统规划的比例更重一些。广州图书馆"十二五"与"十三五"规划的主要区别即在于此。(3)问题导向,即面临的主要问题及解决办法。(4)图书馆使命或发展领域的界定,它们在规划中发挥着承上启下的作用,需要优先研究定位。

应该说,制订发展规划是一项科研性和实践性都很强的工作,需要有坚实的科研支撑、对实践领域问题的深入分析和各方面意见的广泛吸收。这需要图书馆具有雄厚的科研实力或者借助外力的方法,并注重程序规范。广州图书馆制定"十二五"、"十三五"规划都采用馆校合作的模式,与中山大学资讯管理学院团队合作,充分利用高校雄厚的科研实力、丰富的科研项目管理经验以及长期深耕本土的优势。当然,图书馆自身一定要发挥主体作用,需要对自身实践、经验、问题等开展深入的分析研究,形成明确的认知与判断。实践证明,馆校合作是一种行之有效的方法。在持续实践中,图书馆也会逐步积累经验,建立起相应的研究力量和人才队伍。

在组织实施阶段,规划管理要体现出系统性、整体性的突出特点。由于发展规划界定了一段时期内新的愿景、使命、目标、行动方案,因此需要图书馆进行资源重组，以实现这些新的目标和使命。重组工作包括内设组织结构优化、岗位资源配置、人力资源配置（聘任）、具体业务组织实施和业务流程调整等，并且需要在实施过程中形成新的制度环境、组织文化与人才队伍。这是一个持续的、不断提升的过程。广州图书馆"十二五"规划的实施遵循了这些程序。在组织实施过程中。为配合新馆开放我们还在总体规划的基础上制订了新馆实施计划、对外文化交流等专项规划。广州图书馆"十三五"规划已于 2015 年 11 月制订完成，现在也正按上述步骤予以实施。

评估优化伴随着规划实施的整个过程，也是新一轮规划组织制订的起点。"十二五"时期，广州图书馆因内外环境、条件的变化以及自身认知的深化，发展规划的内容在实施过程中经历了不少的调整。因管理经验不足等原因，这些调整主要体现在实践领域，并未及时地形成相关文本。但在组织制订"十三五"规划时，广州图书馆组织了系统的评估，并将评估意见全部吸收到了新的规划文本中。

3　发展规划的普适性

应该说，情况越复杂，发展规划的价值就越突出。那么这是否意味着小型、稳定发展的图书馆就不需要发展规划呢？

这首先要从发展规划的任务、性质和价值去看。发展规划的主要任务是选择方向、拟定目标并设计如何达成。发展规划是科学思维的结果，具有系统性、长期性、战略性等多重属性，具有明确方向、凝聚共识、社会宣传等多重价值。因此可以说，只要有管理活动的存在，发展规划就有其效用。管理活动，不论是传统的经验管理还是现代的科学管理，在本质上都是系统的思维与实践活动。实际上，只要有管理工作，就有规划管理的存在。而随着对管理要求的提高，管理工作日益走向规范化、专业化，发展规划正是这样一个可借以走向管理规范化、专业化的工具。发展规划就是以科学系统研究为支撑，应对变化、把握机遇与未来的管理工具。可以说，发展规划与图书馆的规模及面临的问题无关，只要管理者真正重视管理，并愿意运用发展规划这个管理工具，它就一定能发挥效用。

20世纪80年代以来，发展规划成为很多国家图书馆行业应对挑战、把握未来的工具，并成为图书馆管理规范化和专业化的重要标志。当前，我国正处在深化改革开放和社会转型发展时期，图书馆事业发展面临重大机遇，同时又面临诸多不确定性因素，因此发展规划与规划管理总体上具有重大和现实的意义。

略论图书馆发展规划的制订
——以广州图书馆为例

Chapter 2

新馆建筑、功能与服务

【摘　要】 介绍图书馆实施规划管理的发展历程，结合广州图书馆的实践，探讨图书馆实施规划管理的现实意义、发展规划的制订模式和体例选择。

【关键词】 规划管理；发展规划；制订模式；馆校合作；规划体例；广州图书馆

规划是管理的基础。"管理"是有效地透过一个组织中的成员去完成一些工作的过程。现代管理学把这个过程分为规划、组织、用人、领导与控制五个环节，并称之为管理的五大功能。其中，规划界定方向、确立目标并设计如何达成，在五项功能中占有先导地位[1]。因此，就管理的一般意义而言，欲实现科学管理，必自规划始；欲实现管理创新，必自规划始；欲实现组织的整体创新，必自规划始。当然，规划管理是一个过程，包括规划分析、制订、实施、评估等四个环节。本文以广州图书馆为案例，专就其中规划制订问题进行讨论，以供业界参考。

1　图书馆实施规划管理的历程和现实意义

于良芝认为，图书馆发展规划具有三个价值：引导图书馆应对变化，把握未来；规范组织行为，增强组织活力；据以向社会、公众和利益相关者陈述自身责任、宣传自身价值。正因如此，20世纪80年代以来，发展规划成为很多国家图书馆应对挑战、把握未来的工具，并成为图书馆管理规范化和专业化的重要标志。当前，发展规划已经成为众多发达国家各类型图书馆管理工作的重心之一[2]。

在我国，发展规划逐步成为图书馆管理研究和实践的热点问题之一。根据对CNKI数据库所作以"战略规划"、"战略管理"、"规划管理"为关键词的检索，1979—1999年平均每年只有8篇研究文献，2000—2004年增加到平均每年35篇，2005—2009年增加到平均每年77篇。2005年吴建中在其《战略思考——图书馆管理的10个热门话题》一书中讨论了战略规划的问题[3]。2009年，中国图书馆学会第八届学术研究委员会增设图书馆管理专业委员会，推进图书馆界规划管理是其工作目标之一。在实践领域，我国图书馆规划管理则仍处于起步阶段。公共图书馆界只有深圳、东莞等少数地区，上海、南京等少数图书馆制订发展规划、实施规划管理。2009年以来，中国国家图书馆、文化部等先后启动图书馆事业"十二五"规划编制工作。

实施规划管理对我国现阶段图书馆事业的发展具有很强的现实意义。当前我国图书馆发展的阶段性特点，就是快速的变化。以公共图书馆而言，这些变化包括：国家经济社会整体发展目标和发展战略的变化，财政、税收、物价、公共文化服务政策的变化，技术的迅速发展导致公众阅读方式、获取信息方式的巨大变化，公民社会的发育、民众权利意识的觉醒及随之而来的对公共服务需求的变化，所在区域经济和社会发展水平的变化和发展战略目标的调整，以新一轮图书馆建筑的新建、扩建为主要标志的办馆条件的变化，经费投入在不少地方迅速增长，人口受教育水平提高与就业市场因素导致图书馆人力资源结构变化等。对个体图书馆而言，还有来自其他地区图书馆在服务体系建设方面的不断探索、服务公益化水平不断提高等所带来的影响和变化。可以说，随着我国经济的快速发展和社会的转型，图书馆正处在一个快速变化的内外部环境之中。如此众多的囊括了环境、需求、条件等各个方面的全方位的变化，迫切要求图书馆予以科学、整体的应对，重新界定自身的方向、目标，确定相应的发展策略。这一应对的过程，实质上就是一般意义上制订规划的过程。

当然，有观点认为，规划作为规范性的文件，一旦确立下来，反而可能绑住自己的手脚，不利于根据内外部变化灵活地对图书馆发展目标、策略予以调整。笔者以为，这或是对规划的误读所致。在制订规划过程中，通过规范的调研方法，收集和分析相关信息和数据，根据分析结果确定未来任务和目标，并设计行动方案确保目标实现。在规划实施的每一个阶段、每个规划期末，通过系统的评价方法，对规划实施情况进行评价，为修订行动方案和制订下一轮规划提供参考。因此规划建基于对社会需求、外部环境、自身条件等因素的科学分析，这其中包括对未来发展的科学预测。其次规划管理是过程管理，包括分析、制订、实施、评估等过程，规划内容本身是动态、开放的，需要根据变化适时予以调整。与其他针对未来的决策方式比较，如依赖管理者个人知识、经验和直观判断、沿循过去的发展轨迹、模仿其他图书馆的做法、听任主管部门的安排等，制订规划的过程具有显著的规范性、理性、民主性，有助于图书馆完整地认识其所处环境、自身条件、发展前景，对未来作出明智的选择。

广州图书馆于 1982 年 1 月 2 日开放为公众服务，长期以来，其服务读者量、服务效益在全国公共图书馆中位于前列。2006 年奠基兴建的广州新图书馆是广州市"十一五"重点建设项目。该馆所处的珠江新城核心区，是市政府着力打造的"城市客厅"。即将建成开放的新馆将成为广州市的新地标、"城市客厅"的文化窗口，并将跻身世界上最大的城市公共图书馆之列。2008年12月国务院批复实施的《珠江三角洲地区改革发展规划纲要（2008—2020年）》赋予广州市国家中心城市的新定位，这要求广州图书馆相应的也要跃升为国家中心城市图书馆。新馆建设和广州要发展成为国家中心城市的新定位，为广州图书馆发展带来历史性的机遇，同时，也使当前广州图书馆发展面临两大任务：一是如何与一流的建筑相配套实现服务一流，真正达到"国内一流、国际先进"的新馆建设目标；二是为实现国家中心城市图书馆的定位，应界定在什么领域、什么方面在本区域和全国图书馆界发挥引领作用[4]。为抓住机遇，应对挑战，广州图书馆于2009年底启动了制订2011—2015年发展规划的工作，确定其目标任务为：研究规划期的战略目标、发展思路、发展重点和问题对策，制订一个与国家、省、市经济社会发展规划、行业发展规划同步，专业、高水平、切合实际、可操作的发展规划[5]。

2 图书馆制订发展规划的模式

美国公共图书馆协会（PLA）为了推广图书馆规划过程，分别于1980、1987、1998、2001年出版了4个版本的规划指南，并为每个版本组织了大量培训活动[6]。图书馆规划过程已形成标准化的作业流程。我国则暂无标准程序可循。为实现规划目标，广州图书馆组成规划编制工作领导小组和工作小组，选定中山大学资讯管理系作为合作伙伴，制订了详细、全面的编制计划，设置了专项经费予以保障。编制工作分三个阶段完成：第一阶段，与中山大学资讯管理系合作，研究和草拟规划；第二阶段，征求馆员、公众和本地区各领域专家意见，修改和完善规划；第三阶段，组织全国图书馆界专家论证，进一步修改和完善规划。

根据广州图书馆的实践，在制订发展规划的程序中，核心问题是编制模式的选择问题。基于下述考虑，广州图书馆选择了馆校合作模式，即与中山大学资讯管理系合作制订发展规划。

制订规划需要研究支撑作为基本条件，而且是对需求、服务、基础业务、技术支持、管理、外部环境、公共关系等整体研究支撑。理论上来讲，这种支撑可以来自内部，也可以来自外部。而在实际上，科研在我国公共图书馆界普遍是弱项。因此，利用社会资源不可避免，基本方式是在制订过程中征求专家意见，而寻求有关机构在全过程进行合作则也是一种现实的选择。

如果要求按科学规范的程序制订规划，则该项工作很大程度上是一项科研性的工作，尤其对规划管理处在起步阶段的我国图书馆界而言。没有前例可循，却有大量的内容需要研究，作为规划基础的社会需求需要以科学的方式确定。广州图书馆提出的研究内容包括：一是收集和汇总图书馆外部环境信息和内部资源、条件信息，具体包括国家、省、市政治、经济、文化的相关政策和发展规划、经济基础与公共财政投入结构、区域信息化发展水平、服务人口受教育水平与素质、服务人口的知识信息教育文化需求与社会保障方式、公共图书馆行业的发展情况、自身办馆条件、服务水平、业务发展情况、信息资源、人力人才资源、购书经费、科研产出、社会效益等。二是规划前期专题研究，具体包括发展环境研究，发展目标和思路研究，服务架构与改进策略研究，服务公益化、均等化研究，区域图书馆协调协作模式、整体服务保障研究，信息资源保障研究，技术支撑研究，人力人才资源保障与结构优化研究等。

面对如此广泛的研究需求，广州图书馆认识到自身研究力量的不足。而中山大学资讯管理系具有雄厚的科研力量、丰富的项目经验和立足本土的地域优势，并与广州图书馆建立了长期友好的合作关系，因此，广州图书馆决定与之合作编制发展规划。

在规划编制过程中，中山大学资讯管理系课题组搜集了大量文献资料，尤其是国外图书馆的规划文本并翻译了其中一部分，组织开展了读者、市民问卷调查，确定了规划体例，草拟了内容框架，提出了采用《国际大都市图书馆指标体系》的建议，做了大量扎实的资料收集和基础研究工作。广州图书馆则侧重结合地区、本馆实际，在保障规划切实可行、确立个性化发展方向等方面进行探讨。合作双方比较好地发挥了各自的优势。当然，广州图书馆作为规划编制主体，也始终把握以我为主、为我所用的原则，注意建设性地吸收中山大学资讯管理系课题组的研究成果。实践证明，这种馆校合作模式是行之有效的，在全国专家论证会上得到了与会专家的充分肯定。

为了实现制订一个开放的、面向公众的规划的目标，除自身与中山大学资讯管理系课题组两个参与主体以外，广州图书馆还设计了专家咨询、征集公众意见、全国专家论证等三个程序。专家咨询的范围包括本地图书馆界和教育、文化、信息技术、媒体等相关领域以及政府主管部门有关人员，咨询方式包括电话、电邮、传真、造访等。公众意见则主要通过在线方式征集。全国专家论证会则邀请全国范围内有代表性的图书馆界专家参与。

3 图书馆发展规划的体例选择

可以选用的体例框架大致有两类。一类是当前我国各层面制订各种总体规划或专项规划普遍采用的规划体例，大致框架为：过去五年的工作（包括取得的成绩、发展现状、存在的问题等），新时期的指导思想和工作方针，战略目标和战略主题，发展任务，重点项目，保障措施等。一类是国外图书馆行业较多采用的框架，大致框架为：愿景、使命、目标、策略、行动方案、任务等。比较两种体例，首先要认识到，两者形式虽然不同，但核心内容、要素、要讨论的重点问题是一致的。主要区别在于：首先，国外图书馆规划都要向公众公开，因此，其形式要求更易为公众认知和接受；其次，由于事业投入体制存在根本的不同，如美国公共图书馆事业经费与地方房产税等紧密关联，因此其投入是相对稳定、可预期的[7]，而我国图书馆事业投入并无法定税收来源，受多种因素影响，不可预见性大，因此，保障措施往往成为规划的重要内容，这是由我国固有的国情所决定的；再次，国外图书馆的规划管理已经实施了相当长的时间，比较成熟，有较强延续性，因此其规划相对简明、具体，对历史和环境的描述和分析相对简单，而我国图书馆规划管理尚处在起步阶段，相应要注重这些内容的分析研究，并通常应用SWOT分析法，即优势、劣势、机遇、挑战分析方法开展研究。上述区别，既源于国情的不同，也是由规划管理处于不同阶段所决定的，是我国参考借鉴国外规划体例时需要注意的问题[8]。

在实践层面，规划体例的选择，取决于两个因素：一是规划主要目标群体的界定。作为图书馆规划，其利益相关者包括公众、馆员、主管部门、其他社会组织等。当前阶段我国以政府信息公开为主体，各行业、各领域都在推进信息公开。图书馆规划必须是面向公众的，要欢迎公众在制订、实施等各阶段的参与，要接受公众对规划实施效果的监督。如果确定规划以公众为主要目标群体，就要尽量选择公众易于理解、乐于接受的体例。这是在制订发展规划过程中要考虑的主要问题之一。

第二个因素，制订发展规划的路径选择，实际上也决定了发展规划的体例。目前在我国通过公开途径可以搜集到的发展规划文本有限，而国外图书馆的发展规划在其网站上基本上可以搜索到。广州图书馆的规划工作就是在全面搜集和研究国内外图书馆行业或机构规划基础上展开的。就广州图书馆而言，不但要求规划是面向公众的，而且要求具有行业特点，尽量与国际接轨，可以在国内国际两个范围进行横向比较。因此，广州图书馆参照和采用了国外规划的基本体例。

在规划论证过程中，这是专家们重点讨论的问题之一，有专家戏称是"土八股"和"洋八股"之争。笔者认为，广州图书馆发展规划的基本框架设计是合理的。内容如图1所示。

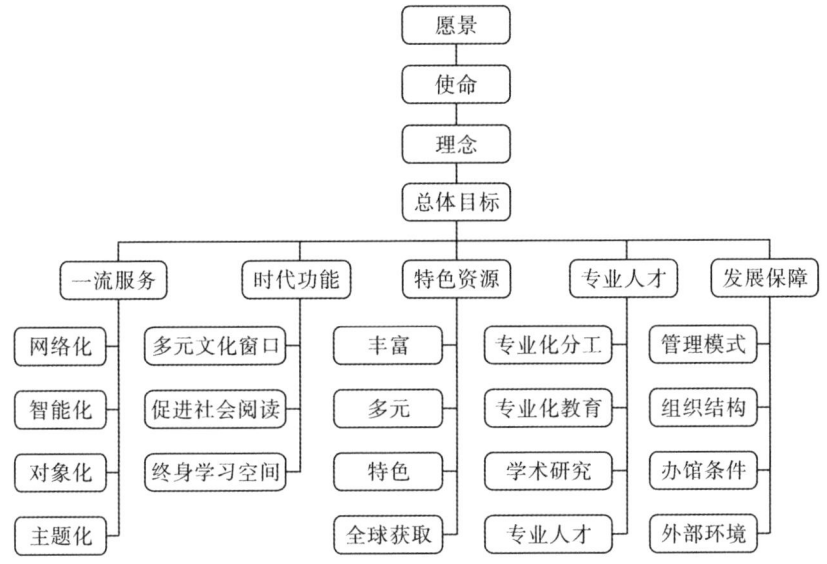

图1 《广州图书馆2011—2015年发展规划》基本框架图

4 结论

当前我国图书馆事业正处在快速发展、变化之中。为引导图书馆主动应对变化、把握未来，制订发展规划、实施规划管理具有很强的现实意义。制订发展规划的核心问题之一是编制模式的选择。作为一项科研性很强的工作，公共图书馆选择馆校合作，即与高校合作编制发展规划，以充分发挥高校科研优势和自身实践优势,是一种行之有效的模式。发展规划体例的选择取决于目标群体的界定和制订路径两个主要因素。从广州图书馆的实践看,参照和采用国外图书馆行业较多采用的规划框架是可行的选择之一。规划框架包括愿景、使命、目标、策略、行动方案等部分。

参考文献:

[1] 李华伟. 现代化图书馆管理 [M]. 台北:三民书局,1996:37—49.

[2][6] 于良芝. 战略规划作为公共图书馆管理的工具:应用、价值及其与我国公共图书馆的相关性 [J]. 图书馆建设,2008 (4):54—58.

[3] 吴建中. 战略思考——图书馆管理的10个热门话题 [M]. 上海:上海科学技术文献出版社,2005:21—24.

[4] 广州图书馆. 广州图书馆2011-2015年发展规划 [EB/OL]. [2010-10-21]. http://www.gzlib.gov.cn/aboutus/lzgh/Izgh.jsp.

[5] 广州图书馆. 关于制定广州图书馆2010—2015年发展规划的方案 [Z]. 2009.

[7] 方家忠. 论美国图书馆事业保障与行政管理体制及其启示 [J]. 图书馆论坛,2010,30 (3):37—39.

[8] 方家忠. 论编制图书馆发展规划需要明确的几个问题 [C] //广州市图书馆学会,佛山市图书馆学会. 图书馆合作创新与发展. 广州:暨南大学出版社,2010:65—70.

论社会转型期图书馆发展的外部环境和策略

【摘　要】 本文分析了影响图书馆事业发展的环境因素，提出在社会转型期，政治环境和社会文化环境发挥着突出的作用，并以广州地区为例，提出应重点运用政治策略、观念策略加以应对。

【关键词】 转型期；发展环境；发展策略；广州

　　中国改革开放和现代化建设使经济社会发展取得了巨大的成就，图书馆发展的整体环境有了显著的改善，事业发展进入了改革开放以来第二高峰期。但我们也清楚地看到，当前我国正处在社会转型期，改革发展的任务远未完成，经济、政治、社会、文化发展很不平衡，图书馆无论作为社会事业还是文化事业整体上还处在滞后发展的状态，各种环境因素发挥着或显或隐的作用。图书馆要善于把握大局，主动运用发展策略，抓住机遇促进发展，在推动社会的转型发展中扮演积极角色。

1　社会转型期影响图书馆发展的主要环境因素

1.1　影响图书馆发展的环境因素

　　经济、政治、社会文化、科学技术、教育和社会交流等构成了图书馆发展的基本环境，它们与图书馆之间的联系不仅源远流长，而且普遍存在于所有社会。经济方面，其发展水平决定着对图书馆的投入量，决定着社会教育水平并进而决定社会的阅读能力和阅读需求，经济生活的活跃程度也决定着它对图书馆等信息交流系统的依赖程度。政治方面，就一般情况而言，民主、稳定的政治制度和国家行为有利于图书馆等各项社会事业的发展，政府行为也直接决定对图书馆的财政投入状况和政策支持水平。社会文化在深层次上影响着社会成员和组织的生活方式、思维方式、价值观念和行为准则。对图书馆来说，一方面决定了图书馆职业文化的特征；另一方面在很大程度上决定了社会成员对图书馆及其服务的态度。技术方面，其发展水平决定了图书馆知识信息服务和组织整理的手段，当前计算机、网络技术的发展深刻地改变了社会面貌。科研方面，对图书馆而言，其规模和水平决定着知识、信息和文献的增长速度，知识的分化程度，文献载体的种类和质量，从而决定着知识和信息组织的复杂程度。教育方面，社会教育水平决定着社会的阅读需求量，教育理念、政策对社会成员自主阅读习惯的养成发挥了主导作用。社会交流系统方面，图书馆作为一个组成部分，与大众传媒、出版发行、互联网络等形成了既互相依存又互相竞争的关系。

以上各因素对图书馆发展的影响各不相同。有些因素超越发展阶段和社会形态，有些因素则明显具有阶段性特征。如经济环境的影响是超越发展阶段的。我国改革开放以来经济高速发展，社会财富这个"蛋糕"越做越大，相应的对图书馆等社会事业的投入也水涨船高，但这主要意味着绝对投入量的增长。

1.2 政治环境在转型期的影响仍然占据主导地位

党的十七大提出我国政治体制改革的目标是"坚定不移发展社会主义民主政治"，要建设以民主、法治为基础的政治文明和制度环境。但我国当前的民主建设还相当薄弱，法制建设除市场经济领域外，社会领域、文化领域的法律体系还远未完备，图书馆事业立法经过十多年的准备仍未出台，地方图书馆立法中也只有四个地方性条例和四个地方政府规章，远未达到依法建设、发展、保障的阶段。

当前政治环境从三个层面对图书馆发展产生影响。一是在经济社会发展的总体指导思想层面发挥作用。我国当前经济社会发展大局稳定，新阶段科学发展观、和谐社会建设两大战略思想为图书馆发展营造了良好的大环境。在此大环境下，许多省份、地方政府相继提出文化强省、文化强市的建设目标。广东省自2003年提出建设"文化大省"以来，为文化事业的发展提供了良好机遇，有力地推进了省立中山图书馆及深圳、东莞、佛山等地区图书馆事业的快速发展。二是在中央、各有关主管部门和地方政府出台的具体政策层面发挥作用。党和政府的纲领性文件对图书馆作为公益性事业单位定位的不断明确，中央和地方出台的财政、税收、物价等政策对图书馆活动的调节，中央和地方对事业单位、图书馆从业人员队伍的人事制度改革政策等，都规范和约束着图书馆的活动和具体工作。三是领导的重视和支持。从总体上说，随着我国经济社会发展水平的提高和发展重心的变化，党政领导、主管部门领导为贯彻落实国家的大政方针，必然会对图书馆等社会文化事业给予越来越多的重视和支持。但不可否认，领导个人因素对图书馆事业的作用和影响还是充满着偶然性。

就广州地区的情况而言，领导的重视和支持发挥了极为重要的作用。广州市委宣传部作为宣传文化领域的主管部门，给予了公共图书馆事业以特殊的关注和支持，强调其公共图书馆理念是"反市场经济逻辑"，实施广州市公共图书馆发展"三部曲"：第一部曲，公共图书馆资源建设与馆舍建设。2005年拨专款用于公益采购，拨款120万元，重启搁浅的广州图书馆新馆建设项目。当年，广州市内区县行政区划变更，宣传部及时建议把原区政府大楼改造为区图书馆，还拨专款支持该馆改建装修。另从宣传文化基金中分别拨专款推动从化、增城两个县级市图书馆新馆的建设。第二部曲，公共图书馆人才培养。第三部曲，制定《广州市公共图书馆条例》。通观中国图书馆事业发展史，重视并积极支持图书馆事业的领导并不少见。

广州地区图书馆事业近年来进入了一个快速发展的时期：一是设施建设，据测算，"十一五"期间，广州市、区（县级市）两级公共图书馆将新增建筑面积 20 万平方米以上。这不包括正在改扩建的广东省立中山图书馆。这样的建设规模在国内外图书馆发展史上都是少见的。二是事业立法，广州市于 2006 年启动了立法工作，由中山大学资讯管理系主任程焕文教授牵头，开展《广州市公共图书馆条例》立法研究和《条例》起草工作，积极推动立法进程。三是人才队伍建设，2006、2007 年广州市委宣传部连续两次委托中山大学资讯管理系举办"广州市图书馆专业人才高级研修班"，参加人员达 70 多人，主要业务骨干接受了"公共图书馆精神"的洗礼，对事业发展具有长期的影响。四是 2005 年市委宣传部投入 2000 万元，主要面向广州市两级图书馆开展公益采购活动，累计购入图书 500 多万册，常住人口人均拥有图书馆藏书增加 0.3 册。五是 2006 年广州市启动了为期 10 年的"书香羊城——全民阅读系列活动"，为图书馆事业的发展营造了一个良好的社会环境。

1.3 急剧变化的社会文化环境对图书馆在社会分工中的地位产生深远的影响

有学者将 21 世纪以后我国的社会转型期界定为加速转型期。这一时期，我国在工业现代化没有全部完成的时候开始了向知识现代化迈进的过程，经济结构和社会结构变化进一步加剧，这是中国现代化进程的跨越式演进。这一时期与文化、图书馆直接相关的内外部环境特征有：包括图书馆在内的第三部门将得到重点发展，形成政府、企业、第三部门三足鼎立的社会组织结构；深度市场化将导致未来社会分化继续加速，社会分化导致社会价值观由一元化走向多元化，而抵御分化加速的力量正在形成之中，社会分化的负面效应要靠社会对话和建立社会伙伴关系来解决；全球化日益加深，经济全球化不仅带来贸易和投资规则的全球化，而且必然带来社会全球化，随着我国纳入全球化进程的不断加深，势必对经济、社会各个方面产生显著的影响。

加速转型期在社会文化方面的集中表现是公民社会的逐步形成和完善。公民社会的根本特征是凸显公民价值与权利，倡导公民参与意识、责任意识。一个公民社会的构建需要几个层面的互动与努力：一是与社会转型及经济转型相配套的政治体制改革与转型；二是民间社会的相应转变。除了主流意识形态之外，任何一种社会转型的到来都必须有强大的民间意识形态作为铺垫，即要有丰厚的民间土壤，公民社会的到来也许最主要的还是自下而上的变革模式；三是"第三种力量"的启蒙与参与，"第三种力量"包括知识分子、传统媒体、网络媒体及教育文化机构等。网络媒体的发展和在当前社会生活、政治生活中的作用值得图书馆人深思。

在社会转型期，对图书馆而言，可以作出如下判断：一是图书馆在社会分工中的地位将得到强化；二是图书馆需要把维护和保障公民阅读权益、信息权益作为自身的根本使命；三是作为教育文化机构，作为社会的知识信息交流系统的组成部分，图书馆需要共担社会对话、交流、建设多元价值、多元文化的使命，需要强化作为知识、信息、思想、文化交流平台的作用。

2 图书馆在社会转型期的应对发展策略

图书馆的发展策略从逻辑层面看大致有三：一是充分利用社会发展成果，着力改善条件和服务；二是积极支持政府和社会中心工作，争取更大支持；三是作为社会的第三部门、"第三种力量"，扮演主动角色，直接参与推进社会转型发展。具体发展策略包括观念策略、政治策略、管理策略、公共关系策略、经济策略等。如前述分析，在社会转型期，图书馆应着重做好第二、三方面的工作，相应的要用好政治策略、观念策略。

2.1 政治策略：积极配合、支持政府中心工作

政治策略指利用图书馆对于政府或主管部门实现其目标的价值来影响决策，从而促使政府或主管机构制定有利于图书馆发展的政策，并使图书馆在公共预算或部门预算中赢得尽可能大份额的策略。20世纪90年代以来，西方公共图书馆对社会包容职能的强调、中国科学院系统专业图书馆向知识管理功能的过渡等都是图书馆运用政治策略影响主管部门决策的例子。广州地区图书馆在这方面也是不遗余力。

如在图书馆设施方面，广州图书馆在1990年前后就开始提出新馆建设的设想，1994年前后市政府批出建设用地，但因资金问题，项目一直处于搁置状态，直至2004年重新提上议事日程，2006年奠基兴建。2007年为配合《广州大典》的编纂，市委宣传部组织开展广东文献普查工作，广州图书馆共委派13位同志参与有关课题，《广州大典》编辑部也置在广州图书馆。"羊城学堂"公益讲座于2007年开始举办，每周举办一次，是"书香羊城"全民阅读活动中唯一由市委宣传部亲自主办、长年性的面向社会公众的活动。宣传部领导对讲座非常重视，亲自确定讲座选题、主讲老师并主持讲座。媒体配合对讲座进行宣传，广州图书馆作为协办

单位予以全力配合。讲座受到了市民的热烈欢迎,迅速成为建设阅读社会、学习型社会的一个新品牌。市委宣传部对图书馆的工作给予了充分肯定,2008年起委托图书馆承担讲座的具体组织工作。

2.2 观念策略:紧紧把握发展要求和时代脉搏,有作为有担当

观念策略指图书馆职业调整自己的理念、思想、价值观等,使职业理念和目标在特定时期或从长远来看能赢得最大的社会共鸣和支持,从而促进图书馆的发展。中国改革开放以来,经济高速发展,现代化发展格局、国家大政方针不断调整,社会观念急剧变化,图书馆事业的指导思想、职业理念随之发生了一系列变化,可以说,观念的变化,或换言之,观念策略的运用是非常频繁的。20世纪80年代以来,大的方面的观念变化有:从有偿服务、以文补文到强调和推进公益服务理念的贯彻落实;从区别服务、分层服务到平等服务、强调为弱势群体服务;从强调服务规模到强调服务社区化、均等化;从强调社会服务到进一步强调保障公民阅读权益;接受公益讲座、展览成为图书馆的核心业务、日常服务;从注重个体图书馆服务到强调地区整体发展等。在观念策略的运用中,如深圳的"图书馆之城"、省立中山图书馆的"流动图书馆"、上海图书馆的"世界级城市图书馆"等概念的运用都是非常成功的范例,极大地调动了社会各界和业内对事业发展的充分认同,产生了良好的效果。广州市越秀区图书馆新馆以"平民大书吧"为服务定位成功地运用了观念策略,这个面积仅1万平方米、藏书20万册的"书吧",平均每天接待读者近5000人,得到了社会的广泛认可。

广州地区还针对社会转型期特点侧重应用了以下观念策略:

一是以资源公平配置推进公平服务,维护公民的阅读权益。即以资源公平配置为先导,通过社区服务网络的建设,实现公共图书馆普遍、充分服务。2005年广州市各图书馆抓住公益采购图书的机会,把采购的

300多万册图书大部分用于建设和充实社区、镇村分馆。广州图书馆从1987年开始汽车图书馆服务，1990年起开始联合图书馆服务，此后坚持推进社区服务，构建便利的公共服务网络。截至2007年，已构建了一个包括65个节点的社区服务网络。广州少年儿童图书馆也建立了8个分馆和15个图书流通点，并与部分分馆开通了通借通还服务。据不完全统计，截至2007年，广州市两级公共图书馆建立的馆外社区服务点已达到300多个。

二是大力推进公益讲座、展览，强化图书馆作为知识、信息、思想、文化交流平台的作用。讲座主题包括国学知识、中外文学名著、中国传统文化、地域文化、宗教、投资理财、法律等方方面面。2007年是中日文化体育交流年，但当时两国民间对立情绪比较严重，广州图书馆仍与有关机构合作举办9场讲座推进思想文化交流。广东省立中山图书馆、越秀区图书馆、广东省科技图书馆等举办"岭南大讲坛"系列讲座，讲座主题都是社会的热点问题，如"黑煤窑"、"艳照门"、高考改革等。各馆还举办了众多的公益展览活动。其中代表性的有2007年广州图书馆与香港大学饶宗颐学术馆合作举办的"饶宗颐教授学艺兼修展"。饶先生是中国当前尚在世的屈指可数的国学大师之一，长期潜心于学术研究，涉及文、史、哲、艺术各个领域，精通诗、书、画、乐，造诣高深，学贯中西，在70多年的学术生涯中，一直保持着旺盛的创造力，在学术和艺术领域中取了举世瞩目的成就，先后出版学术专著60多部、论文400多篇，文学、艺术作品汇集20多部。2006年是饶先生90华诞，香港特别行政区政府、香港九大院校联合举办学术研讨活动，成为我国文化界和学术史上的一大盛事。在广州举办展览，不仅让广大市民有机会认识和了解一代国学大师，了解传统文人学艺双馨的生活方式，对我们思考一个国家、民族如何造就学术大师、如何创造学术研究环境也有重要的启示意义。广州图书馆作为广州对外文化交流的窗口,还先后与德国法兰克福、法国里昂、瑞典林雪平市等合作举办图书、摄影、书画艺术等展览活动。这些讲座展览活动有效地强化了图书馆作为多元文化、思想交流平台的作用。

参考文献:

[1] 于良芝. 图书馆学导论[M]. 北京:科学出版社,2003.

[2] 程焕文. 崛起的广州市公共图书馆事业——向陈建华部长致敬[EB/OL]. [2006-05-12]. http://blog.sina.com.en/s/blog_ 4978019f01000358.html

[3] 程焕文. 岭南模式:崛起的广东公共图书馆事业[J]. 中国图书馆学报,2007(3):15—25.

[4] 陶达嫔,越宣,杨亚明. 让公共图书馆真正走进民众——广州越秀区图书馆"平民书吧"模式调查[N]. 南方日报,2007-06-04.

[5] 杨宜勇. 加速转型期的特点和若干发展问题[J]. 开放导报,2004(2):16—18,41.

[6] 甘绍平. 公民社会是一个什么样的社会[N]. 学习时报,2003-09-04.

[7] 朱中原. 网络媒体与公民社会的构建[N]. 网络传播,2005(11).

[8] 于良芝,李晓新,王德恒. 拓展社会的公共信息空间[M]. 北京:科学出版社,2004.

[9] 谢拉. 图书馆学引论[M]. 张沙丽,译. 兰州:兰州大学出版社,1986.

城市图书馆在公共图书馆发展中的引领作用：逻辑与路径

【摘　要】 需求、保障、服务是支撑公共图书馆发展的"三支柱"。基于"三支柱"认识框架下城市图书馆的特点，城市图书馆的发展应以信息公开为前提，以社会学相关理论为支撑，以"知识中心、学习中心、文化中心、交流中心"为功能定位。城市图书馆的引领机制包括3个层次：第一层次，良好的服务效能应是集中体现和优先领域；第二层次，城市（或城乡一体化）中心馆—总分馆体系建设；第三层次，需求、保障与服务结合机制建设。其中，应以"服务效能"引领为核心，以"信息公开"为起点。

【关键词】 城市图书馆；"三支柱"认识框架；发展模型；引领作用

当今我国公共图书馆事业正处于大发展时期，城市图书馆无疑是其中最活跃的部分。一般理解，城市图书馆是由城市政府设立的公共图书馆。根据国家统计局数据，2014年我国共有县级以上行政区划单位3219个，其中城市（含地级市、市辖区、县级市）1546个，在县级以上行政区划单位中占比为48%；县级以上公共图书馆机构数为3117个[1]。根据上述数据可以判断，城市图书馆在公共图书馆机构数中占比与城市行政区划数占比大体相当，可以说占据了半壁江山；城市图书馆的发展及其引领作用，对整个图书馆事业意义重大。

2016年中国图书馆学会在公共图书馆分会的框架下设立了城市图书馆工作委员会,这传递了一个明确的信息:图书馆行业充分认同城市图书馆在公共图书馆事业发展中发挥的引领作用并期待强化这种作用。为了实现城市图书馆的引领作用,就需要在公共图书馆发展的基本框架之内,对城市图书馆的特点、发展逻辑进行深入分析研究,进而明确城市图书馆能够发挥何种引领作用,以及如何发挥作用。本文试就这些问题展开初步讨论,以供业界参考。

1　关于公共图书馆事业发展的认识框架

关于公共图书馆事业发展的认识框架,经典的观点有:1932年杜定友先生提出的"三要素"说,即书(包括图书等一切文化记载)、人(阅览者)、法(包括图书馆的设备、管理方法、管理人才等);1957年刘国钧先生提出的"五要素"说,即图书、读者、领导和干部、建筑与设备、工作方法。而当前在国家把公共图书馆服务明确界定为基本公共文化服务[2],学界、业界、法律界都在致力于把明确政府保障责任作为推动公共图书馆事业发展主要路径的大背景下,基于《广州市公共图书馆条例》的立法实践[3],笔者认为,需求、保障、服务是支撑公共图书馆发展的"三支柱"。"三支柱"分别对应不同的主体,有着不同的属性和行为,具体的认识框架如表1所示。

表1　公共图书馆事业发展"三支柱"认识框架

支柱	主体	属性与行为	对图书馆要求
需求	个体	人口统计学意义上的数量、分布、教育程度、文化背景等;相应的阅读能力、需求(标准化、个性化、多样化等不同层面)、行为、习惯等;以及社会交流、参与等新需求。	服务专业化、新使命(新功能)

(续表)

支柱	主体	属性与行为	对图书馆要求
	群体（含组织、政府）	各种群体、组织迅速发展，政府也致力构建服务型政府；相应提出群体内外交流、表达、参与等需求。	新使命
	社会	经济发展、社会转型；相应提出新文化建设、社会对话与交流机制建设等需求。	新使命
保障	政府	政策保障（法律、行政法规、政府规章等）；要素保障（馆舍与空间、经费、人员编制与其他人力资源投入等；当前以国家和地方不同层级的标准化为主要路径）。	争取政策保障、要素保障。
	社会力量	作为公益主体，具有支持公共服务的传统、意愿和能力；作为市场主体，直接参与部分要素保障，如社会化运营、PPP模式等。	吸引社会支持；争取政府建立参与或保障机制，引导与扩大社会参与。
服务	图书馆	**体系化（标准化、均等化）**：公平与效率相结合，体系化统筹标准化建设，进而实现均等化目标；构建总分馆或中心馆—总分馆专业体系；构建基于互联网的数字图书馆服务体系；构建基于市场化物流体系的新服务体系等。 **数字化**：传统意义上作为个体图书馆服务手段的数字图书馆服务，其路径包括：互联网+，社交媒体+，公共（文化）服务平台+等；新的作为提升区域内均等化服务水平手段的数字图书馆服务，其主要路径为：建设面向体系的数字图书馆，摆脱层层建设数字图书馆的传统路径依赖。	服务功能

（续表）

支柱	主体	属性与行为	对图书馆要求
服务	图书馆	社会化	全方位的社会化： 使命层：如城市文化中心、公共交流平台； 服务层：如合作伙伴、志愿者等社会主体、资源、服务对公共服务的参与； 支撑层：多种资源、产品服务的社会捐赠、购买等； 管理层：法人治理、第三方评估、读者满意度调查、读者委员会制度、发展咨询机制建设等。	服务功能
		专业化	建立图书馆体系内部的专业化分工机制，以此为基础推进标准化服务和多样化服务。提升专业化服务的路径包括： 分众（用户群体识别定位与细分）服务； 分主题（学科、或专业层次、或专题领域）服务； 分层次（文献、信息、知识、交流服务等）服务。	
	社会力量	社会主体对公共服务的参与	鼓励、吸引、引导社会主体以公益或非公益形式的参与。	

就上述框架，笔者需要强调以下三个方面：

一是无论就整体还是个体而言，公共图书馆要实现良性发展、可持续发展，需求、保障、服务"三支柱"缺一不可。需求方面，以公众人均外借公共图书馆文献的数量与成年国民人均纸质图书阅读量作简单对比，2015年这一比值为0.37[4]/4.58册[5]（即8%），可大体反映公众需求巨大。保障方面，各级政府"十二五"期间在公共图书馆经费投入上以年均16.83%即高于经济增长速度的幅度增长，在馆舍建筑面积上年均增速也达到7.90%[6]，但总体上仍处在"量变"阶段，并未进入"质变"阶段,尤其在制度保障方面并未突破,制度化的图书馆设置与服务保障仍然停留在县(区)以上层面,在财政投入方面也尚未出现结构性变化,人力资源投入保障方面不足也是突出问题之一。服务方面,尤其是公共图书馆主体,在已有资源条件下进行了多样化的探索实践,也取得了显著的成效,"十二五"期间公众利用公共图书馆人次、外借文献册次年均分别增长12.40%、14.04%[7]。综合分析可见,我国当前公共图书馆总体呈现强需求、快发展、弱保障状态。

二是新时期公共图书馆发展的4个方向,即体系化、数字化、社会化、专业化是一个有机整体,需要整体认识、统筹规划、协调推进。其中,体系化是主要方向、目标、任务,而以标准化为路径、以均等化为目标[8],尤以县(区、市)、镇(乡、街)两个层次的体系建设为重点;数字化既是当前图书馆服务的重要手段,同时越来越具备独立的服务主体地位,可以作为提升服务均等化水平的优先路径;社会化应理解为全方位的社会化,其中又以使命层次的社会化为核心;而专业化是公共图书馆进行专业服务的本质要求,其核心是利用专业知识、技能、方法提升服务绩效和服务能力,其基础支撑是馆员队伍的专业化水平。简言之,体系化重点解决服务覆盖面、保障水平的问题;数字化既是个体服务手段,也是解决服务体系覆盖面不足的主要路径之一;社会化、专业化可理解为以个体图书馆为主的服务广度和深度问题,四者之中以体系化为统领。

三是在服务效能方面,要求图书馆在所有方向的探索、实践都需要接受检验,绩效明显并具有服务模式即专业人才、资源和方法的支撑,才可以说是可持续的,否则也仅表明进行了探索而已。当然总体而言,服务效能取决于需求、保障、服务的有效对接,而且往往是事业发展驱动机制中激发需求、争取保障的第一驱动力。在服务层面,服务效能取决于服务理念、使命定位、服务结构、服务模式、人才支撑、管理支撑等。

2　城市图书馆的特点

关于城市图书馆的特点，笔者继续在需求、保障、服务"三支柱"框架内进行分析。

2.1　需求支柱

在公众个体层面，城市服务人口规模大、分布高度集中、受教育程度高、文化背景复杂多元，决定其阅读能力强、阅读需求或潜在需求比较集中，但具体需求分化，对图书馆服务的需求旺盛、要求较高且呈现多元多样的特点。这要求城市图书馆提供高标准、同城化的图书馆服务保障和专业化、多样化的服务；对服务体系建设的要求由于同城化的背景而更为迫切；当然图书馆服务效率、绩效也更高。

在群体（含组织、政府）层面，城市的社会组织化程度较高，各种群体、组织发展迅速，成员联系活跃，对社会参与的程度较高。这要求城市图书馆拓展服务对象——从个体到包容各种群体、组织，包括政府及政府部门；拓展服务领域，从传统的阅读、学习服务拓展到公共交流服务。

在社会整体层面，社会的转型发展在城市发展中有着集中、密集的体现。这实际上构成图书馆转型发展的外部环境，或者说，图书馆的转型发展实质上源于社会的转型发展。这要求城市图书馆更多关注社会发展，不仅仅从服务区域的人口统计学即个体需求层次去规划和提升服务，而要着眼于从社会整体的层面去定位自身的发展方向、服务边界和使命功能，参与解决社会问题、促进社会发展。我国正处在经济社会发展转型期，社会阶层分化已成为社会现实和社会学界共识，各阶层、各种群体具有各自利益访求、价值观念，因此，各阶层、群体之间的对话、交流及对公共生活的理性参与，以及共同价值观的重构，构成城市图书馆发挥公共空间、"第三空间"作用的社会基础；要求城市图书馆积极承担新文化建设、参与社会交流平台建设等新使命[9]。从社会整体视角、发展大势看问题，城市图书馆才能自觉地体认和遵循社会发展的内在规律，才具有长期可持续发展的坚实基础。

2.2 保障支柱

就政府主体而言，城市政府的保障意识、能力都相对较强。多个城市已经开展了一系列成功实践：深圳市政府从2003年起率先在全国开展"图书馆之城"建设，此后东莞、嘉兴等市政府逐步在图书馆体系建设中发挥主导作用；深圳、北京、广州相继通过地方立法，上海、乌鲁木齐相继通过政府规章保障城市图书馆服务体系建设[10]。因此，城市图书馆需要积极争取两个层面的保障：一是高水平的要素保障，尤其是基础性、经常性或项目性的要素保障，包括馆舍建筑、人力资源投入、经费投入等保障；二是高层次的政策保障，包括立法、政府规章、发展规划等长效保障机制，尤其要重点解决保障水平、保障标准两个基本问题，其中制度化的公共图书馆服务保障水平要从全国层面的县（区、市）一级提升到镇（街）一级，保障标准要争取与《公共图书馆建设用地指标》、《公共图书馆建设标准》等新颁发的国家标准衔接，并尽可能引入国际通行标准。服务保障要区别于全国范围的广覆盖、低水平的目标定位，而应定位为广覆盖、高水平。

就社会主体而言，城市的社会资源富集、市场发育成熟，有更多的社会化运营的选择。因此，城市图书馆有更好的条件推进各种社会合作，尤其在馆舍建筑、人力资源等要素投入层次。这方面城市图书馆早在20世纪90年代开始即有各种探索，目前在佛山、杭州、厦门、嘉兴等城市都有非常好的实践案例。当然在市场化运营方面，目前还普遍存在配套政策不完善、市场主体发育不成熟等问题，城市图书馆应积极争取政府进一步建立鼓励社会参与保障的体制机制。

2.3 服务支柱

就图书馆主体而言，城市图书馆在体系化、数字化、社会化，专业化4个方向都应能起到示范引领作用。基于需求、能力与绩效的逻辑，城市图书馆尤其是城区图书馆、城市化地区图书馆是图书馆服务体系建设的重要主体，这些主体可以更好地将公平与效率目标结合起来。佛山市禅城区联合图书馆、嘉兴市城乡一体化的中心馆—总分馆体系、东莞的集群图书馆体系都是很好的标杆。城市图书馆还要先行探索利用市场化物流体系推进均等化服务目标，这方面苏州图书馆已经开始了很好的探索。数字化方面，城市的基础设施条件好，公众家庭、个人的信息环境好，信息素养高，要求城市图书馆的数字化服务到达时间、空间、方式、受众的所有边界，并跳出传统路径依赖，与中心馆服务体系或中心馆—总分馆服务体系相对应，建设市域一体化的数字图书馆。这方面广州数字图书馆已经成为非常好的案例。在社会化方面，城市图书馆在使命、服务、支撑、管理等各个层面也都有着更充分的条件。在专业化方面，其内涵包括服务与管理的专业化，而决定性因素是馆员的专业化。城市图书馆显然有较好的条件，而且城市越大条件通常越好，城市图书馆同样应发挥引领作用。

就社会主体而言，各种主体因城市图书馆服务的包容性、用户数量的庞大、功能与设施设备条件的综合性以及丰富的公共服务机会，具有更为强烈的动力，参与提供更多的公共服务。

就服务效能而言，其基础是服务和管理的专业化。服务效能的评价机制，是服务目标、任务及其实现的评价、控制与协调机制，也是专业化水平的评价机制。随着城市图书馆专业管理水平的提升，进行效能评价的专业化水平也越来越高，指标不断细化，范围不断扩大。突出的案例如广州图书馆、东莞图书馆"十三五"规划分别提出了 67 项[11]、120 项[12]效能指标，苏州图书馆提出"10 个 100%"跨越式提升服务效能行动计划[13]，《嘉兴市公共图书馆中心馆—总分馆服务体系标准》提出 10 项效能标准服务效能标准[14]。服务效能评价尤其是社会影响力评价，实际上也是改变社会观念的机制，使社会对图书馆功能、作用、影响的认知因为图书馆效能的提升而发生了很大变化，普遍认同城市图书馆对城市文化建设、塑造城市文化形象的作用；效能评价也反映了城市政府对文化建设、公众文化权益保障的重视程度，有利于争取不断强化政府投入保障，同时也有利于争取社会支持。目前，对于我国部分城市化水平程度较高并已基本实现图书馆体系化构建的地区以及已建成的主要位于城市的新馆，提升服务效能已经成为其首要任务。

综合上述分析，城市图书馆无论在"服务支柱"内的四个发展方向，还是在需求、保障、服务"三支柱"的层面都具有明显的优势，因此，良好的服务效能就成为必然的要求，这也直接呼应了发展公共图书馆事业的最终目的——提升服务水平、满足社会需求、保障公民权益。

3 城市图书馆发展模型

根据前述分析，笔者可以基本建立城市图书馆的发展模型，如下页表 2 所示。

就这一模型，笔者强调三点：一是社会发展逻辑。当前城市图书馆发展的最大背景是社会转型发展，图书馆的转型发展实质是图书馆与社会关系的重构，因此，需要借助社会学相关的理论来认知、研究和指引图书馆的发展。表 2 所列的理念和理论都是以社会学为基础的图书馆学理论或直接就是社会学理论。近年来图书馆界重点关注过信息（或学习）

共享空间建设,这主要基于传统的专业视角;又处在创客空间建设热潮中,这主要基于技术视角;而建设"第三空间"、"第三文化空间"、"公共交流平台",这主要是基于社会视角来阐述的。这也是图书馆发展的三个基本逻辑,即专业逻辑、社会逻辑和技术逻辑,其中社会逻辑更多的是从问题和需求出发,是业界在转型发展期需要把握的主体逻辑。

二是四个中心的功能定位。程焕文、吴建中关于图书馆分别有"知识中心、学习中心、文化中心"[15]、"知识中心、学习中心、交流中心"[16]的三个中心的定位。笔者以为,就性质而言,文化中心是交流中心的一个组成部分,但因其在图书馆服务中所占的体量足够大并且与图书馆传统服务的逻辑关系更为紧密,故予以独立,四个中心并列。

表 2　城市图书馆发展模型

	逻辑层	功能层	服务层	评价层
目的 (为什么)	公共图书馆精神 巴特勒社会学视角 谢拉"社会认识论" 宓浩"知识交流论" 奥登伯格"第三空间"理论等			
目标 (做什么)		知识中心 学习中心 文化中心 交流中心		
路径 (怎么做)			体系化 数字化 社会化 专业化	

(续表)

	逻辑层	功能层	服务层	评价层
策略 （控制与协调）				服务效能 信息公开

三是作为发展策略的信息公开。笔者认为其应作为服务效能提升的前提性策略，理由包括：从行业视角，不公开如何评价服务效能？不公开如何建立最佳实践的发现、推广机制？不公开如何开展研究以促进提升？不公开如何实现与社会良性互动？而从图书馆个体视角，图书馆陆续参与推进的法人治理结构改革中，信息公开是基本配套制度之一，是作为强化公众监督机制的组成部分，也形成倒逼提升服务效能、提升专业化与规范化管理水平的机制。在更基础的意义上，信息公开是每个图书馆对利益相关方负责、构建良性社会关系的内在要求。

当然，单以行业自觉恐难以推动信息公开，必须要有外部力量的参与，而当前恰恰有来自外部的强大压力。我国目前正处在信息公开的大趋势、大潮流中，各层级政府、社会各界已经形成信息公开的广泛共识，中央政府也明确提出了信息公开的要求。2007年国务院颁布了《政府信息公开条例》，2009年财政部开始推进预算公开，此后国家陆续发布关于政务公开的政策文件，2016年两办《关于全面推进政务公开工作的意见》进一步明确信息公开要求，各地方政府也都在积极响应落实。可以说，从各级政府到各行各业再到图书馆，信息公开已成为潮流，并将很快成为图书馆行业的基础性、规范性要求。

4 城市图书馆的引领作用和引领机制

综上所述，城市图书馆在公共图书馆行业中的引领作用应是全方位的，当然也是分层次和有重点的：

第一层次：良好的服务效能应是集中体现和优先领域，相配套的有及时充分的信息公开和面向社会的行业发展报告。

第二层次：城市（或城乡一体化）中心馆—总分馆体系建设，其中包括城区总分馆体系建设、市域数字图书馆服务体系建设和市场化物流服务体系建设；城市图书馆合作伙伴关系建设；城市交流平台和文化中心建设；系统、规范的业务统计和绩效评价；专业人才队伍建设。

第三层次：需求、保障与服务结合机制建设，重点是政策保障机制，包括人力资源投入机制建设、需求研究等。

相应的，城市图书馆在公共图书馆行业中的引领机制可以归纳为：以"服务效能"引领为核心，以"信息公开"为起点，一方面发现标杆图书馆并推动交流推广，即识别良好的"服务效能"，再研究其背后的服务模式，进而确定标杆图书馆，再通过最佳案例、学术会议、学术论文等各种形式进行交流、分享；另一方面形成城市图书馆发展报告并及时发布，发挥整体引领作用，同时与社会建立良性互动。

参考文献：

[1] 中华人民共和国统计局. 年度数据 [DB/OL]. [2016－11－11]. http://data. stats. gov. cn/easyquery. htm?cn = C01.

[2] 国务院. 国发〔2012〕29 号文件：国务院关于印发国家基本公共服务体系"十二五"规划的通知 [EB/OL]. [2016－10－29]. http://www. gov. cn/zwgk/2012－07/20/content_ 2187242. htm.

[3] 方家忠. 保障促进规范提升——论地方立法对广州市公共图书馆事业的作用 [J]. 图书馆论坛，2015 (8)：13－21.

[4][6][7] 国家图书馆研究院. 2015 中国公共图书馆事业发展基础数据概览 [R]. 北京：国家图书馆，2015.

[5] 刘蜂. 国民人均纸书阅读量 4.58 本手机阅读时长大增超 8 成 [N/OL]. [2016-11-11]. http://media.people.com.cn/nl/2016/0419/c40606-28285720.html.

[8] 李国新. 现代公共文化服务体系建设与公共图书馆发展:《关于加快构建现代公共文化服务体系的意见》解析 [J]. 中国图书馆学报, 2015 (5): 4—12.

[9] 方家忠. 公共交流平台: 公共图书馆服务新模式 [J]. 图书馆论坛, 2015 (12): 19—24.

[10] 陈丽纳. 我国地方性图书馆立法中的量化规定 [J]. 图书馆论坛, 2016 (8): 91—97.

[11] 广州图书馆. 广州图书馆 2016-2020 年发展规划 [R]. 广州: 广州图书馆, 2015.

[12] 东莞图书馆. 2016—2020 东莞图书馆"十三五"战略规划 [R]. 东莞: 东莞图书馆, 2015.

[13] 王学思. 苏州图书馆: 10 个 100% 跨越式提升服务效能 [EB/OL]. [2016-10-29]. http://news.idoican.com.cn/zgwenhuab/html/2015-04/01/content_5394512.htm?div=-L.

[14] 嘉兴市文化广电新闻出版局. 关于印发《嘉兴市公共图书馆中心馆——总分馆服务体系标准》的通知 [EB/0L]. [2016-10-29]. http://www.jiaxing.gov.cn/swhj/zcwj_6120/gfxwj_6121/201506/t20150604_497844.html.

[15] 程焕文. 21 世纪城市公共图书馆的使命 [J]. 图书馆, 2013 (6): 1—5.

[16] 吴建中. 从未来看现在——图书馆发展的下一个十年 [J]. 图书馆建设, 2016 (1): 4—9.

广州市公共图书馆发展的六个核心理念

【摘　要】 文章从近年来广州市公共图书馆快速发展形成的"广州现象"出发，讨论了引领事业发展，由图书馆界、政府、人大、公众等利益相关主体共同参与形成的权利保障、绩效管理、规划管理、双向参与、立法驱动、区域共同体等六个核心理念。

【关键词】 广州现象；权利保障；绩效管理；规划管理；双向参与；立法驱动；区域共同体；公共图书馆

近年广州市公共图书馆事业快速发展，突出表现在广州图书馆新馆开放并产生巨大的社会效益，以及《广州市公共图书馆条例》（以下简称《广州条例》）的颁布实施。

广州图书馆新馆于2012年12月28日部分开放，2013年6月23日全面开放，效益显著：公众访问量、注册读者量、外借文献量等三大指标从2013年起跃居全国公共图书馆首位，2014年更大幅提高，实现日均接待读者2万人次、注册读者950人、外借文献2.3万册次。广州图书馆新馆显著的社会效益形成了广泛的社会影响力。比如，2013年和2014年大众媒体日均报道2次、2.4次；2012年和2013年连续两年入选"广州市入载地方志十件大事";2014年入选广州"新型城市化"发展战略"十件新鲜事"。

最近10多年整个广州市公共图书馆发展成就十分瞩目。从化、增城、越秀等一批区级新馆、广州少年儿童图书馆新馆相继建成开放，南沙区图书馆等新馆也正在建设之中。2015年5月1日《广州条例》颁布实施，其突破性体现在：广州市公共图书馆服务的制度化保障水平从区一级提升到镇街一级；政府对公共图书馆服务的保障责任明确为馆舍建筑、基础馆藏、年增藏量、工作人员四大指标，并全部实现量化、标准化，保障标准与国家标准、国际标准对接；公共图书馆的建设管理体制实现重大突破，市、区两级政府成为责任主体，区以下公共图书馆体系的建设管理责任全部集中到区级政府，区以下公共图书馆实行完全意义上的总分馆体系。在依法治国成为基本治国方略的当下，广州市图书馆界对《广州条例》的贯彻实施充满期待。

广州市公共图书馆事业的良好发展势头在当前社会背景与行业发展态势下可谓独树一帜：在社会层面，传统图书馆服务因互联网发达、移动阅读普及而面临着对其存在与发展的普遍质疑；在行业层面，世界范围内尤其是发达国家和地区公共图书馆普遍面临公众到访次数减少而不得不转型发展的巨大压力；在图书馆立法方面，我国此前已有五部地方立法和六部地方政府规章，要实现突破谈何容易。正因为发展表现与背景的强烈反差，使广州市公共图书馆的发展成为值得图书馆界深入观察与研究的"广州现象"。

近年来广州市公共图书馆的发展有几个重点的时间节点：2003年广州市决定建设广州图书馆新馆，标志着图书馆事业进入快速发展时期；2006年举办第一期"广州市图书馆专业人才高级研修班"，图书馆界事业发展理念由此焕然一新；2010年广州图书馆制订并实施第一个五年发展规划，标志着图书馆事业进入规范化专业化发展轨道；2011年市属公共图书馆全面推进免费开放，公共图书馆服务面貌为之一变；2013年广州图书馆新馆全面开放，迎来新时期的第一个发展高潮，实现服务结构、效益和社会影响的全面提升；2015年《广州条例》颁布实施，标志着图书馆事业进入公民权利保障和体系发展的新时代。

在新时期的前半期，广州市公共图书馆的发展模式被贴过"政府主导"的标签[1]。虽然笔者认为，时至今日"广州模式"尚未完全成形，但如果要对新时期尤其是2010年以来的发展特征进行粗略总结的话，则可以大致归纳为：政府驱动、人大支持、行业戮力、社会参与，初步形成需求、保障、运营三大利益相关方积极参与、各责任主体责任回归的发展模式，是各相关方共同推动发展的理想模式，是我国图书馆界长期追求的事业发展应然的"大道模式"。广州市公共图书馆近年来的发展真可谓"天时、地利、人和"共同作用的结果。

公共图书馆事业发展的核心是理念，公共图书馆事业的快速发展必然有相关各方先进理念的支撑。"理念决定事业的发展方向乃至成败。"[2]本文结合广州市公共图书馆事业发展实践，对近年来推动广州市公共图书馆发展的核心理念进行梳理，以就教于同行。

1 权利保障理念

权利保障理念是推动公共图书馆事业发展的基础性理念，贯穿于政府保障、地方立法、图书馆服务政策及日常服务等各层面。

保障公民平等、自由地利用公共图书馆的权利是图书馆事业发展的根本宗旨，这一理念应置于"以人为本"、"一切为了读者"等理念之上。公民权利保障属于责任领域，是政府、图书馆必须履行的社会契约或法定义务；而"以人为本"等从属于道德领域，取决于相关主体的认知水平、道德伦理水平，无法客观量度、评价与约束。这一理念的基本依据在于公民作为纳税人，有权得到各种公共服务的保障，有权享有各种公共福利。2012年《国家基本公共服务体系"十二五"规划》首次将公共图书馆服务纳入基本公共服务范围，明确界定："基本公共服务，指建立在一定社会共识基础上，由政府主导提供的，与经济社会发展水平和阶段相适应，旨在保障全体公民生存和发展基本需求的公共服务。享有基本公共服务属于公民的权利，提供基本公共服务是政府的职责。"[3]对图书馆界而言，其依据还有联合国教科文组织和国际图联倡导的"建立公共图书馆是地方政府和国家的责任"[4]。在上述逻辑下，公共图书馆服务的定位是：提供基本公共服务；主要由地方政府提供保障；服务对象以当地纳税人为主，现阶段服务对象还包括地方各种费用的缴纳者等；公民纳税越多，就应得到越高水平的服务保障。广州地区的主要实践体现在：

1.1 立法层面

2006年，时任中共广州市委宣传部部长陈建华明言，"公民权利的贫困是最大的贫困"，故须在立法层面予以保障，这是当时广州市委宣传部推动地方图书馆立法的基本背景。2015年《广州条例》颁布实施，第一条"立法目的"开宗明义，要"实现与保障公众的基本文化权益"；多个条款要求落实政府保障责任，包括图书馆与图书馆体系的建设主体责任，图书馆馆舍建筑、基本藏量、年新增藏量、工作人员配备等投入保障责任；宣示保障公众权利的公共图书馆服务原则为普遍、平等、免费、开放和便利；界定公众四大权利，包括"平等获取信息和知识"，"免费、平等获得公共图书馆基本服务"，"向公共图书馆或者文化行政主管部门提出建议和意见"，"依照有关规定获得公共图书馆提供的其他服务"；要求"除国家规定禁止公开传播的文献信息资源外，公共图书馆不得限制文献信息资源的利用",承认并保护公众自由利用图书馆资源的权利;要求"公共图书馆应当为老年人、残疾人等特殊群体提供设施、设备、文献信息资源等方面的便利服务",保护特殊群体平等利用图书馆的权利。《广州条例》在我国地方图书馆条例中第一次明确规定了公众利用图书馆的"平等权利"和"自由权利"[5],并以"免费服务"为保障,在业界引起了强烈反响。

1.2 政府保障层面

正是基于同样的理念,近年来广州市给予公共图书馆事业发展各要素以系统的保障。2004年广州图书馆新馆正式立项;2005年启动1949年以来最大规模的地方历史文献抢救、整理和出版工程——《广州大典》项目,同年组织开展图书公益采购活动;2006年和2007年连续两年举办"广州市图书馆专业人才高级研修班";2006年启动为期10年的"书香羊城——全民阅读系列活动";2011年广州市公共图书馆全面推进免费开放;2012年重启立法进程,启动广州市"图书馆之城"建设;2013年"广州国际纪录片节"落户广州图书馆,设立展示服务与研究收藏中心;2015年《广州条例》颁布实施,《广州大典》(第一辑)编纂出版完成,广州大典研究中心挂牌成立,兼具《广州大典》编辑部、广州古籍研究保护中心职能,配置人员编制15个;广州图书馆新增人员编制80个,累计增编160个。

1.3 图书馆服务层面

广州图书馆实施的政策与服务包括:(1)保障公众平等利用公共图书馆资源与服务的权利,实行所有公众无门槛入馆,设置视障人士服务区并开展公益阅读、送书上门等特殊群体服务项目,开展面向老年人、外来务工人员的信息技能培训项目等。(2)保障公众自由利用公共图书馆权利,实行公共空间全开放,70%以上的馆藏文献开架。(3)免费服务保障方面，推行免押金注册，馆内全免费服务。其中读者注册方面，广州图书馆从新馆开放起，即对所有人全面实行免押金注册，非本地居民有效注册期为2个月，2015年广州市属公共图书馆全部推行免押金注册。从横向比较看，广州市公共图书馆在保障公众平等、自由、免费利用公共图书馆权利方面跻身先进行列。

2　绩效管理理念

"绩效是所有活动的目标"[6]，甚至可以说，没有绩效就无从谈管理。绩效是公共图书馆事业发展的第一驱动力，是政府保障这个主驱力的驱动力，即图书馆业界常说的"有为才有位"。

论管理理论，绩效管理是基本内容；论管理实践，近年来无论是事业单位人事制度改革，还是公共财政经费预算制度发展，绩效考核、绩效评估都是核心内容。广州图书馆一直注重服务实效，也一直有比较好的服务效益。新馆开放之前，我们认为，鉴于政府对图书馆事业的投入将大幅增加，取得更好的服务绩效会成为必然要求，更应成为图书馆人的自觉追求。

广州图书馆新馆取得良好的服务绩效，首先应归功于良好的客观条件，包括：区位条件优越，处于新的城市中心，公共交通便利；与广州市第一地标——广州塔、广州市第二少年宫、广州大剧院、广东省博物馆、花城广场等众多标志性建筑形成文化共同体，对公众具有强烈的吸引力，成为广州市民的第一文化休闲地和外地游客的第一个旅游目的地；身处广州现代化中央区商务区——珠江新城，与广州市最大的地下商业中心——花城汇毗邻，带来众多人流；建筑设计个性鲜明，声名远播，吸引广大公众到馆参观；政府保障到位，提供了良好的馆内阅读环境和丰富的资源等等。应该说，如果没有科学的理念与高效的组织管理，即便条件再好，并不必然产生良好的服务绩效。绩效管理理念驱动图书馆定位于服务效益最好的群体、资源与最为便利的服务方式。广州图书馆采取的主要措施包括：

一是定位社会需求最强烈、服务效益最好的群体，重点拓展未成年人服务。服务区域面积从旧馆的 300 多平方米增加到新馆 5700 平方米，配置文献资源从 16 万册增加到 65 万册，配置人力资源从 11 人增加到 17 人，并细分设立亲子绘本馆、文学艺术资料区等专区。

二是定位最受公众欢迎的资源，并设专区管理，以尽可能便利的方式提供公众利用。专区包括扩大文学图书区，设立视听资料外借区，持续开展期刊外借服务，其中视听资料资源从旧馆的 20 多万件增加到 56 万件。

三是尽可能提高资源的开放程度。70% 以上馆藏文献（逾 400 万册）开架借阅，可外借文献约占 70%。

四是大幅增加注册读者外借文献的数量，从旧馆的每证 5 册（件）增加到 15 册（件）。

五是推行免押金注册。这既是前述实现公众平等利用图书馆权利的保障措施，同时具有极强的服务效益，推动图书馆一直保持极高的注册读者量。

六是大力推行服务的便利化。它包括公众可凭身份证或社保卡直接注册、可远程网络方式或邮寄方式注册读者、基本服务自助化、无线网络全覆盖等等。

在推进绩效管理过程中，广州图书馆有两个深刻的体会：

一是相比馆舍建筑规模，绩效更重要。广州图书馆新馆建筑面积达 10 万平方米，在设计建设过程中，公众、业界甚至本馆员工都会问：我们需要这么大的图书馆吗？开放两年多的实践证明：新馆庞大的建筑体量得到了充分应用，甚至于被认为问题不是馆舍大了，而是还不够用。

二是"人气"即需求，"人气"比"安静"环境更重要。新馆开放后面临的一大问题是节假日馆内噪音偏多，影响公众对图书馆阅读环境的体验。究其原因，主要在于旺盛的人气、通高中庭和全开放式的建筑设计。即便问题突出，且努力采取各种措施，我们也仍然认为：至少在目前，"人气"比"安静"环境更重要，"人气"下降本身就是发达国家公共图书馆普遍寻求转型发展的根本原因；站在政府立场，这种直观的能看得见、摸得着的"人气"相比其他任何因素，更能鼓励政府持续加大投入和提供更好的保障。

3 规划管理理念

规划的主要任务是选择方向、拟定目标并设计如何达成[7]。规划管理是以科学系统的研究为支撑，应对变化、把握机遇与未来的工具。

20世纪80年代以来，发展规划成为很多国家的图书馆应对挑战、把握未来的工具，并成为图书馆管理规范化和专业化的重要标志。当前我国正处在深化改革开放和社会转型发展时期，图书馆事业发展既有许多机遇，又面临诸多不确定性，可谓机遇与挑战并存。规划管理对新馆建设尤其具有重要意义。对图书馆而言，新馆绝不仅仅意味着馆舍规模的扩大，更意味着发展功能及使命、重构与社会系统关系的历史性机遇，是重新定义图书馆、推动转型发展的绝佳契机。"组织的重点必须放在机会上。"[8]能否把握住新馆提供的历史性机遇，实现跨越式发展，规划管理尤其是战略规划是行之有效的管理工具。理想的模式是：新馆建设，规划先行。新馆建设的过程也是规划实施的过程。

基于上述认识，广州图书馆于2009—2010年在新馆工程建设后期，用时将近1年，与中山大学资讯管理学院团队合作，经过一系列调查研究和征求各层面意见，制订"十二五"发展规划，随后相继制订新馆专项规划、对外文化交流专项规划，并逐步开展组织机构调整、人员岗位竞聘等工作，整体上使规划得到较好实施。其效果主要体现在：

一是构筑形成多样化服务新框架。既强化传统文献流通、知识与信息交流服务，同时构建形成多领域、多层面交流服务；推进传统服务的专业化，按大众服务、分众服务、对象化、主题化的逻辑层层细分，形成由基础服务、主题服务、对象服务、交流服务等四大部分组成的多样化服务体系。其中在对象服务方面，针对未成年人设立亲子绘本阅读馆、小剧场、玩具图书馆、分级阅读馆等；针对视障人士设立服务专区；针对低收入人群、外来务工人员、老龄人等群体，设立信息技能培训区；针对初次到馆者设立阅读体验区等。

二是形成多元文化服务新特色。图书馆作为"多元文化窗口"使命的形成，基于规划制订期间从城市历史、时代需要、现实条件等方面进行的深入研究。规划实施过程中，广州图书馆界定本土文化、多元文化、都市文化三大部分搭建主题服务框架，设立广州人文馆、家谱查询中心、广州大典研究中心、广州非物质文化遗产常设展等，展示与传播广州本土文化；设立多元文化馆、语言学习馆等，开展多元文化推广项目与语言培训项目，丰富多元文化；设立创意设计馆、休闲生活馆、多媒体鉴赏区、广州国际纪录片节展示服务中心等，倡导现代都市文化；推动公众共享空间项目，营造多元文化服务界面与环境氛围，建立多元文化服务支撑体系。"多元文化窗口"使命的践行得到了公众、群体、组织等社会各界广泛欢迎，尤其是城市对外交流部门、宣传文化部门、外国驻穗机构，以及外语类、设计类院校等更积极参与图书馆服务，并被纳入市政府对外交流的基础框架之中。其中多元文化馆与各国驻穗领事馆建立密切联系，相继接待20多个国家领事馆、大使馆官员来访，与15个领事馆合作举办多元文化月活动，接收墨西哥、日本等多个领事馆赠书；接待法国里昂、英国伯明翰、加拿大温哥华、意大利米兰、澳大利亚悉尼、德国法兰克福等国际友好城市代表团访问，接收友好城市赠书；与英国伯明翰、法国里昂、加拿大温哥华、韩国光州、俄罗斯叶卡捷琳堡、新西兰奥克兰等城市图书馆签订合作交流备忘录，接收友好城市图书馆赠书；2013年全面开放后共举办真人书、沙龙、讲座、展览、电影、歌舞表演等多元文化活动近百场次，参与活动公众约22万人次。

三是获得广泛的社会影响。服务传播与阅读推广效应显著，使图书馆展现出城市窗口的新形象，成为广州市新的文化地标。广州图书馆新馆因在多元文化等主题领域、未成年人等对象领域开展了大量多层面的交流活动，传播主体从图书馆为主拓展到各参与主体，传播的广度、深度均大大增强，在公众个体、诸多群体中形成良好口碑，在公众、大众媒体、政府三个舆论场均获得良好影响。可以说，图书馆开展的大量交流活动及大众媒体的报道，参与群体、组织及公众个体利用自媒体的报道，使图书馆经常出现在公众视野中，发挥了强大的服务传播与阅读推广效应，吸引更多的公众慕名而来，更多的群体、组织寻求与图书馆合作。图书馆亦展现出城市窗口的崭新形象，成为书香城市、学习型城市的窗口，展示城市多元文化、代表城市公共文化服务的窗口，支持广州市培育世界文化名城的重要载体。

四是在争取政府保障方面成效显著。突出表现在：2011年广州图书馆解决人员经费保障问题，为全公益服务奠定基础；文献信息资源购置经费得到保障，2012年大幅增加1000万元经费，2013年跨上3000万元台阶，年新增各类资源达50万册（件）以上；2012年起推进公共图书馆立法工作，2015年《广州条例》颁布实施，图书馆服务体系建设得到立法保障，广州图书馆在法律层面正式确立区域中心图书馆地位，在组织层面增设中心图书馆办公室；图书馆公共服务职能得到强化，2014年广州图书馆与广州市委外宣办、广州市政府新闻中心合作建立"广州之窗"城市形象推广厅。

总体上，"十二五"规划成为广州图书馆抓住新馆历史性机遇的抓手，与新馆舍互为表里，重新定义图书馆，推动图书馆实现服务结构调整和转型发展。同时，通过"十二五"规划的实施，广州图书馆基本上理清了"十三五"发展思路，包括将强化多元文化窗口使命，发展公共交流平台功能，推进线上与线下服务在社交空间融合发展，探索实现管理内部市场化等。

4　双向参与理念

图书馆社会化的内涵应是图书馆与社会的双向参与。图书馆的社会化是当今图书馆发展的一个重要方向。图书馆作为社会系统的一个组成部分，其服务必然以需求为导向，而为实现服务社会化，必然要求管理的社会化。

当今世界范围内互联网和数字化技术的发展极大地改变了人类的生活方式，我国因经济基础的变化引发深刻的社会变革，包括社会公共生活、公共管理等领域的深刻变化，这些都要求图书馆等公共机构作出反应。在这样的社会背景下，图书馆需要重构与整个社会系统的关系，图书馆的社会功能、角色需要作出新的定义。在现实生活中，广州是一个务实、开放、包容的城市，公众对公共生活的参与一直比较积极、活跃，大众媒体的发达与对公共事务的参与，市政府长期致力于打造"透明政府"等皆是其中突出的表现。广州的这一特质在公共图书馆领域也有充分的体现：

一是公众对图书馆公共资源的充分利用和对图书馆活动的积极参与。

公众是公共图书馆活动的基础主体，是图书馆、政府等其他主体的服务对象。公众对公共图书馆资源的充分利用及背后反映的旺盛需求是政府愿意持续加大投入的主要动力，也是图书馆提高自身价值、不断提升服务水平的强大动力。广州图书馆新馆从2012年年底部分开放到2014年11月，以两年不到的时间接待公众超过1000万人次，注册读者2015年年底预计将达到100万人；其中2014年接待公众访问620万人次，注册读者30万人，外借文献733万册次，解答咨询71万条，组织活动1077场，参加活动公众41万人次。新馆设计接待量为日均1万人次、高峰期1.5万人次，而实际服务量超出设计服务量两倍以上。非常可喜的是，截至2014年年底，广州图书馆新馆注册读者中，40岁以下占比达86%，18岁以下未成年读者占比达21%。公众对新馆的充分利用、注册读者中年轻读者占比大等现象，体现了公众对图书馆服务的旺盛需求，也改变了人们对网络时代公众尤其是年轻人是否会利用传统图书馆的怀疑态度。公众的旺盛需求驱动广州市政府不断加大经费、人员编制等各方面投入，也推动政府、人大、公众、大众媒体等社会各界普遍支持地方图书馆立法，发展公共图书馆服务体系。

二是图书馆对社会公共文化活动的参与。如前所述，广州图书馆以多元文化窗口作为时代使命，以传统与本土文化、域外多元文化、现代都市文化三个细分领域构建多元文化服务体系，在广州人文馆、多元文化馆、创意设计馆等服务平台的基础上，形成了"环球之旅"、"雅村文化普及系列讲座"、"友创意"等多个服务品牌，受到社会各界的欢迎，证明图书馆在公共文化活动的参与上大有可为。

三是图书馆对社会群体活动的参与。主要体现为：（1）建立系列对象化服务平台；（2）为社会群体提供交流平台和相关支持，包括展览厅、报告厅、多功能厅等各种交流空间及配套设备设施、人力等支持，形成了"爱绘本爱阅读"、"阅读体验荟"等系列服务品牌。可以说图书馆是社会的公共交流平台,是公众参与公共生活的舞台;(3)参与志愿者活动、公益慈善活动。广州图书馆从2009年开始组织相关活动,先后有5000多个志愿者参与图书馆服务,目前保有一支超过800人的志愿服务队伍,2014年提供志愿时超过3万小时。广州图书馆将进一步关注志愿者个体需求,为其个性化目标包括自我实现的需求提供支持。在公益慈善活动方面,广州图书馆于2014年创建"爱·捐书"微公益平台,汇集公众手中的闲置图书,及时转赠到有需要的地区与群体手中。

四是图书馆开放社会参与,即让读者、公众、各种社会群体参与到图书馆的服务运营和管理中。主要实践包括参与事业单位法人治理改革试点,推进利益相关者参与图书馆管理。广州图书馆于2012年成为广州市第一批事业单位法人治理改革试点单位,组织图书馆理事会并进行运作,其后成为广东省试点单位和国家联系单位。图书馆理事会充分体现利益相关方参与的原则,以"三三制"原则即社会需求方、政府保障方、图书馆运营方三方代表参与组建。其中,社会需求方包括基本服务层面、深化服务层面、地方历史、文化艺术、图书馆领域代表各一人;政府保障方包括文化主管部门、编制部门、人事部门、财政部门、人大教科文卫部门代表各一人;图书馆运营方包括行政、党务、业务、工会与职工代表等各一人。广州图书馆理事会将会持续发展,推进利益相关方参与图书馆管理的指导思想也不会改变。

广州图书馆通过与社会的双向参与,获得了良好的效果:通过对公共文化活动的参与,越来越成为城市的文化中心;通过开展群体活动,已与80多个群体、组织、机构建立合作伙伴关系,获得越来越大的群体影响力;而个人、群体对图书馆资源、服务、活动及管理的参与就是图书馆最好的阅读推广和服务营销,并将社会需求直接与图书馆的经费、人力等资源配置与业务工作重点联系起来。

5 立法驱动理念

只有立法驱动,才有可能解决公共图书馆服务体系建设中最为核心的制度创新问题;只有相关主体充分参与并支持,才有可能建立"良法"保障。

广州图书馆于1990年与白云区竹料镇政府合作建立第一家联合图书馆,在全国图书馆界率先探索与社会力量合作推进社区服务。此后在整个20世纪90年代与街镇政府、学校、部队、监狱等主体合作建立联合图书馆逾30家。但从20世纪90年代末开始,广州图书馆认识到在技术层面推进服务体系建设难以为继。同一时期全国各地相继开始了服务体系建设探索,形成了政府主导、行业主导、多主体合作等多种模式。期间全国各地先后制订5部地方图书馆法。但毋庸讳言,截至2014年,尚无一部地方立法实现实质意义上的基层图书馆服务保障,更未涉及管理体制创新。广州市从2001年开始尝试制订政府规章或部门规范性文件,2006年起推动地方图书馆立法,2012年重启立法。图书馆界抓住政府驱动以及业界、学界、政府、人大都高度重视的机遇,全力推进立法工作,以最高层面保障实现服务体系建设目标。

从服务体系建设角度看,《广州条例》的核心作用有两个:一是将公共图书馆服务保障水平提升到街镇层面,并规定馆舍建筑面积、基础藏量、年新增藏量、工作人员配备等四项要素投入量化标准,到2020年实现常住人口约8万人拥有一座公共图书馆(分馆)、人均拥有3册公共图书馆藏书、年新增0.2册的目标;二是实现管理体制创新,建立体系化发展模式,这是《广州条例》作为地方立法最为本质特征的体现。《广州条例》突破现行政管理层级限制,对体制机制进行重新设计,总体上构成以一个体系、两级主体、三级设施、四级服务为特征的体系化建设、管理与服务模式。具体包括：

（1）全市公共图书馆建立中心馆—总分馆体系，以广州市政府设立的广州图书馆为中心馆，各区图书馆为区域总馆，镇、街道公共图书馆为区域分馆。

（2）市、区两级政府负责建立全市公共图书馆体系，市政府负责设立本级图书馆，区政府负责建设区和镇、街道公共图书馆，建立区域范围内公共图书馆总分馆体系，并因地制宜推进村、社区等延伸服务网点建设，即镇、街道、村、社区图书馆（屋）、服务网点建设主体全部上移至区政府。

（3）对中心馆、区域总馆、镇街分馆的职责进行明确分工，赋予中心馆指导和统筹协调全市公共图书馆业务的职责，包括制订业务标准、服务规范，建设通借通还、信息化管理系统和数字图书馆三大平台，全市工作人员专业化培训等；赋予区域总馆对区域内公共图书馆完全管理职责，包括人、财、物要素资源的统一配置、业务标准与服务规范的统一制定、统一的文献信息资源采购、编目和物流配送等等；镇街分馆主要负责提供基本服务。

（4）政府保障标准设计体系化，即从体系而非个体图书馆作为立足点设计保障标准，四项保障标准分别按市、区两个层次作整体性规定，区域内只规定合计标准而不是个体标准[9]。

经过长达9年的公共图书馆立法实践，我们充分认识到，只有通过立法，才能建立明确地方政府保障责任的长效机制，才能通过各利益相关方充分博弈，建立起科学而可行的量化标准，为公众提供实质意义的投入与服务保障。尤其在制度创新上，更只有立法一途。人大作为地方最高权力机关，有权重新设计、创设行政管理体制，这是政府、行业等其他主体无法实现的。从广州市的立法实践看，《广州条例》之所以能成为一部"良法",确实是各相关主体共同努力的结果:市政府驱动地方立法并在自身保障责任的量化标准制订方面给予有力支持,政府主要领导和分管领导都先后参与协调工作;文化主管部门、法制部门协调各方,充分整合形成政府的明确意见;人大高度重视并以高度自觉,充分发挥制度建设的独特作用,使事业管理体制的创新终于实现;图书馆界整合行业力量,经过前期研究,提出立法的基本理念、目标和框架,广州图书馆则在整个立法过程中发挥枢纽作用,协调各方、结合实际、一以贯之加以落实,使立法机遇真正变成为一个立"良法"的机遇,而并非徒具立法形式上的意义。正因为《广州条例》有前述两个方面的突破,在我国全面推进依法治国的当下,我们有理由相信,覆盖到基层、作为公众基本文化权益保障的广州市公共图书馆服务体系将被真正建立起来。

6 区域共同体理念

利用所有资源尤其是区域资源推动图书馆发展,既是必要的发展策略,也是有效的发展路径,而业界、学界也需要通过充分合作实现共同发展。

本土化是与全球化相对应的概念,在经济社会文化各领域与全球化同样蔚为当今世界潮流。公共图书馆作为一项地方性的公共服务,在服务、支撑、保障等各层面都有众多的利益相关者。仅就支撑层面而言,所在区域的其他图书馆、教学科研机构等都是重要的合作伙伴,都是可以利用的社会资源。而从个体图书馆尤其城市图书馆而言,事业发展往往受到人才、文献信息源等多方面的局限,因此,充分利用本土行业资源成为事业发展的必要策略和有效路径。幸运的是,广州区域内各相关主体都抱持同样理念,形成合作共赢的区域共同体和共同发展的良好局面。广州地区的主要实践包括:

一是共同参与编纂《广州大典》。《广州大典》是旨在系统搜集整理和抢救保护广州文献典籍、传播广州历史文化的大型地方文献丛书，于2005年启动，历经10年，于2015年完成第一辑编纂工作。第一辑编成520册，收录民国以前广州历史上2000多位作者的4064种文献，成为1949年以来最大型的地方文献丛书。该大典的编纂完成是区域协作、行业协作的典范。表现在：（1）底本来源上，《广州大典》共征集国内外77家图书馆和私人藏书家珍藏底本，其中广东省立中山图书馆、中山大学图书馆共提供77%的底本。（2）编纂队伍组织上，广东省文化厅、广州市委宣传部牵头，由广东省立中山图书馆、中山大学图书馆、广州图书馆、广东省文物鉴定站、广东省方志办、广州出版社等相关单位人员组成编辑部。（3）底本征集工作上，由中山大学图书馆、广东省立中山图书馆和广州图书馆分别负责海外、国内和广东省内文献底本的征集工作。（4）研究支撑上，2012年设立"《广州大典》与广州历史文化重点研究基地"，由中山大学图书馆、广东省立中山图书馆、广州大学图书馆、广州图书馆共同参与基地建设，以整合资源、推动研究、培养人才。

二是协作研究、起草、制订和推广《广州条例》。《广州条例》立法历经9年，是国内第六部地方图书馆法，也是水平最高的一部地方图书馆法。立法进程中的区域合作体现在：（1）共同推进研究与起草工作。2006年5月，中山大学程焕文教授接受广州市委宣传部委托，主持开展"《广州条例》立法研究"项目和《广州条例》起草工作。课题组由学界、地区公共图书馆界、高校图书馆界专家组成，于同年底完成研究与起草工作。（2）共同参与制定《广州条例》。2012年广州市再次启动立法进程，由广州市文广新局负责起草，在局内成立立法工作领导小组和工作小组，广州图书馆和广州少年儿童图书馆派员以业界代表身份参与小组工作，中山大学程焕文教授、潘燕桃教授和广东省立中山图书馆刘洪辉馆长等以咨询专家身份全程参与。2014年年底完成广州市人大三审并获常委会全票通过，2015年年初经广东省人大常委会审定后颁布实施。

（3）共同参与立法宣传推广。2013年广州地区图书馆业界专家达成共识，于《广州条例》基本完成时，启动以研究为基础的宣传推广工作。2014年底，广州市文广新局委托中山大学潘燕桃教授牵头承担"《广州条例》解读"研究和推广课题，并于2015年8月完成。其后，由广州市图书馆学会、广州图书馆、中山大学图书馆与资讯科学研究所等共同组织"公共图书馆法治建设"学术研讨会。

从上述过程可知，《广州条例》能成为一部高水平的法律，与广州地区学界主持、业界参与的支撑研究密不可分；与广州图书馆界全程参与、极力争取与不懈坚守密不可分；《广州条例》也成为我国地方立法后系统开展宣传推广的一个典范，也得益于广州地区学界专家的大力支持。可以说，广州地区学界业界紧密协作、全程参与，成为广州市地方图书馆立法的鲜明特点之一，也使得学界所研究和倡导、业界所认同和践行的现代图书馆基本理念能够在图书馆法中得到高度体现。

三是馆校合作研究制订发展规划。2009—2010年广州图书馆与中山大学资讯管理学院合作制订发展规划，以充分利用学校雄厚的科研力量、丰富的项目经验、立足本土的地域优势及长期的友好合作关系。工作历时11个月，分研究、草拟、修改完善以及论证和修改审定三个阶段，经读者与市民问卷调查、三轮专家研讨以及公众意见征询和广州图书馆职代会审议后定稿。2015年，鉴于"十二五"规划的制订与实施整体效果显著，广州图书馆与中山大学资讯管理学院继续合作编制"十三五"发展规划。

四是馆校合作培养公共图书馆人才。广州地区公共图书馆与中山大学资讯管理学院、图书馆等单位的全面合作始于2006年和2007年两届

"广州市图书馆专业人才高级研修班"。该班由广州市委宣传部主办,当时的中山大学资讯管理系承办,广州图书馆和中山大学图书馆等协办;共有72名来自广州地区公共图书馆的管理人员和业务骨干参与培训。当时正是我国"新公共图书馆运动"热烈讨论与传播之时。广州市公共图书馆在快速发展起步期举办的"广州市图书馆专业人才高级研修班"为事业发展奠定了理念基础和干部基础。2012年广州图书馆与中山大学资讯管理学院签订3年合作协议,采用多样化方式培养人才,包括合作组织馆员继续教育项目、培育科研团队项目,2015年起联合培养"图书馆管理与服务"方向图书情报专业硕士。

五是合作开展社会需求调查。2012—2015年,广州图书馆委托中山大学资讯管理学院每年开展一次城市公共图书馆服务与读者阅读行为调查,以需求为导向,不断完善公共服务。2014年底至2015年初,广州图书馆与中山大学项目团队合作,就贯彻实施《广州条例》相关的街镇公共图书馆建设需求与建设路径问题等进行调查。

此外,为配合区域一体化的推进,广州、佛山、肇庆三地图书馆学会从2010年起合作开展年度学术交流活动,合作开展"广佛同城背景下公共图书馆服务体系整合研究"等课题研究,促进了三地公共图书馆事业的交流合作。

参考文献:

[1] 程焕文. 岭南模式:崛起的广东公共图书馆事业 [J]. 中国图书馆学报,2007(5):15—25.

[2] 程焕文,潘燕桃,张靖. 图书馆权利研究 [M]. 北京:学习出版社,2011:1.

[3] 国务院. 国家基本公共服务体系"十二五"规划 [EB/OL]. [2012-07-11]. http://www.gov.cn/zwgk/2012-07/20/content_2187242.htm.

［4］国际图联，联合国教科文组织. 公共图书馆宣言（1994）［M］//公共图书馆专业委员会. 国际图联/联合国教科文组织公共图书馆服务发展指南（中文版）. 林祖藻，译. 上海：上海科学技术文献出版社，2002：99.

［5］程焕文. 全面履行政府的图书馆责任充分保障市民的图书馆权利［J］. 图书馆论坛，2015（8）：6—8，5.

［6］［8］彼得·德鲁克. 管理：使命、责任、实务（实务篇）［M］. 王永贵，译. 北京：机械工业出版社，2015：182，82.

［7］李华伟. 现代化图书馆管理［M］. 台北：三民书局，1996：37—49.

［9］方家忠. 保障促进规范提升——论地方立法对广州市公共图书馆事业的作用［J］. 图书馆论坛，2015（8）：14—21.

保障　促进　规范　提升

——论地方立法对广州市公共图书馆事业的作用

【摘　要】《广州市公共图书馆条例》的颁布实施是广州市公共图书馆发展史上划时代的事件。文章将该条例对广州市公共图书馆事业的作用归纳为保障、促进、规范、提升四方面，即明确政府责任，保障要素投入；创新制度设计，促进根本发展；明确服务原则，规范公共服务；顺应时代要求，提升发展水平。

【关键词】广州市公共图书馆条例；地方立法；公共图书馆事业；广州

推动事业发展进入法治化轨道是广州地区图书馆行业长期以来的奋斗目标。2006年广州市以社会科学规划研究课题的形式启动地方立法研究和立法进程。2012年再启立法程序，2015年1月完成制定《广州市公共图书馆条例》[1]（以下简称"《广州条例》"）的全部程序并予以公布施行。《广州条例》针对现实需求和问题，着力解决了决定公共图书馆事业发展水平的政府保障责任问题，同时在公共图书馆体系化发展的制度设计上取得可喜突破，对关系公共图书馆事业发展的其他方面做出了比较全面的规定，可谓是一部具有实质意义的"良法"。

立"良法"为谋"善治"申民权。如果说真正的社会贫困是公民权利的贫困，真正的社会发展是公民权利的发展的话，《广州条例》的颁布实施在广州市的社会发展和现代化建设层面上具有重大的宣示意义，它标志着广州市的基本公共服务、公共图书馆服务正迈向公民权利保障的时代。同时，由于《广州条例》内容的先进性，作为中共十八届四中全会全面推进依法治国以来的第一个文化立法，《广州条例》在全国层面也具有非常积极的宣示意义。《广州条例》的颁布实施是广州市公共图书馆发展史上一个划时代的事件，它对广州市公共图书馆事业的作用可以归纳为保障、促进、规范、提升四个方面。

1 明确政府责任，保障要素投入

1.1 定位基本公共服务，明确政府主体责任

作为公益性的基本公共服务，公共图书馆事业发展、服务保障的关键在于政府主体责任的落实，从这个意义讲，政府保障责任是地方公共图书馆立法需要解决的首要问题。

长期以来，我国对公共图书馆事业的定位都是公共文化事业的一个组成部分，以及公益性文化与社会教育事业。2012年国务院颁布实施的《国家基本公共服务体系"十二五"规划》首次将公共图书馆服务纳入基本公共服务范围，进行了明确的界定："基本公共服务，指建立在一定社会共识基础上，由政府主导提供的，与经济社会发展水平和阶段相适应，旨在保障全体公民生存和发展基本需求的公共服务。享有基本公共服务属于公民的权利，提供基本公共服务是政府的职责。"[2]《广州条例》第一次在地方法规层面对公共图书馆服务予以基本公共服务定位。《广州条例》第一条"立法目的"开宗明义："为促进公共图书馆事业发展，满足公众对知识、信息及相关文化活动的需求，实现与保障公众的基本文化

权益……"其中"实现与保障公众的基本文化权益"即实质上界定了公共图书馆作为基本公共服务的新定位。

《广州条例》关于新定位的内涵体现为：公共图书馆服务由政府主导保障，由公共财政支持，覆盖所有常住人口，以均等化、标准化作为保障目标，并界定公众权利的具体内容。《广州条例》规定公共图书馆用户享有三项基本权利：平等获取信息和知识，免费、平等获得公共图书馆基本服务，向公共图书馆或者文化行政主管部门提出建议和意见。

1.2 服务保障目标从区级提升到镇街一级

按照我国的制度设计，在区、县以上行政区域设立独立建制的公共图书馆，区、县以下镇、街道图书馆（室）和村、社区图书室依附于文化站（室）而设。从1994年开始，文化部每四年一次对区、县以上公共图书馆开展评估定级工作，逐步提高公共图书馆的专业化服务与管理水平，但镇、街道以下图书馆（室）的硬性指标要求则或付之阙如或规定粗疏，即镇、街道层次服务并未纳入实质性政府保障范围，发展较为随意。其结果是镇、街道图书馆（室）除了小规模的场地和少数质量参差的藏书外，多无常态化投入，总体上处于无门进、无人管、无新书、无读者的状况，可谓形同虚设。目前广州市平均每个镇、街道常住人口近8万人，已汇聚了相当规模的阅读需求，同时广州市的经济总量已与我国香港、新加坡处于同一水平，人均GDP已超过2万美元，按世界银行的标准，总体上进入了中等发达地区的水平。也就是说，在广州这样的城市，社会有需求、政府也有能力把公共图书馆服务保障水平提升一个层次。

《广州条例》将发展保障目标定位到镇、街道一级。各项政府投入保障标准全部按区和镇、街合计的形式予以明确，发展保障目标定位在镇、街道层次，即定位于常住人口约8万人拥有一座公共图书馆（分馆）、人均拥有 3 册公共图书馆藏书、年新增 0.2 册。从世界范围看，第一个目标低于美、英等主要发达国家，与我国香港等地区设置水平相当，第二、第三个目标则与发达国家平均水平相当。

《广州条例》为何不像国内部分地区那样，将发展保障目标、政府保障责任定位到村、社区层次？考虑因素有三：一是当今数字网络作为新型知识与信息交流媒介的迅猛发展、数字信息的海量增长、公众阅读方式的重大变化等，导致相当部分的社会阅读需求不再依赖于传统图书馆路径获得满足；二是作为基本公共服务，一定具有阶段性特征，公共财政保障水平的提升也需要一个过程；三是公共图书馆服务作为专业服务，其发展要遵循科学规律，体系建设需要专业支撑，向基层延伸需要上一层次服务的有力支持，没有发展充分的中心图书馆、区域总馆作为母体，就不可能延伸出专业的、有效率的基层服务。换个角度，如果《广州条例》指标化目标定位在村、社区层次，即要在广州充实建设约 2600 个村、社区图书馆（室）——这样的目标从单纯数字上可以超越世界上图书馆事业最发达的国家，但只要考虑国内外截然不同的人口聚集规模这个因素，就难以说是理性的。[3] 因此，至少就现阶段而言，《广州条例》对公共图书馆事业发展目标的设计既跨越了一大步，但同时仍然是务实的。

1.3 设立量化标准，保障要素投入

关于公共图书馆事业发展要素，从宏观层面，我国图书馆界最著名的观点有杜定友先生"书、人、法三要素"说，刘国钧先生"图书、读者、领导和干部、建筑与设备、工作方法五要素"说。在一个区域范围内，推动或制约公共图书馆事业发展的要素包括馆舍条件、信息资源配置、工作人员配备、经费投入等，也就是俗称的人、财、物。这些保障条件以地方性法规、政府行政规章、政府或工作部门规范性文件等形式

予以明确。《广州条例》依据《公共图书馆建设标准》、《公共图书馆服务规范》等规定了明确的量化保障标准：

一是规定市、区、镇街公共图书馆（分馆）建筑面积合计达到每千人47.5平方米以上，其中市级公共图书馆达到10平方米以上，区域总馆和镇、街道分馆合计达到37.5平方米以上。

二是规定图书馆纸质信息资源基本藏量和年新增藏量标准，总体上要求在2020年前达到广州市常住人口人均3册（件）、0.2册（件），其中市级达到1册（件）、0.06册（件）以上，区域总馆和镇、街道分馆合计达到2册（件）、0.14册（件）以上。

三是从数量、质量两个方面对工作人员配备予以规定。规定市、区政府按照服务常住人口1万—1.5万人配备1名工作人员；公共图书馆新进管理人员和专业技术人员应当具备大学本科以上学历和相应专业知识与技能；图书馆还应建立和健全工作人员业务培训和继续教育制度。

《广州条例》作为国内第一个系统贯彻落实《公共图书馆建设标准》、《公共图书馆服务规范》的地方立法，还有内在的两方面信息值得强调：一是《广州条例》是对国家标准规范的系统落实，因此各量化指标之间的相关性、要素保障的整体性得到了充分的考虑，保障标准具有系统性、科学性的特点；二是所依据的国家标准规范虽已颁布实施，但实际上并未在全国或地方层面得到很好的落实，因此，《广州条例》中的规定在国内仍然是高标准。

1.4 系统规定的其他保障事项

《广州条例》基于系统思维，针对存在的问题，原则性地规定了其他保障事项，包括：

一是要求市、区政府将公共图书馆事业纳入整体发展规划和年度工作计划，保障经费投入，明确要求经费保障预算化、预算经费项目化，包括设施、设备、人员、文献信息资源、图书馆运行与维护等方面的费用。目前的实际状况是，尚有部分区一级图书馆无专门的经费预算，专项经费预算更是普遍缺乏，而镇街图书馆（室）则基本无常态化的经费预算保障。

二是要求市文化行政主管部门会同发展改革、规划、国土行政管理等部门编制公共图书馆事业建设规划，提供规划尤其是土地利用规划保障。在当今城市化快速发展的阶段，建设土地预留是关系设施体系完善的基础性问题。

三是要求公共图书馆选址在人口集中、交通便利、市政设施配套良好的区域，对已建成但不符合规定的，要求政府逐步予以完善。选址问题关系服务便利与否和公共财政投入绩效的好坏。

四是在设施建设方面，对与其他文化设施合建的图书馆（室），要求满足图书馆使用功能和环境要求，自成一区，设置单独出入口。目前镇街图书馆（室）普遍附设于文化站内，达不到独立运行、服务的要求，因此《广州条例》的这一要求具有强烈的现实针对性，也为《广州条例》在镇街层面的贯彻实施、为镇街图书馆（室）的专业化改造提供了明确的路径指引。

五是要求任何单位和个人不得擅自拆除公共图书馆（室）或改变其使用功能、用途。这一规定针对的问题在现实中也是普遍存在的。

2 创新制度设计，促进根本发展

2.1 重新设计管理体制与运行机制，建立体系化发展模式

我国公共图书馆的现行管理体制是一级政府建设和管理一级图书馆，各图书馆独立运营，其结果是条块分割、效能低下。《广州条例》突破现行行政管理层级限制，对体制机制进行了重新设计，总体上构成以一个

体系、两级主体、三级设施、四级服务为特征的体系化建设、管理与服务模式，这是《广州条例》作为地方立法最为本质的特征。主要体现在：

一是全市公共图书馆建立中心馆—总分馆体系，市政府设立的广州图书馆为中心馆，各区图书馆为区域总馆，镇、街道图书馆为区域分馆。

二是市、区两级政府负责建立全市公共图书馆体系，市政府负责设立本级图书馆，区政府负责建设区和镇、街道图书馆，形成区域范围内公共图书馆总分馆体系；要求区政府因地制宜推进村、社区等延伸服务网点建设，而相关主体提供场地、配套设施设备等支持，即镇、街道图书馆，村、社区图书馆（室），以及服务网点建设主体由传统的镇政府、街道办事处和村委会、居委会等统一上移至区政府。

三是对中心馆、区域总馆、镇街分馆的职责进行明确分工。赋予中心馆指导和统筹协调全市公共图书馆业务的职责，包括制定业务标准、服务规范，建设通借通还、信息化管理系统和数字图书馆三大平台，承担全市图书馆工作人员专业化培训等；赋予区域总馆对区域内公共图书馆实行完全管理的职责，包括人、财、物要素资源的统一配置，业务标准与服务规范的统一制定，统一进行文献信息资源采购、编目和物流配送；而镇、街道分馆则主要负责提供基本服务。

四是政府保障标准设计体系化，即从体系而非个体图书馆作为立足点设计保障标准。四项保障标准分别按市、区域两个层次作整体性规定，区域内只规定合计标准而不是个体标准。这是政府保障制度的一大变化，也是在立法过程中逐步形成的。

五是明确了少年儿童图书馆在全市公共图书馆体系内作为中心馆、区域总馆的专业性分馆的地位。

六是要求公共图书馆与其他各类图书馆建立资源共享与联合服务体系，其中尤其值得关注的是倡导少年儿童图书馆推进与中小学校图书馆的合作。

2.2　创新激励机制,鼓励社会力量参与公共图书馆建设

随着经济的发展,社会力量越来越热心于公益事业。为引导和扶持社会力量有序参与公共图书馆建设、将社会资源引入公共图书馆公益服务,《广州条例》作出了相应规定,包括针对社会力量难以集中的问题,《广州条例》明确政府可以发起设立公共图书馆发展社会基金,同时鼓励社会力量依法设立基金或向相关基金进行捐赠,从而将分散的社会力量集中起来,形成规模效应[4];鼓励国内外各种主体以捐赠资金、文献、设施、设备等各种形式支持公共图书馆的发展,兴办公益性图书馆,提供公益性阅读服务,政府的引导措施包括税收优惠、捐赠人名字命名、公共图书馆出具相应凭证、编制目录并向社会公布;要求公共图书馆建立常态化志愿服务机制,以吸引志愿者、志愿者组织参与公共图书馆的日常运行与服务等。

2.3　推进治理模式创新,促进公共图书馆管理社会化

建立现代治理结构,理顺政府与社会关系,保障公共机构依法独立运作,激发公共机构活力,提升服务保障水平是近年来我国事业单位深化改革的核心内容之一,中共十八届三中全会进一步将其明确为当前全国性的改革任务和要求。当前有关的治理模式、路径等尚处于探索过程之中。《广州条例》要求市、区政府推动公共图书馆建立和运行法人治理机制,建立和完善理事会等法人治理机构,吸纳专业人士和市民等利益相关者代表参与管理;规定公共图书馆可以购买服务,吸纳社会组织参与运营管理;要求公共图书馆建立信息资源采购咨询制度,征求社会各界意见;要求公共图书馆主动接受社会监督,收集用户意见,完善用户交流机制;建立第三方评估机制,吸引社会力量参与公共图书馆考核等。

2.4　创新推广手段,营造社会氛围

公共图书馆服务的主要目标之一在于推广全民阅读,而推广阅读需

要适当的手段和社会氛围。《广州条例》的相关规定包括：以品牌性、全市性的活动作为推广手段，并且充分利用、整合各种主体、各种资源、各种活动进行传播推广，因此规定每年"世界读书日"所在的4月作为"广州读书月"；阅读推广主体则在传统的公共图书馆为主的基础上，强调文化行政主管部门的主导和参与；要求建立统一的形象识别系统，并将该系统纳入路标、路牌、公共交通等城市公共标志体系，以建立标识、规范标识、便利指引为基础，提高服务"能见度"，进而达到营造氛围、推广阅读的目的。

3 明确服务原则，规范公共服务

《广州条例》对公共图书馆服务进行了系统的规范，包括服务原则、基本服务范围、多样化服务（个性化服务、远程服务、延伸服务等）、推广阅读、服务时间、服务公示、用户信息保护等。这些内容主要体现在第四章"公共图书馆的服务"的有关条款中。

（1）规定公共图书馆服务原则。《广州条例》规定了普遍、平等、免费、开放、便利五项原则，主要意义包括：以普遍设置公共图书馆设施为前提的惠及所有市民的普遍服务；对任何个体、群体平等服务，对不便利用公共图书馆的群体还应采取措施，保障其享受平等服务的权利；免费开放公共图书馆设施，免费提供基本服务；提供各类型资源尤其是文献信息资源的开放服务，以保障用户自由获取、利用知识与信息的权利；采取尽可能便利的手段和技术措施提供服务，包括远程服务、延伸服务、流动服务。

（2）明确适用于各种层次、规模的公共图书馆（分馆）的基本服务范围。《广州条例》规定的范围包括：一是文献信息资源的阅览、外借、查询、参考咨询等传统服务。基于《广州条例》对文献信息资源概念的界定，对这一规定的准确理解应既包括传统资源、媒介、手段，也包括新资源、新媒介、新手段，即数字图书馆服务也是基本服务。二是反映时代发展要求的新服务和公共活动。对应公共图书馆作为政府公共信息查询渠道的有关规定，要求提供政府公开信息查询服务；将近年来越来越受重视的全民阅读推广活动和信息素养教育、公益讲座、展览、培训等各种活动形式纳入基本服务范围；要求提供公众学习、交流和公共文化活动的空间、平台，这将促使公共图书馆逐步发挥作为城市与社区文化中心的作用。从上述界定对比2011年发布的《文化部、财政部关于推进全国美术馆、公共图书馆、文化馆（站）免费开放工作的意见》，可以看出，《广州条例》基于广州市的社会经济发展水平，规定公共图书馆基本服务的水平高于全国水平，有着更为丰富的内容[5]。《广州条例》的实施将推动广州市公共图书馆提升服务保障水平，开展更为多样化的服务和活动，这将非常有利于公共图书馆在新时期适应新环境，满足新需求，实现新发展。

《广州条例》规定了有条件的公共图书馆开展专题、个性化、多样化服务的范围，这些公共图书馆主要指区域总馆以上层次的图书馆。要求所有公共图书馆应当为用户提供必要的数字服务空间和设施设备，这实际上强化了对公共图书馆提供数字化网络服务的要求。

公共图书馆提供的公益服务包含免费服务和非营利性成本服务两方面。《广州条例》规定公共图书馆提供的基本服务应当免费，同时也明确公共图书馆提供文献复制、打印、专题信息服务等，可以收取适当的成本费用。这一规定既界定了公共图书馆免费服务的范围，同时也明确了公共图书馆提供的部分服务可以收取成本费用。可以收取成本费用的服务主要针对部分用户及群体利用而非大众普遍利用的服务。《广州条例》强调，公共图书馆不得将场地用于出租或举办与图书馆功能和服务无关的商业性活动。

（3）规范各层级公共图书馆开放服务的时间。其中关于国家法定节假日的开放时间，《广州条例》并不一味要求公共图书馆延长，而是规定各图书馆可以根据实际情况适当延长或缩短。这是一种基于实际、符合图书馆服务规律、融汇了绩效管理理念的理性规定。

（4）关于图书馆开放服务。《广州条例》规定公共图书馆不得自行限制公众对文献信息资源的利用，同时规定对古籍等特殊文献，公共图书馆可以采取保护措施，提供保护性使用。这一条款的侧重点在于保障信息自由原则在公共图书馆得以实现。

（5）关于特殊服务。《广州条例》规定公共图书馆应当为老年人、残障人士等特殊群体提供设施、设备、文献信息资源等方面的便利服务，包括提供阅览专区与专座、专用电脑与软件、轮椅、放大镜、大字本等。这一规定的实质是保障这些群体享有平等利用公共图书馆资源与服务的权利。相关群体还包括因老弱病残等不便出门的人士、住院病人、监狱服刑人员等。

4 顺应时代要求，提升发展水平

4.1 提升数字化发展水平

我国公共图书馆近年来主要的发展方向可以概括为体系化、数字化、专业化、社会化等四个方面。体系化、社会化方面如前所述，是《广州条例》重点促进的领域。数字化发展也是立法过程中各相关主体关注的重点内容，毕竟互联网对民众的生活、工作、学习方式已经造成广泛深入的影响，令公众阅读、获取知识与信息的方式出现重大变化。《广州条例》主要从数字信息资源的建设与共享、数字化服务等方面予以规定。关于资源建设，《广州条例》规定：公共图书馆应当加强数字信息资源建设；应当加强数字信息资源共建共享；应当充分利用网络技术，摆脱传统纸质文献服务对总分馆体系的路径依赖，实现数字信息资源为全市公共图书馆用户共享，而这一主体责任由中心图书馆承担；区域总馆可以根据自身条件与需求，建设特色资源，并与中心馆网站链接以实现共享；区域分馆只提供服务，不承担资源建设职责。关于数字化服务，《广州条例》要求：公共图书馆应当充分利用互联网、智能手机等新媒介，积极拓展、提供各种新服务业态、个性化服务；公共图书馆内应当设置电子阅览室、信息技能学习区、信息共享空间，以及配备计算机、移动阅读设备、有线与无线网络等设施设备，为公众服务。

4.2 提升专业化发展水平

提升公共图书馆服务水平与效能的根本因素在于专业化水平，包括服务、管理、人才、信息资源等各个方面。《广州条例》规定的相关条款有10条之多，涉及的内容有：一是前述各层级图书馆的职责分工，这实际上也是专业化的主要体现之一。中心馆、区域总馆要在服务体系中履行相应的管理职责，提供基本服务，并开展各具特色、深化的专题服务和多样化服务，而各分馆主要提供基本服务。二是馆员队伍的专业化。从任职资格和持续提升两方面予以规定。要求新进管理人员和专业技术人员具备大学本科以上学历及相应的专业知识与技能，并要求开展持续的继续教育工作；要求市级公共图书馆馆长具备图书资料专业或相关专业的高级专业技术职称与5年以上图书馆工作经验，要求区域总馆馆长具备图书资料专业或相关专业中级以上专业技术职称及至少3年以上图书馆工作经验。三是信息资源建设的专业化。建立出版物呈缴制度，要求在广州市登记注册的出版单位和各级人民政府及所属职能部门向公共图书馆呈缴出版物；要求公共图书馆加强地方文献的搜集、整理和保护；做好文献信息资源的保存与保护；遵守国家知识产权保护的法律法规，依法保护和合理使用文献信息资源；建设和维持高质量的文献信息资源馆藏，定期对馆藏进行甄选，及时剔除已失去时效性的信息、内容过时的馆藏或因破损严重无法再有效利用的馆藏。

4.3　构筑城市文化骨架，提升公共图书馆地位

一个时代有一个时代的文化，以及相应的基础性的文化传播形式。我国传统的唐诗、宋词、元曲和明清小说对应了各个历史时期的代表性文学艺术，四书五经等儒家经典构成了我国传统文化的主流，私塾教育则成为传统文化普及与传承的主要形式。西方工业革命以后发展起来的现代科学知识形成了现代文化的主流，相应地发展起职业化的学校、公共图书馆等现代知识普及与文化传播体系。

在城市的物质形态中，交通网络是其基础骨架，城市的各个组成部分通过交通网络形成一个相互协调、有机联系的整体；按照《雅典宪章》所划定的城市四大活动，即居住、工作、游憩与交通，交通网络是这四大活动现代化的基础。[6]引申来说，交通网络的好坏决定了城市物质形态的合理与否，交通网络的现代化水平决定了城市的现代化水平。按照同样的逻辑，试问：构成城市文化形态的基础骨架是什么？决定城市文化的现代化水平的文化形态是什么？

按照一般的经验认知，城市文化形态包括图书馆、博物馆、美术馆、科技馆、影剧院、书店、学校等。如果除去高度职业化的义务教育阶段的学校体系，则公共图书馆体系可用于构建城市文化形态的基础骨架。公共图书馆可以在内容上兼容或兼有其他各种文化形态，或形成有机联系的整体，它的发展水平决定了城市文化整体意义上的现代化水平。在发达国家和地区，公共图书馆体系已经在城市、社区中发挥着文化基础骨架的作用。

公共图书馆体系之所以能够发挥基础骨架的作用，原因在于其服务

具有包容性、基础性、标准化等特点。包容性是指其服务对象包括所有人、群体和阶层，其产品与服务（资源与服务）集合了各历史时期及当代所产生的所有知识门类，可以为公众的所有文化需求提供文献信息层次的基本保障，并提供多层次保障的可能性，在技术上具有公益、开放等保障包容性服务的传统与规范。基础性是指公共图书馆服务对应公众最基本的维持生存与发展、贯穿终身、须臾不可或缺的文化需求，即知识、信息、社会交流交往需求；相应的阅读行为是公众生活、工作、学习方式的一个基本组成部分，与所在地区的自然与历史禀赋、人口特征等无关。标准化是指其基本服务、技术方法已经达成广泛共识并经历充分的专业化发展，已形成系统的标准规范，可以规模化复制，在技术上具备按人口均衡布局、全区域建设的可行性。公共图书馆的上述服务特点决定其在城市文化构建中，应作为基础骨架而置于优先发展的地位；公共图书馆的建设应放在城市文化现代化的层面上去认识、规划和推动。这样一个基础骨架，既可以提供普遍均等的基本的文献、知识、信息服务，也可以为公众开展各种文化活动提供一个公共平台。

《广州条例》的颁布实施为建设公共图书馆网络这个基础骨架提供了最重要的政策保障。一旦这个包含了160个左右基础设施及数百个延伸服务点的网络建设起来，那么公共图书馆在城市文化中的作用和地位必将随之提升，广州市因"图书馆之城"建设，也必然在文化现代化、"文化名城"建设中往前跨进一大步，进入国内国际先进行列。

5 结语

立法永远是妥协与遗憾的艺术。由于行政体制差异、立法程序时间限制以及相关主体对一些问题尚未形成充分共识等原因，《广州条例》尚存以下主要局限：一是体系化发展模式为中心馆—总分馆体系，实现了广州市属各行政区范围内体系的完全整合，但未实现全市范围、市区两个层面的整合，尚不能形成效率最大化的、发达国家图书馆事业普遍采用的、完全意义上的总分馆体系模式；二是《广州条例》明确了镇街公共图书馆（分馆）的建设目标和标准，但对具体建设路径未予以明确，鉴于镇街现实基础的薄弱，预计《广州条例》实施中这将是一个重点、难点问题；三是《广州条例》以行政区为单元，对各区内区域总馆、镇街分馆的要素投入保障标准进行体系化规定，这赋予各区结合自身实际落实《广州条例》的弹性，但同时也存在技术上的漏洞，有可能因实施中的困难而被有意曲解，造成镇街图书馆分馆规模过小，不足以形成实质性的服务保障能力，使这一层次的服务保障目标落空；四是基于公共事业发展对行政体制的依附性，《广州条例》设定的全市常住人口人均拥有公共图书馆数量目标，系根据镇街一级行政性区划与服务人口两个基点设计并以前者为主导，与《公共图书馆建设用地指标》、《公共图书馆建设标准》等国家标准所采用的去行政化的、完全基于服务人口需求的设计相比，科学性有所削弱[7][8]。

整体而言，《广州条例》的颁布实施，使公共图书馆事业具备了法制化保障的形式，但要真正进入"良法善治"的实质性的法治化发展阶段，以及在实施过程中逐步解决立法阶段遗留的各种局限性问题，乃至不断完善立法，还需要各级党委、政府、人大、图书馆行业和社会各界的努力，还需要得到时间和效果的检验。从这个意义上讲，《广州条例》的颁布实施仍然只是推动广州市图书馆事业跨越式发展的第一步。

参考文献：

[1] 广州市人民代表大会常务委员会. 广州市公共图书馆条例［EB/OLD］. ［2015－05－18］. http: //www. rd. gz. cn/page. dopa＝2c9ec0233a0016bd013a00366ab30

059&guid=40c837feb34743aea02eb8d4a48913fc&og=402881 cd27e001000127e13e5c4d08ed.

[2] 中华人民共和国中央人民政府. 国务院关于印发国家基本公共服务体系"十二五"规划的通知（国发〔2012〕29号）[EB/OL]. [2015-05-18]. http://www.gov.cn/zwgk/2012-07/20content2187242.htm.

[3] 方家忠. 中美公共图书馆建设模式比较研究[J]. 图书与情报, 2010 (5): 28—32.

[4] 刘成忠. 广州立法创新图书馆管理服务机制[R]. 广州改革工作简报, 2014 (41).

[5] 文化部公共文化司. 文化部、财政部关于推进全国美术馆、公共图书馆、文化馆（站）免费开放工作的意见（文财务发〔2011〕5号）[EB/OL]. [2015-05-18]. http://www.mcprc.gov.cn/sjzz/ggwhsnew-sjzz/ggwhsnew-gzdt/201407/t20140704-434288.htm.

[6] 林树森. 广州城记[M]. 广州：广东人民出版社, 2013：141.

[7] 文化部公共文化司. 公共图书馆建设用地指标（建标〔2008〕108号）[EB/OL]. [2015-05-18]. http://www.mcprc.gov.cn/sjzz/ggwhsnew-sjzz/ggwhsnewjdgl/ggwhsnew jcpg/201403/t20140321_431493.htm.

[8] 文化部公共文化司. 公共图书馆建设标准（建标〔2008〕108号）[EB/OL]. [2015-05-18]. http://www.mcprc.gov.cn/sjzz/ggwhsnewsjzz/ggwhsnewjdgl/ggwhsnew_jcpg/201406/t2014061A 433909.htm.141.

试论推进地方图书馆立法的三个"必要性"问题

【摘　要】 文章从图书馆作为公共文化服务体系中基础和主体设施的实际作用、美国和中国的图书馆立法实践和图书馆作为"地方性事务"的性质等方面论述了推进地方图书馆立法中面临的立法的必要性、地方立法的必要性和建立地方性法规保障的必要性等三个"必要性"问题。

【关键词】 图书馆立法；地方图书馆立法；国家立法；地方性法规保障

2006年，广州市启动了图书馆立法进程，中山大学程焕文教授牵头的课题组承接广州市社会科学规划年度课题，起草了《广州市图书馆条例（草案）》。2007年，图书馆立法列入广州市人大立法预备项目。2008年，图书馆立法转入深化调研、完善阶段。2009年，项目被暂时搁置。2010年，据信这一项目将被再次启动。几年间，全国的地方性图书馆立法从8个增加到12个，国家图书馆立法工作也在紧张推进之中。笔者从2006年以来，先后参加科研课题组、市文化局立法小组、市人大立法调研小组的工作，全程参与了整个地方立法进程。在图书馆界与人大分管领导、教科文委、立法委等部门及与市文化局、法制办公室等有关政府部门交流的过程中，笔者深感有两个问题贯穿立法前期阶段，是人大代表、政府官员最关心、业界必须说明清楚的问题。笔者认为，这些问题在各地推进地方立法过程中带有普遍性。因此，在当前全国、广州、其他地方图书馆立法都在加紧推进的新形势下，有必要就这些问题进行梳理、交流。

1 为什么要立法？

目前，我国图书馆事业类型多样，管理体制分散多头、条块分割。在已有的地方性图书馆立法中，深圳、内蒙古和湖北省等立法的适用范围仅限于公共图书馆，北京则率先将适用范围扩大到各类型图书馆，广州的条例草案也是如此。世界各国的图书馆法在适用范围上大多是以公共图书馆为主，兼及其他各类图书馆。因此，不论是地方立法还是国家立法，也不论适用范围是否包括其他类型图书馆，图书馆法调节的主要对象无疑是公共图书馆。因此，我们首先必须阐明公共图书馆在公众社会生活中的作用。

1.1 公共图书馆用户群体无与伦比的包容性和作为社会基础与主体文化设施的作用

公共图书馆的用户是一个地区的所有社会成员，其用户群体具有极大的包容性，从年龄、职业、社会阶层、需求等各个角度看莫不如此。这一特点是公共图书馆区别于其他社会机构的重要特征，也是公共图书馆存在和发展的充分理由。而且社会越是分化，图书馆的这一特征和理由就越是突出和可贵。

在现代公共图书馆事业起源地的英国，公共图书馆持证用户占整个人口的比例，始终让图书馆界引以为傲。据于良芝教授介绍，根据英国图书情报统计中心的统计,自20世纪90年代中期以来,公共图书馆注册用户占整个英国人口的比例始终维持在60%左右,访问图书馆名列英国社会的第三或第四大娱乐方式。在当今英国社会中,没有其他机构拥有如此庞大的社会基础。[1]

而据美国博物馆与图书馆服务机构等调查,2006年63%的美国成年人拥有公共图书馆卡;每人每年访问公共图书馆4.8次;每人每年平均从公共图书馆借出7.3项资料。[2]

图书馆作为建立在一定经济基础和人文环境中的社会机构,其发展无疑具有阶段性的特征。但当我们考察处在不同发展阶段的图书馆事业时,我们发现,图书馆在社会的公共文化服务中都发挥着基础和主体的作用。因此,要推进公共文化服务的发展应首先抓好图书馆服务。以分别代表发展前期、发展中、发达图书馆事业的广州、香港和美国洛杉矶郡为例:

表1 广州、香港、洛杉矶郡公共文化服务效果、作用比较

地区	时间	文化机构	服务人口（万人）	持证读者（万人）/占服务人口比例	服务读者/观众量（万人次）
广州	2006	公共图书馆（14家）	975	60/6%	1687
		博物馆、纪念馆（31家）			384
		电影院、影剧院（42间）			409
		专业艺术表演团体（17个）			334
香港	06/07	公共图书馆（76家）	692	347/50%	511（仅中央图书馆）
		博物馆（19家）			402
		文化场地（15家）			501

(续表)

地区	时间	文化机构	服务人口（万人）	持证读者（万人）/占服务人口比例	服务读者/观众量（万人次）
		文化节目（6个）			240
洛杉矶郡	06/07	公共图书馆（89家）	367	281/76%	1195

资料来源：广州统计信息网/广州统计年鉴 2007 年 http://www.gzstats.gov.cn/TJSJ/TJNJ/20082394159.htm；香港康乐及文化事务署 http://sc.lcsd.gov.hk/gb/www.lcsd.gov.hk/b5/ppr_statistic_cs.Php；美国洛杉矶郡公共图书馆网站 http://www.colapublib.org/aboutus/info.html。

1.2 现代图书馆知识、信息、教育、文化等多元职能对保障民众基本文化权益的意义

在一个半世纪的发展历程中，现代图书馆先后承担和发展了普及民众教育、传播知识信息、促进阅读、保存文化遗产、维护信息自由和促进社会和谐、平等、包容等基本职能，逐步明确了图书馆作为知识和信息社会性传播的"制度性保障"的作用。二战结束后，基于对纳粹德国对民众思想控制的深刻反思，西方社会逐渐意识到公共图书馆对现代民主政治的意义。1949 年颁布的《联合国教科文组织公共图书馆宣言》第一次以超出图书馆界国际组织的名义认同了"公共图书馆是现代民主政治的产物"。维护信息自由，保障民众自由、平等地获取信息成为西方图书馆最基本的社会使命之一。

正是基于上述种种使命和职能，设立图书馆成为几乎所有现代文明国家一项基本的制度安排，并建立了相应的法律保障体系。据有关材料，目前世界上已有 60 多个国家和地区制订了 250 多部图书馆法规。1994 年的《公共图书馆宣言》宣称，"公共图书馆，作为人们寻求知识的渠道，为个人和社会群体进行终身教育、自主决策和文化发展提供了基本条

件";"坚信公共图书馆是传播教育、文化和信息的一支有生力量,是促使人们寻找和平和精神幸福的基本资源","建议各国和各地政府支持并积极参与公共图书馆的建设。"[3]过去十年,随着信息社会、终身学习、社会包容成为世界性主题,公共图书馆职能和使命在世界各国的政治话语和社会话语中都受到广泛关注。近年来,欧盟已经连续资助了多项与公共图书馆的社会和谐作用、终身教育作用相关的课题;2005年英国"社会排斥处"一份不足140页的报告中,就有7处提到了公共图书馆对社会包容及社会和谐的作用。[4]

在我国,党的十七大报告将包括公共图书馆在内的公共文化服务体系看作是保障人民群众基本文化权益的主要途径。而公共图书馆的几乎所有使命和职能都具有时代意义:图书馆可以通过提供教育资源和相关服务,改善公众的教育机会和就业能力,"促进人的全面发展";通过提供政务和社会发展信息,改善"人民的知情权",促进"公民政治参与"和社会参与;通过帮助公众(特别是弱势群体)查询有关公共服务和社会保障体系的信息,使他们有效享用"以民生为重点的社会建设"成果;通过提供开放友好安全的空间和平等的服务,充当社区中心域"居民第二起居室",促进社会和谐;通过保存和传播文化遗产,弘扬传统文化;通过培育阅读习惯,促进和谐文明风尚。[5]

再看当前我国对文化权益的界定。2007年6月16日召开的中共中央政治局会议研究加强公共文化服务体系建设,要求"切实保障人民群众看电视、听广播、读书看报、进行公共文化鉴赏、参加大众文化活动等基本文化权益"。2006年9月13日发布的《国家"十一五"时期文化发展规划纲要》要求完善公共文化设施网络布局,"以大型公共文化设施为骨干,以社区和乡镇基层文化设施为基础,优先安排关系人民群众切身文化利益的设施建设,加强图书馆、博物馆、文化馆、美术馆、电台、电视台、广播电视发射转播台（站）、互联网公共信息服务点等公共文化基础设施建设"。以上表述可以看作是当前我国对基本文化权益具体内容的注解。

可见，图书馆具有的知识、信息、教育、文化等多元社会职能，正好对应了民众基本文化权益的多方面内涵，图书馆职能的充分发挥对有效促进和保障民众基本文化权益的实现具有多方面的意义。

1.3 事业的快速发展和推动现代图书馆观念传播迫切需要图书馆立法

世界范围内图书馆发展的规律表明，图书馆事业的发展速度与走向迅速发展的契机，主要受到社会经济发展水平和国民受教育水平两个因素的制约。只有这两个社会性因素的综合指标达到一定高度后，图书馆事业的迅速发展才会真正启动。以日本为例，其战后经济起飞和教育复兴始于1950年代，而图书馆事业的真正迅速发展，起始于1960年代中期，此后持续了20多年的时间。李国新教授认为，目前中国的大城市和东南沿海地区，社会经济发展水平和国民受教育水平已经大体进入了可以支撑图书馆事业迅速发展的起步阶段。[6]

但我们也清楚地看到，在事业快速发展起步的阶段，与民众的阅读需求相比，与民众权利意识的迅速觉醒相比，各种矛盾与问题也更充分地突显了出来。以广州地区为例，主要表现在：一是图书馆总体服务保障水平较低，基层图书馆尤其是街镇、村、社区图书馆（室）不发达，拥有独立建制的县级以上图书馆的数量太少，总体投入和保障水平较低，远远不能满足社会公众日益增长的阅读需求，不能保障公众的文化权益。二是发展不均衡，图书馆规划建设和服务等方面缺乏科学标准，公共图书馆的资源配置和服务保障极不平衡。这种不平衡又主要表现在城乡差别、城区间差别、层级差别、资源反向集中配置等。其中尤其在设施建设方面，随着区、县以上图书馆新馆设施的大规模建设，公共图书馆资源配置进一步向城市中心区集中，资源配置不均衡的现象在一定时期内将进一步扩大。此外，随着事业的快速发展，传统管理体制的影响和束缚也越来越突出。[7]

《广州市图书馆条例（草案）》科研课题组列举出五个急需立法解决的问题：（1）缺乏物质条件的保证。经费不足是困扰图书馆事业发展的一个大问题。（2）图书馆的规划建设等方面缺乏科学标准，布局不均衡。(3）图书馆的现代化程度不够，影响了本市信息化的发展。（4）图书馆工作人员的素质制约图书馆服务水平的提高。（5）图书馆的服务不规范，公众利用图书馆的权利没有得到普遍重视。[8]

荣红涛认为，日本战后借助法律权威和力量推动现代图书馆观念传播的经验值得中国学习。日本与美国不同，其现代意义上的图书馆法律是在二战后日本经济尚未迅猛发展阶段就建立的，图书馆法律推动了现代图书馆观念在社会各界的传播，从而保证了日本图书馆事业紧跟经济发展甚至提前于经济发展而发展，避免了图书馆事业发展之于经济发展的一个10—20年的"滞后期"。[9]

因此，在当前事业快速发展的起步阶段，从立足解决一系列现实问题、理顺体制机制和各种社会关系的层面，从推进现代图书馆观念传播的层面，我们都迫切需要为事业的发展提供强有力的保障。在这个意义上讲，推进图书馆立法不仅必要，而且迫切。

2　在国家立法正在推进的大背景下为什么还要启动地方立法？

2.1　从美国的立法实践看，美国以地方立法先行，并建立了以地方立法为主体的详尽的法律保障体系

美国图书馆立法的历史以1956年为界，分前后两个阶段。前一阶段，只有各州立法。1849年，新罕布什尔州通过了美国第一个州的图书馆专门法。到1929年，有29个州相继产生州图书馆法，其中包括公共图书馆法、州立图书馆法与学校图书馆法等。1956年，美国国会通过《图书馆事业法》（有效期10年），1964年通过《图书馆事业与建设法》，1965年先后通过《初等与中等教育法》、《高等教育法》、《医学图书馆援助法》等法案。1965年的前两个法案与学校图书馆及大学图书馆密切相关，尤其是《初等与中等教育法》规定，联邦政府为各州的公私立中、小学校采购图书、教科书和其他教学资料提供资金，州或地方无需支付这些经费。这对学校图书馆成为当前美国图书馆行业中最大的群体意义重大。

当前现行有效的联邦一级图书馆专门法是《博物馆与图书馆服务法2003》，它是在1996年版本的基础上修订而来。法案共5章（26条），依次为：总则、图书馆服务和技术、博物馆服务、全国图书馆与信息科学委员会、其他事项等。

而在州一级，以加利福尼亚州为例。据加州州立图书馆汇编的《加利福尼亚州图书馆法2009》，其现行有效的图书馆法和相关的法律规章为39项，另外还包括加州法院一系列判例的支持。[10] 该州现行图书馆法律法规见下页表2：

表2　2009加利福尼亚州图书馆法目录

A. 州图书馆项目	C. 组织和提供服务的其他方法
州图书馆	共同行使权利
加州行政法规（第5章）	公民投诉法（1997年）
加州图书馆服务法	MELLO-ROOS社区设施法（1982年）
加州图书馆扫盲服务项目	非营利公益团体法

（续表）

加州图书馆服务法规章	
加州图书馆法	D. 影响图书馆之税收条款
加州图书馆法规章	财产税收入分配
公共图书馆财政	收入与课税法令 197（Sections 99 – 99.2）
图书馆债券法（2000年）	为图书馆目的的财产税免除
图书馆债券法（2000年）规章	特别税
图书馆债券法（2000年）规章、建筑标准	
加州图书馆建设与翻新债券法（1988年）	E. 其他条款
特殊图书馆	（州立图书馆馆长等）州长提名
（州政府出版物、报纸、教科书等）资料分布	针对图书馆的犯罪
加州公民民主公共教育法	公共记录法（图书馆记录保护）
加州土著美国人公共教育资助项目	RALPH M. BROWN 法
	州支持项目的不歧视
B. 地方图书馆项目	作为救灾工作者的公共雇员效忠宣誓
郡免费图书馆	郡历史记录委员会
郡法律图书馆	合作学校公共图书馆设施的租用与购买
自治市图书馆	
图书馆区	F. 附录
学校图书馆	加州法院判决/总检察长意见
学校区公共图书馆	
非合作区域图书馆区和博物馆	

上表是加州法律法规和政府规章中直接规范和影响州内公共图书馆、州立图书馆运作和图书馆之间协作组织的部分。可见，公共图书馆服务作为地方性事务，在州层面的图书馆立法已经非常完备。在美国的图书馆立法中，州层面的地方立法占据着绝对主体地位。

2.2 从中国的立法实践看，图书馆领域的立法由地方立法、系统立法起步

1996年以来，深圳（1996年）、内蒙古（2000年）、湖北（2001年）、北京（2002年）四地先后制定了图书馆条例，上海（1996年）、广西（2000年颁布，2008年修订）、河南（2002年）、浙江（2003年）、乌鲁木齐（2008年）、楚雄（2008年）、山东（2009年）、江苏（2009年）八地先后出台了图书馆管理政府规章。还有几件国务院行政部门或地方政府行政部门颁布的规章，如教育部《普通高等学校图书馆规程》（1987年）、《中等专业学校图书馆规程》（1997年）、《中小学图书馆（室）规程》（1991年）、浙江省卫生厅《浙江省医院图书馆（室）规程》（1997年）等。2001年，全国性的图书馆立法工作启动。2002年，中国图书馆学会设立知识产权和图书馆法律专业委员会，推进图书馆立法研究工作。总体来说，图书馆立法的"地方先行"、"系统先行"，成为当前我国图书馆法治建设的重要特点之一。2007年以十七大报告为标志，我国的文化建设以公众文化权益保障为特征，进入了一个新的时代，这赋予了图书馆立法以新的意义和高度。

笔者还想强调，在我国图书馆立法不属于国家专属立法权范畴，虽然国家启动了立法进程，但各地从文化发展的角度急需先行立法规范。从20世纪90年代以来发达国家和我国的立法实践看，在经济和社会发展突飞猛进的时代，国家立法很多只能趋向于原则性问题，无论是联邦制还是单一制国家，地方立法都大有扩展之趋势。在我国，由于处在现代

化发展进程之中和社会转型时期，区域经济社会发展很不平衡，因此，地方立法尤其具有现实意义。

2.3 图书馆立法对地方文化立法、文化建设具有指标性意义

目前我国的文化立法整体上比较薄弱，有关文化立法的研究成果也不多，因此图书馆立法对地方文化建设别具指标意义。据统计，目前我国已经制定的文化法律、法规、规章和规范性文件共900余件，真正意义上的文化法典只有一部《文物保护法》。国务院行政法规有《文化体育设施条例》、《音像制品管理条例》、《出版管理条例》、《电影管理条例》、《营业性演出管理条例》、《娱乐场所管理条例》、《互联网上网服务营业场所管理条例》、《广播电视管理条例》、《印刷业管理条例》等60件；在国务院部门规章及规范性文件中，有文物管理、文化娱乐类法规228件，新闻出版类法规449件，影视类法规181件。此外，各地方人大和政府根据实际情况，制定了一系列执行国家法律、行政法规的地方性法规和行政规章。[11]

很明显，与市场经济领域法律体系已基本完善的现状相比，我国的文化立法还处在初级阶段，立法数量明显不足，效力层次偏低，公共文化事务和规范文化行为方面的法律法规十分欠缺。文化事业的许多重要领域，如社会文化、专业文艺、文化产业、对外文化交流等方面，还没有脱离无法可依的状态。文化法律法规的创制大大落后于文化社会活动和文化社会关系的实际，与我国文化事业的迅速发展和与推进文化事业大发展大繁荣的目标要求极不相称。各地方的文化立法工作在总体上也是一样。另从立法技术的层面看，我国宣传文化领域的公共服务往往兼具意识形态属性和文化属性，相对而言，图书馆领域的文化属性更多一些，国内国际可以援引的法律很多，比较容易凝聚社会共识，立法相对容易一些。因此，图书馆立法正可以作为地方文化立法的抓手和突破口

之一。可以说，在各地文化建设中，无论是从推进公共文化服务的角度，还是从推进文化立法的角度，图书馆立法都应该置于一个优先的位置。

3 为什么要建立地方性法规保障而不是行政保障？

换言之，图书馆立法为什么要选择人大立法保障，而不是政府规章（行政）保障？

严格地讲，按照我国法律的界定，立法保障分为人大立法的地方性法规和政府立法的政府规章两个层面的保障形式，而不是一般所理解的仅仅指人大立法保障。这涉及人大和政府的立法权限问题，有关的法律依据有《宪法》、《各级人民代表大会和地方各级人民政府组织法》、《立法法》、《行政许可法》、《行政处罚法》等。按照法律规定地方性法规和政府规章在立法主体、立法程序和法律效力上不同。从理论上讲，地方性法规保障是最有力的保障。但由于两者所调整的对象、内容和事项，在许多方面是相同或交叉的，在立法实践中，存在着具体界限容易混淆的问题，因此，需要针对实际情况作出客观的分析和判断。

《各级人民代表大会和地方各级人民政府组织法》第四十三条规定，省级人大常委会"在不同宪法、法律、行政法规相抵触的前提下，可以制定和颁布地方性法规"，第六十条规定，省级人民政府"可以根据法律、行政法规和本省、自治区、直辖市的地方性法规，制定规章"，但都没有指明各自立法事项的权限范围。在 2000 年颁布实施的《立法法》中，对地方性法规和政府规章立法事项的范围作的规定，为我们区分两者的立法权限提供了基本依据。但是，仍然存在着有些事项重复、有些事项难以界定的问题。比如根据《立法法》的规定，地方性法规和政府规章的立法权限，两者第一项都包括为执行法律、行政法规可以进行立法，而哪些应由人大制定地方性法规，哪些应由政府制定规章，法律并没有作出明确界定。第二项中规定的"地方性事务"和"具体行政管理事项"如何理解和区分，也没有作出明确的界定，这就给实际操作带来了困难。有关的专门研究成果也很少。

根据法律条文的规定和有限的研究成果，首先可以界定，"地方性事务"是指人大职权范围内与全国性的事务相对应的、具有地方特色的事务；"具体行政管理事项"包括：一是有关行政管理工作制度与程序方面的事项，包括办事流程、责任分工、工作规范等；二是有关行政机关自身建设的事项，包括公务员管理、工作纪律、廉政建设等；三是不涉及创设公民权利义务的有关社会公共秩序、公共事务或事业的具体管理制度。比较而言，地方性事务一般指本行政区域内的重大事项，具有全局性、根本性和长远性的特点；具体行政管理事项一般指行政管理中较为单一的事项，带有局部性、微观性和应时性的特点。根据法律规定，人大对地方性事务进行立法，可进行创制性立法，而政府对具体行政管理事项立法，只有遵循"根据"原则，无权创制新规范。河北省人大常委会研究室的研究进一步提出了区分地方性法规与政府规章立法权限的主要标准和相应的基本原则：即人大立法是决定和规范具有全局性、根本性和长远性的重大事项，具有决策性和创制性的特点，政府立法一般是为保证上位法和本级人大及其常委会决议的执行而制定的行政措施和程序，具有从属性、执行性和具体性的特点，一般无创制性立法。相应反映的基本原则是，必须符合人大统一行使国家权力的政治体制。[12]

根据上述基本观点和图书馆活动的特点，笔者认为，各地尤其是具有地方立法权的较大规模的市和省一级应在人大立法的层面去推进图书馆事业的发展，保障民众的基本文化权益。理由如下：

一是由于图书馆经费来源主要是地方税收和公共财政，图书馆具有保障民众基本文化权益的综合职能，以及图书馆庞大的社会基础，因此，图书馆是对地方文化发展有重大影响的事务，而不是具体行政管理事项，所以宜由人大立法。要通过立法，引导地方新一轮文化发展，充分发挥法律引导、调节、调整社会活动和社会关系的功能，营造事业发展的法治环境。

二是图书馆立法的根本目的是要维护和保障民众的基本阅读和文化权益，实现最大多数人的基本文化权利。党的十七大提出"让人民共享文化发展成果"，以人为本、民众本位观是法律精神、法律效力在社会公共服务领域的正当切入。维护民众权利应成为图书馆条例的基本价值取向，民众、读者权益、权利必须法律化。而这属于创制性立法、先行性立法。这方面的立法权《立法法》明确授予了人大。

三是图书馆立法调整的社会关系涉及民众、图书馆、政府、企业、私人等多种主体，涉及公共、高校、学校等各种图书馆类型，涉及公共财政和社会资本等，政府规章显然无法涵盖。这其中还包括深入推进文化体制机制改革的需要。随着以体制机制创新为突破口的文化体制改革的不断深化，我们已陆续积累了一些新的经验，也迫切需要新的突破，图书馆立法可以通过法律的形式，保证改革的深入进行，不断解放和发展文化生产力。

四是图书馆立法涉及规范政府行为，只能通过人大立法实施监督。其中比较突出的如图书馆的经费保障和投入问题。总体上说，各级政府一直不断加大对包括图书馆在内的文化事业的经费投入。在实际政策层面，仅1990年代以来，国家有关部门发布的与图书馆事业相关的经济政策方面的文件，总数就有10多件，以这些文件为基础形成的国家现行文化经济政策主要是：文化事业投入的增加幅度不低于财政收入的增长幅度；对政府兴办的公益性文化事业单位给予经费保证；公共图书馆购书费在各级财政预算中予以单列，专款专用，并随经济增长和书价上涨幅度逐年增加；开征文化事业建设费；建立健全文化事业财政专项资金制度；鼓励社会力量资助文化事业；对政府兴办的公益性文化事业单位给予税收减免或优惠的政策等。[13]但在实践中，许多地方存在不执行或执行不力的问题。比较突出的还有图书馆设施被侵占的问题，尽管国家层面有《文化体育设施条例》的保障。这些问题都需要地方立法进一步加以引导和规范。

五是区分地方性法规与政府规章的立法权限，不仅是个理论问题，更多地还是个实践问题。虽然理论上政府规章、政策和行政管理在保障公共图书馆服务和事业发展方面是可行的，香港的情况也能充分地说明这一点，但在实践领域，尤其在我国政府层级多达五级的行政管理体制下，图书馆事业面临的许多问题如各级政府统筹、协调发展，图书馆设施科学布局、公共服务网络合理构建等问题实际上难以解决。

参考文献：

[1] 于良芝. 图书馆学导论 [M]. 北京：科学出版社，2003：86.

[2] Schnuer S. Introduction to U. S. Public Libraries 2009.

[3] 联合国教科文组织，国际图联. 公共图书馆宣言（1994）[M] //国际图联、联合国教科文组织. 公共图书馆服务发展指南. 上海：上海科学技术文献出版社，2002：97.

[4][5] 于良芝. 科学发展观语境下的文化、公共文化及公共图书馆 [J]. 图书馆建设，2007（6）：5—6.

[6][13] 李国新. 中国图书馆立法：思路、基础与对策 [J]. 山东图书馆季刊，2001（4）：6—11.

[7] 方家忠. 试论大城市公共图书馆服务均等化的目标及其实现模式 [J]. 图书馆论坛，2008（2）：25—27.

[8] 课题组. 关于《广州市图书馆条例（草案）》的说明，2006.

[9] 荣红涛. 美日图书馆法律体系比较研究及其启示 [J]. 图书馆, 2009 (6): 19—21.

[10] California State Library. Califonia Library Laws 2009. http://www.Library.Ca.gov/publications/librlaw 2009 _ A. Pdf 2010 - 1 - 17.

[11] 谢鲁. 加强文化立法推动文化大发展大繁荣 [J]. 三江论坛, 2008 (6): 28—31.

[12] 河北省人大常委会研究室. 地方性法规与政府规章立法权限研究 [J]. 人大研究, 2007 (3): 30—33.

[13] 徐静琳, 刘力铭. 地方性法规与政府规章关系论 [J]. 政治与法律, 2008 (1): 123—130.

[14] 汤旭岩, 欧阳军, 颜学勤. 地方图书馆立法述论 [J]. 图书情报论坛, 2002 (1): 16—19.

[15] 于良芝. 探索公共图书馆的使命: 英美历程借鉴 [J]. 图书馆, 2006 (5): 1—7.

[16] 李国新. 1980 年—2004 年中国图书馆法治研究述评 [J]. 江西图书馆学刊, 2006 (4): 2—6.

[17] 范并思. 建设一个信息公平与信息保障的制度——纪念中国近代图书馆百年 [J]. 图书馆, 2004 (2): 1—3, 15.

[18] 冯守仁. 用法律保障和促进图书馆事业的发展——《北京图书馆条例》实施的效果 [J]. 图书馆建设, 2006 (5): 16—18.

试论大城市公共图书馆服务均等化的目标及其实现模式

Chapter 3

城市图书馆体系制度设计与管理

【摘　要】对当前我国大城市公共图书馆发展的现状进行分析，总结出五个不均衡特点，指出实现服务均等化的目标非常迫切；对"基本公共服务均等化"的目标进行分析，对广州和香港两地图书馆事业进行比较，说明发展模式对事业发展具有根本性影响，强调图书馆服务均等化的核心是公平和效率的统一；通过对中央提出的社会发展目标、手段的分析，指出在公共财政体制建设的前提下，图书馆事业改变管理体制，实行总分馆制模式，进而有效实现服务均等化的可能性、可行性；最后对在不同阶段如何实现服务均等化提出了五点建议。

【关键词】大城市公共图书馆；服务均等化；发展模式；管理体制

随着我国经济和社会发展水平的迅速提高，科学发展观和和谐社会两大战略思想的提出，图书馆事业的发展迎来了改革开放后的第二个高峰期。各地公共图书馆结合自身条件，探索形成了多种事业发展模式。在当前这个以事业整体发展为基本特征的新阶段，图书馆发展目标、模式、管理体制等问题再一次成为业界讨论、研究的热点。近如程焕文教授撰文对近年来广东图书馆事业的发展进行总结，提出所谓"岭南模式"。程焕文认为："广东公共图书馆建设和发展的各种模式，在本质上体现的是公共图书馆制度的创新，而这种制度创新具有多层次性、多样性。"笔者很赞同这个观点。在众多的图书馆发展模式中，既有因行政管理体制的差异而导致的发展模式的不同，如当前中西方模式的区别，其核心是事业管理体制的区别；也有以社会经济发展水平不同为主因、加之政府和领导重视程度不同而导致的发展模式的不同，如当前我国各地发展的情况。前者属于体制的范畴，后者主要属于发展阶段的范畴。其实，就任何一项社会事业尤其是发展中的社会事业而言，其发展目标都具有多层次性，其发展道路也都具有多阶段性、多样性。图书馆事业也不例外。

2006年10月11日党的十六届六中全会通过的《中共中央关于构建社会主义和谐社会若干重大问题的决定》，提出"完善公共财政制度，逐步实现基本公共服务均等化"的目标要求。笔者以为，这一目标要求的提出，不仅仅从目标上，也从实现方式上，为上述研究和我国图书馆事业的发展模式指出了一个新的方向。本文即以此为基础展开论述。

本文限定以大城市公共图书馆作为研究对象。本文所称大城市，是指在行政区划上进一步分设市、区，在行政管理体制上设置两级以上政府的城市。管理体制作为事业发展模式的核心因素，在相当程度上由行政管理体制尤其是财政管理体制决定。比较而言，我国大城市公共图书馆的发展与管理体制的关系更为密切，矛盾表现得也更突出，解决矛盾的需求更为迫切。

1　大城市公共图书馆发展的现状与实现均等化服务的迫切性

目前，我国图书馆事业进入了改革开放以来第二次快速发展的时期，大城市、经济先发地区发展尤其迅速。突出表现在：一是新一轮大规模的新馆设施建设，如珠三角的广东、长三角的浙江等地。广州地区"十一五"期间公共图书馆建筑面积将新增 20 万平方米以上。这样的建设规模和速度,在世界图书馆事业的发展史上,都是少见的。二是广泛推进事业立法。如深圳、上海、北京等都已有立法保障。广州市于 2006 年启动立法工作,2007 年列入市人大立法日程。三是高层次的人才培养和队伍建设。这方面广州市堪称典范。2006 年、2007 年广州市委宣传部连续两次委托中山大学资讯管理系承办"广州市图书馆专业人才高级研修班",对事业发展产生了深远影响。四是广泛推进的文化大省、文化强市建设和全民阅读活动,如广州市 2006 年启动为期十年的"书香羊城——全民阅读系列活动",为图书馆事业发展营造了一个良好的社会环境。

与此同时,问题仍然突出存在。以广州地区为例:

一是图书馆总体服务保障水平较低,基层图书馆尤其是街镇、村、社区图书馆(室)不发达,拥有独立建制的县级以上图书馆的数量太少,总体投入和保障水平较低,远远不能满足社会公众日益增长的阅读需求,不能保障公众的文化权益。街镇文化站图书馆(室)大部分常年处于"三无"状态,无购书经费、无专职人员管理、无正常读者服务工作,而且馆藏规模小,图书陈旧,对读者没有吸引力,图书馆(室)的设置有名无实。农村、社区图书馆(室)的建设水平还很低。因此,除了一些大型馆设置的分馆以外,切实的公共图书馆服务保障只能从区、县级以上具有独立建制的图书馆谈起。但按这一范围计算,广州市每一个区县基本只有一个图书馆,广州市民平均每 63 万人才拥有一座图书馆,保障水平很低。

二是发展不均衡,图书馆规划建设和服务等方面缺乏科学标准,公共图书馆的资源配置和服务保障极不平衡。这种不平衡又主要表现在五个方面:(1)城乡差别:从化、增城两个县级市馆无论办馆条件还是服务绩效指标,大部分都在各城区馆平均水平以下。(2)城区间差别:即各城区之间，差别也很大。从馆舍建筑面积看，大的有 8000 多平方米，小的才 2300 平方米；馆藏量，多的有 60 万册，而少的才 13 万多册；年文献购置费，多的有 100 万，而少的只有 20 万；正式职工人数，多的超过 20 人，最少的才 5 人；接待读者量，多的将近 60 万人次，而大部分只有 20 多万等。另外，广东省馆、广州市馆、越秀区馆、广东省科技馆等 4 个大型图书馆都集中在同一个区域。(3) 层级差别：即纵向的不同层级图书馆由于政府支持程度的不同而存在差别。广州作为省会城市，既有省级馆、也有市级馆、区级馆，各层级的保障水平各不相同。总体上，目前省级财政的保障相对充分一些，因此其公益服务、延伸服务力度也较大。(4) 资源反向集中配置：随着区、县以上图书馆新馆设施的大规模建设，公共图书馆资源配置进一步向城市中心区集中，资源配置不均衡的现象在一定时期内将进一步扩大。(5) 用户心理不平衡，要求"同城待遇"：作为大城市的特有现象，因为同处一城，因为教育、医疗、退休金、收入分配等诸多不均衡因素纠织在一起，也因为城市居民的权利意识相对较强，因此，使得图书馆服务不均衡、对市民公共文化权益保障不均衡的矛盾尤显突出。"同城待遇"成为许多城市居民表达对公共服务均衡均等、社会公平诉求的一个代名词。

综上所述，在大城市，实现公共图书馆服务均等化的目标要求非常迫切。

2　发展模式对大城市公共图书馆实现服务均等化具有根本性影响

公共服务均等化的含义，是指建立健全公共服务体系，合理配置公共服务资源，公平分配公共产品和公共服务，使城乡及不同地区、不同群体的人们享有大致相等的公共服务水平。这主要是从社会公平的角度提出的一个发展目标。

就本质而言，各种图书馆事业发展模式，包括传统的个体发展模式，其最终目标都是实现事业的科学发展和服务均等化，所不同的只是处在不同发展阶段，有不同阶段的目标和实现手段。模式就是目标和手段的统一体。不同的模式存在绩效的差别。从传统的以个体发展为主的模式、到联盟发展或联合发展模式、最后到总分馆制模式，应是一个逐步提升管理运作绩效的动态过程。

对基本公共服务均等化，我们应作更深一步的理解。它有丰富的内涵，并不断提高服务保障水平，不断提高实现的效率，通过高效运作推动均等、公平目标的更好实现，是公平和效率的和谐统一。基本公共服务均等化是当今大多数国家社会政策的基本目标取向。很多国家把基本公共服务的供给作为治理国家的重要政策。一些国家之所以比较稳定，甚至在国家神经中枢出现变化的情况下依然能够保持秩序稳定，与其基本公共服务的均等化密不可分。图书馆服务是公共服务的重要组成部分。无疑，这些国家熟悉运作的总分馆制模式有效地推动了服务的均等化。我们追求的均等化，其核心仍是公平和效率的统一。

笔者曾对1999年、2005年的广州和香港公共图书馆事业的发展状况进行过跟踪研究，结果见第下文表1、表2。显然，两个系统服务保障水平、绩效差距很大，而且随着发展速度的加快，差距在进一步扩大。可以看出，发展模式中管理体制的影响是根本性的。在我国图书馆事业发展的新阶段，传统管理体制对事业发展的影响和束缚越来越突出；同时也可看出，公平和效率是一个统一体，公平服务、均等化服务、充分服务等目标的实现是以整个系统效率的充分发挥为前提。其中，在资源配置方面，广州地区的事业投入，无论事业拨款、还是专项购书经费都大幅增加，总藏书量增长也很迅速。如果再加上新建、改扩建图书馆设施，广州地区省、市、区（县级市）三级政府投入已远超香港。但图书馆设施建设、布局方面，香港以服务人口分布、需求为依据，6年间增设了7座图书馆。而广州以行政区划为依据，以政府财力为保障，而不论人口多寡、增长快慢，因此设施布局一直不变。在现行体制下，资源配置相对而言不是分散了、均衡了，而是进一步集中了。又如香港根据社会需求，相应设置中央图书馆、主要图书馆、地区图书馆、流动图书馆等四级图书馆，作为一个整体为社会提供服务。而广州在架构上如前述虽有街镇及以下基层图书馆的设置，但它附设于文化站、室，隶属于群众文化系统，基本上不发挥作用。在街镇一级设立图书馆，保障不可谓不充分、不均等，但可惜形同虚设。因此，从体制保障的角度，总分馆制是一种以服务均等化为目标、规划与运作更科学、绩效显著的管理体制。整体规划、科学布局、稳步发展、运作高效是总分馆体制的优点，很好地实现了公平与效率的统一。

鉴于总分馆制管理体制的良好效能，虽然中外行政管理体制有别，虽然在我国目前五级行政体制下难以实行总分馆制，但既处在社会转型期，我们仍应不遗余力地将总分馆制作为一个目标选项去争取。同时，作为大城市图书馆，图书馆事业的发展水平必须与城市发展水平、目标相适应，要接受城市发展指标体系的测评，要与国内外众多城市图书馆系统进行横向的比较和交流。因此，我们要进一步强调，虽然受到行政管理体制的制约，但总分馆制管理制度应该是我们推动事业发展的长期目标之一。

表1　1999年、2005年广州与香港地区公共图书馆事业服务效果比较

年份 城市	登记读者量 （万人）		占服务人口比例 （%）		文献外借量 （万册件）		人均外借量 （册件）	
	1999	2005	1999	2005	1999	2005	1999	2005
香港	224	330	32.5	47.3	3200	6100	4.6	8.8
广州	29.6	59.6	4.3	6.3	543.9	517	0.8	0.5
广州与香港比较	13%	18%	13%	13%	17%	8%	17%	6%

资料来源：香港康乐及文化事务署、香港中央图书馆、广州市图书馆学会、香港经济年鉴、广东省统计年鉴、广州市统计年鉴等。

注：本表统计数字含广东省立中山图书馆、不含广东省科技图书馆；两个年份、两地的统计口径有所不同，2005年广州市的人口按常住人口计，其他按户籍人口计。

表2　1999年、2005年广州与香港地区公共图书馆事业资源配置比较

年份 城市	服务设施 （座）		服务面积 （万平方米）		总藏量 （万册件）		事业拨款 （万元本币）		购书经费 （万元本币）	
	1999	2005	1999	2005	1999	2005	1999	2005	1999	2005
香港	67	74	6.4	10	780	1162	67841	60000	11000	9000
广州	16	15	8.9	10.2	767.4	1510	4202	11245	1385	5165
广州与香港比较	24%	20%	139%	102%	98%	130%	6%	19%	13%	57%

说明：资料来源与统计方法同表1。

3　总分馆制模式将在我国大城市公共图书馆中逐步实现

发达国家和地区施行的总分馆制无疑是一种理想模式，但这以它们普遍实行的国家、州、地方政府三级行政管理体制为前提。发展公共图

书馆主要是地方政府一级政府的职责和事权。我国目前实施国家、省、市（地）、县、乡五级行政管理体制，在大城市，发展公共图书馆往往是市、区（县）、乡（镇）三级政府分别承担的职责和事权。财权的划分与事权相对应。我国目前实行的是以分税制为基础的五级财政体制。从大城市的情况来看，如香港、台北、新加坡只有一级财政，图书馆由一级政府统筹管理，而广州、深圳有市、区（县）、乡镇三级财政，因此由三级政府分块管理，前者人、财、物集中管理、事业集约发展，而后者则人、财、物分级管理、事业分块发展、分散发展。我国大城市图书馆之所以难行总分馆制，主要是受制于分级财政体制，其他因素还有人员编制等。当然，我国的图书馆设置还包括附设在街镇文化站内部的图书馆（室）。对大城市中只有一级政府、一级财政的区划，如果将区内各级图书馆（室）作为一个整体来发展，则理论上总分馆制的施行不存在行政体制上的障碍，深圳市"图书馆之城"建设进行了一定程度的尝试。

当然总体情况正在发生改变。《国家"十一五"时期文化发展规划纲要》在"加强农村文化建设"部分提出，"县（市）图书馆逐步实行分馆制，丰富藏书量，形成统一采购、统一编目的图书配送体系，充分发挥县图书馆对乡镇、村图书室的辐射作用，促进县、乡图书文献共享。"应该看到，这一提法是在我国讨论改革现行财政管理体制比如提出"乡财县管"、甚或是讨论减少行政层级的大背景下提出的，而且是在国家的层面上提出。因此，笔者相信该提法将是总分馆制管理体制进入我国图书馆事业实践领域的先声。

党的十六届六中全会提出"完善公共财政制度，逐步实现基本公共服务均等化"的目标要求，即将"逐步实现基本公共服务均等化"的目标要求作为财政制度改革的目标提出来，而且这一目标要求是在"加强制度建设，保障社会公平正义"这个大主题下提出来的。全会报告有关论述包括：第一，实现基本公共服务均等化是完善公共财政体制目标之一；第二，要通过进一步明确中央和地方的事权，健全财力与事权相匹配的财税体制，完善中央和地方共享税分成办法，加大财政转移支付力度和促进转移支付制度规范化、制度化、法制化来完善公共财政体制；第三，当前我国的公共服务包括教育、卫生、文化、就业再就业服务、社会保障、生态环境、公共基础设施、社会治安；第四，增强公共产品和公共服务供给能力需要通过加大财政投资规模来实现；第五，完善财政奖励补助政策和省以下财政管理体制，着力解决县乡财政困难，增强地方政府提供公共服务的能力。报告指出，"制度是社会公平正义的根本保证。必须加紧建设对保障社会公平正义具有重大作用的制度。"报告也再次强调要求，要推进文化体制改革，形成富有活力的文化管理体制。

可见，我国实现公共服务均等化的制度障碍得到了正视，将逐步予以解决。我国实行总分馆制初步具备了外部环境。

综上所述，大城市分设的只有一级政府的行政区内，图书馆实行总分馆制不存在行政体制的障碍；政府鼓励大城市管辖的农村县（市）图书馆逐步实行总分馆制；从长远看，大城市的市、区（县）两级图书馆实行总分馆制存在可能性。

4 分阶段推动大城市公共图书馆实现服务均等化

具体可分以下几个阶段：

一是加大财政投入规模，增强公共图书馆服务的供给保障能力，建立与财力相称的投入水平。争取通过立法手段保障这一目标的实现。目前，不少地方都提出了构建和谐社会、建设文化强市的目标，但并没有在财政投入上予以保障。如近几年来，广州文化系统的部门预算总体上只保持每年5%的增长，远低于同期GDP增长的速度。正在提交审议的

《广州市图书馆条例（草案）》提出按服务人口平均数保障信息资源建设投入水平，如果能够实施，将是比较理想的保障方式。

二是设立财政专项奖励补助资金，建立专项拨款奖励补助制度，加大财政转移支付力度和促进转移支付制度规范化。如广州市从化、增城两市和越秀区的图书馆新馆建设，部分经费来源于市宣传文化基金。如广东省馆用于流动图书馆建设的专项经费由省财政负担，购书经费也有省财政和省宣传文化基金两个来源。2005年广州市推出的图书公益采购活动其500万经费来源于市宣传文化基金。目前这一手段运用较多，但随意性强，建议按五年计划配套设立部分相对固定的专项予以保障。

三是以个体图书馆发展为基础，推动地区内图书馆整体发展的联盟制，提高系统运作绩效。

四是在现行体制下，区一级政府统筹安排区内社会事业，将街镇、村、社区的图书阅读服务统一纳入到公共图书馆事业整体中，实行总分馆模式。

五是错位配置不同层级政府事权。如前所述，大城市的许多事权实际上难以分割，容易造成"同城差别"。事权、财权至少部分予以集中，如公共文化服务事权集中在市级政府，全市图书馆发展事务，由市一级政府统一安排，则图书馆总分馆制的目标自然就会实现。

事业发展具有阶段性。大城市公共图书馆既要努力推进以行政管理体制改革为前提的总分馆制管理模式，同时也要从现实出发，从自身所处的发展阶段、自身的主客观条件出发，提出分阶段发展的目标和实现模式。

参考文献：

[1] 中共中央关于构建社会主义和谐社会若干重大问题的决定［EB/OL］.［2007

−06 −18］. http://news.xinhuanet.com/politics/2006 −10/18/content −5218639.htm.

［2］国家"十一五"时期文化发展规划纲要［EB/OL］.［2007 −06 −18］. http://news.xinhuanet.com/politics/2006 −09/13/content −5087533.htm.

［3］程焕文. 岭南模式：崛起的广东公共图书馆事业［J］. 中国图书馆学报，2007（3）：15—25.

［4］余峰. "较大的市"立法权存在的问题及其完善［EB/OL］.［2007 −06 −18］. http://www.chinalaw.gov.cn/jsp/contentpub/browser/contentpro.jsp? contentid = co609635284.

［5］陈依慧. 以公平为基准推进城乡公共服务均等化［EB/OL］.［2007 −06 −18］. http://www.drri.gov.cn/news −view.asp?nNewsID = 360.

［6］王世伟. 世界著名城市图书馆述略［M］. 上海：上海科学技术文献出版社，2006.

［7］方家忠. 广州与香港的公共图书馆比较与研究［J］. 图书馆杂志，2002（6）：49—50.

［8］陈清浩，苏军. 建国以来中国财税体制的几次变革及其启示［J］. 云南行政学院学报，2005（1）：67—69.

［9］刘仲藜. 深化财税体制改革，推动政府职能转变——刘仲藜会长在"中国改革高层论坛"上的演讲［J］. 中国注册会计师，2005（10）：4—5.

［10］郑永年. 联合早报：中国公共财政制度改革的意义［EB/OL］.［2007 −06 −18］. http://news.xinhuanet.com/world/2006 −09/21/content −5120103.htm.

［11］常修泽. 逐步实现基本公共服务均等化［EB/OL］.［2007 −06 −18］. http://theory.people.com.cn/GB/49154/49156/5347538.html.

［12］袁星侯. 香港财政管理与内地比较研究［J］. 学术研究，2002（12）：72—75.

［13］许志. 对深圳市区两级政府事权划分的几点思考［J］. 特区理论与实践，2003（3）：38—39，48.

［14］潘文轩. 城市公共品供给中各级政府事权与财权的划分［J］. 城市问题，

2006（9）：74—80.

［15］孙学工. 公共服务供给中各级政府事权财权划分的国际经验［J］. 经济研究参考，2005（25）：37—48.

［16］韩志伟，杨卓如. 市区事权配置———境外模式及经验［J］. 特区实践与理论，2006（3）：56—58.

［17］宏观经济研究院课题组. 公共服务供给中各级政府事权、财权划分问题研究［J］. 宏观经济研究，2005（5）：3—7，10.

加强合作，理顺关系，营造图书馆服务网络
——谈图书馆与文化站的关系

【摘　要】 文章基于图书馆服务网络化的目的，从现行体制和长远发展两个层次，就现实需要、文化站业务管理、图书馆主体文化地位、事业属性等四个方面对图书馆与文化站的关系进行了考察，提出在现行体制内应加强合作，发展改革的长远目标则是要理顺关系的观点，并提出利用图书馆评估等手段达到上述目标的具体建议。

【关键词】 图书馆；文化站；服务网络；群众文化

　　当前，我国图书馆事业发展的主要任务之一，是实现服务的网络化。随着我国城市社区建设的全面铺开，为社区服务日益成为图书馆界的一个热点问题。本文从这一命题出发，探索图书馆与文化站的关系。

　　按照我国现行体制，图书馆、文化站都是群众文化事业的组成部分。在大城市的区和县以上层面，图书馆是一个独立机构，在街道、乡镇一级，图书馆是文化站的一个内设机构。简单地看，图书馆与文化站之间就是这样的一种关系。根据党的十四届六中全会决议，图书馆、文化站

都是公益性事业单位,都应大力发展。但二者能否在找到利益共同点的前提下寻求共同发展,本人以为,在现行体制下二者应加强合作,以寻求双方的集约化发展;从长远或改革的思维看,二者则应理顺关系,将文化站纳入图书馆事业之内,而不宽泛地置于群众文化系统之中。本文即就此观点展开论述。

1 合作是图书馆与文化站双方的现实选择

以广州市为例,偌大广州市,常住人口超千万,但市、区县两级公共图书馆只有15家。各馆从自身条件出发,为实现图书馆服务的网络化进行了长期的努力,其中最突出的当数广州图书馆。该馆从1987年起设立汽车图书馆,1990年开始与社会联合办馆。经过十多年的努力,建立汽车图书馆服务点23个,流通站13个,联合图书馆7个,小区借阅处2个,服务市民100多万人次,借阅书刊280多万册次,取得了一定成绩。但限于自身条件,虽然图书馆建设的各网点能比较规范地开展服务,但穷十数年之功,覆盖面毕竟有限。因此,图书馆服务网络化应另寻他途,或者说,应从体制内寻找出路。按我国现行体制,基层乡镇图书馆附设于文化站内。因此,文化站图书馆理应成为最值得关注和研究的对象。

1998年,根据党的十五大精神,广州市出台了《广州市群众文化"金穗工程"规划》,推进和完善群众文化建设的"四个一网络工程",即群众文化阵地、活动、队伍和服务四个网络。经过努力,市、区县、街镇三级群众文化网络迅速形成,原来相对薄弱的街镇文化站阵地网络建设尤见成效。截至2000年7月,仅一年多时间,广州市各区、县级市160个街道、乡镇共建成文化站157个,服务场所面积达25.9万平方米,其中用于图书馆(室)的面积为9970平方米,总藏书169.5万册;其中特级文化站39个,图书馆服务面积均达到100平方米,藏书量均超过2

万册。服务面积、藏书量两项指标分别相当于当年广州市、区县两级公共图书馆总量的20%和42%。由此可见，文化站已经初步具备了服务网络化的阵地和馆藏条件。

但文化站建设的同时存在着许多问题，而且在全国范围带有普遍性，主要有四个方面：一是人力不足，人员流失严重，缺乏稳定性；二是活动经费少，投入不足；三是设施陈旧狭小，场所面积不足；四是活动不规范，功能萎缩。如果单纯考察其中图书馆的情况，我们发现多数文化站尚不具备开展图书馆服务的条件。单以人力条件看，广州市152个文化站在编200人，平均每站1.3人，其中专职干部仅35人。以这样的人力，要照看平均1650平方米的文化站，承包整个街镇的宣传墙报、标语横额及几个大节日的文化活动就已经力不从心了，更不要说规范化的图书馆服务了。可见，以当前对文化站的投入水平，图书馆只能算是文化站的虚设机构，可谓有名无实。文化站要开展规范的图书馆服务，必须借助于外力，包括上一级图书馆的支持。

由此可见，寻求合作是图书馆与文化站双方共同的需要。

2　为了发挥应有功能，文化站需要接受上一级图书馆的业务指导

我国政府主办的群众文化系统的组织结构是在地市以上，区县和街镇相应设置群众艺术馆、文化馆、文化站三级机构。文化站是基层群众文化活动的组织者和辅导者，是向广大人民群众进行宣传教育的阵地，是当地群众开展文化娱乐活动的中心场所。其主要任务是：通过组织、举办文体活动开展宣传教育，普及科学文化知识，活跃群众的文化生活，辅导群众文化活动，培训文艺骨干，协助行政部门对群众文化事业、民间艺人和文化个体户等进行管理。文化站有一定的活动场所和文化设施，

如图书馆（室）、文艺活动室、游艺室、展览室等，相应开展各项活动。

与图书馆事业的管理体制一样，群众艺术馆、文化馆、文化站由当地政府文化行政部门负责领导，上下级群艺馆、文化馆站之间是一种指导、辅导和互相协作的关系，除了与图书馆事业管理体制一样具有固有的弊端外，就系统内大部分活动而言，这种体制还算是有效的。但需要指出的是，由于图书阅览活动只存在于文化站这一层面，文化馆作为其上一级机构，却不承担相应功能，因此实际上无法承担对文化站图书馆的业务指导和辅导职能。而上一级图书馆作为其系统外的因素，也不承担对文化站图书馆进行业务管理的职能。可见，在现行体制下，对街镇图书馆的业务管理基本上是一个盲点。因此，从发挥应有功能的角度，文化站图书馆要求上一级图书馆的介入和支持。

再从图书馆与文化站各自系统的行业管理实践来看，四年一度的公共图书馆评估，仅仅覆盖到区县图书馆一级；以《中国图书馆年鉴》为代表的行业统计，也未将街镇一级的图书馆包含在内。群众文化系统开展的评估达标工作，以《广东省乡镇（街道）文化站评估定级量化指标》为例，其中有关图书馆的指标只有馆藏和馆舍面积两项，而服务效果、从业人员等指标付诸阙如。可见，对基层街镇图书馆的行业管理是初步和薄弱的。

因此，为保障基层图书馆切实开展工作，上一级图书馆必须对它进行有效的指导和辅导。从这个意义上说，图书馆与文化站也必须进行合作。

3　图书馆在满足人民群众精神文化需求方面发挥着主体文化的作用，文化站的发展需要依附并不断加强图书馆这个主体

图书馆是教育、科学、文化事业的重要组成部分。从大文化的角度

和大众传播学的受众观点而论，图书馆、博物馆、科技馆、纪念馆属于求知型文化，与曲艺、戏剧、音乐、舞蹈等求乐型文化相并行。从服务效益看，图书馆作为知识宝库和社会大学的作用高于其他知识型文化、不亚于各类娱乐型文化。图书馆在满足人民群众精神文化需求方面无疑发挥着主体文化的作用。

据深圳市文化局文化设施与群文调研组1997年对2193位市民的抽样调查，被调查者参加文化娱乐活动的目的在于：娱乐消遣占30.6%，陶冶情操、提高审美情趣占21.9%，增长知识占35.3%，扩大交往占13.5%。对业余文化爱好的选择情况是：书法占12.2%，绘画占6.4%，唱歌占37.6%，摄影占5.8%，看书占43.1%，写作占5.3%，弹琴占4.9%，跳舞占14.4%，其他占2.3%。被调查者常去的公共文化娱乐场所，按频率呈3个梯队分布，第一梯队是图书馆（42.7%）、新华书店（35.4%）、文化公园和旅游景点（26.7%）；第二梯队是影剧院（20.9%）、文化活动中心（16%）、大家乐、文化广场（12.1%）；第三梯队是投影场、博物馆、美术馆。从3个梯队分布的规律可以看出，被调查者最常去的场所有三个明显的特征，一是公益性强，二是知识性强，三是有不同于其他娱乐活动的消遣性。

图书馆是传播和普及科学知识的主要渠道，也是人们获取科技信息的普遍选择。《广州市民科技文化素质调查报告》显示，1999年广州市民获取科技信息的渠道（参加科技活动的频率）分别为：利用图书馆（室）3次以上的占21.98%，1—2次的占30.86%；欣赏艺术表演（音乐、舞蹈等）3次以上的占8.38%，1—2次的占27.70%；参观动植物园3次以上的占7.82%，1—2次的占49.60%；参观书画展3次以上的占6.64%，1—2次的占28.66%；参观科普/科技展览3次以上的占4.66%，1—2次的占26.72%；参观博物馆/科技馆3次以上的占3.86%，1—2次的占 30.62%。

因此，从广泛的社会需要出发，在我国文化事业的发展战略中，要强调并大力加强图书馆事业的主体地位，真正形成以图书馆为载体的知识信息集聚与传播的基础结构。

就文化站而言，加强图书馆服务这个主体固然是应有职责，同时也要充分认识和利用这个主体功能对发挥其他功能的正面拉动效应，正所谓一业兴、百业兴。正因为图书馆服务具有作为主体文化功能的地位，文化才应重新思考自身的事业归属问题。本人以为，将文化站纳入图书馆事业这个主体文化和公益文化的范围之内，将更有利于文化站的生存和发展。

4 图书馆活动与文化站的其他活动具有不同质的规定性，从长远看，应理顺图书馆与文化站的关系

首先，表现在主导力量上不同。图书馆活动作为社会文化活动的主体，必须依赖一定的技术方法、必须有意识地加以推动，就我国所处的社会发展阶段而言，必须纳入科教兴国战略中，放到一个更高的层面上大力发展，它无疑是一种政府行为。文化站开展的其他活动是一种群众性活动，是相对于专业文化活动而言的，具有业余性、自娱自教性和群众性三个基本特征，它的本质是民间、大众活动。政府所起的作用是引导、扶持而不是主导，民间力量才是主导。

其次，二者不同质的规定性还表现在产业性的方面。根据广东省、深圳市的有关标准，文化馆站中必须设有图书馆、培训中心、展览厅、各类游艺、影视、歌舞等项目，显然，除图书馆外，其他项目至少可以部分面向市场实现产业化经营。根据深圳市 1996 年对 37 个文化馆站的统计，当年财政拨款共 2103.8 万元，年开支共 4074.4 万元，以文补文经营

收入共3072.18万元。图书馆也有产业属性，但无论从事业总体还是图书馆个体而言，都无法与其主体的公益性相提并论。可见，文化馆站等机构进行产业化经营的条件和能力都比图书馆强得多，文化馆站开展的其他活动可以利用市场机制、市场力量推动。

综观世界各发达国家，图书馆事业的发展无一不是政府行为。而民间文化活动则以民间力量或市场力量为主导，政府给予引导和扶持。可以推断，在当前的改革思路下，图书馆与文化站等机构具有不同的发展方向，文化站的公益性将比较集中地体现在图书馆服务的功能上，或者文化站将在实质上演变为具有综合文化功能的图书馆。因此，从长远看，更应将以图书馆功能为主体的文化站纳入图书馆事业，或者将图书馆从文化站中分离出来。

5 以图书馆为主导，与文化站合作发展、理顺关系的具体设想

实现图书馆服务网络化，发展图书馆事业的思路可以分三步走：加强与文化站的合作；强化图书馆服务的主体地位；理顺与文化站的关系，对图书馆事业实施行业管理。值得强调的是，图书馆与文化站都由同一文化行政部门主管，这是二者沟通合作的先天有利条件，使二者的合作更具现实意义。具体而言：

第一步，由两个系统的共同主管机构即文化行政部门牵线搭桥，建立合作制度。要点有：建立区县图书馆与基层街镇文化站图书馆（室）的业务协作、协调和指导、辅导关系；市、区县两级公共图书馆各自选择本区域内若干街镇文化站建立联合图书馆，从书刊资源配置、加工到人员培训等方面进行全方位合作，推动在一定的馆藏、人力资源保障基础上的规范、有效服务，通借通还，资源共享，并希望以点带面，示范

发展。同时借此形式，在现行财政投入体制下，将市、区两级财政投入导入基层图书馆。

第二步，在文化主管部门制定的文化站评估定级的量化指标中，明确人力投入、服务效果、自动化水平、业务规范化等相关标准，通过评估定级，促使街镇加大对图书馆的投入，确立图书馆服务在文化站活动中的主体地位。

第三步，将全国公共图书馆评估活动的范围延伸到基层街镇图书馆，以此手段实现对图书馆事业的统一规划和行业管理。同时，将基层图书馆的各项成果纳入图书馆系统的业务统计指标中，以全面反映图书馆事业的发展水平。

在条件成熟时，将基层街镇图书馆划归公共图书馆系统，由政府统一规划、统一投资兴办。社区或村级图书馆也照此思路发展，最终将图书馆服务普及到基层。

我国正处于深化改革的时期，即从规模扩张、数量增长为主进入一个结构调整、集约发展的时期。我国的文化建设还远远滞后于经济、政治领域的发展。因此，以社会需要为先导，通过资源的重组、整合来激活、共享现有的社会资源就尤其具有现实意义。

参考文献：

[1] 方家忠. 广州市公共图书馆事业"十五"发展战略研究 [C] //中共广州市委宣传部. 广州市第六次文化发展战略研讨会论文集, 2001: 263—282.

[2] 刘洪辉. 创新体制，营造阅读社会 [J]. 广州文化简报, 2001.

[3] 朱莉荣. 建设社区联合分馆，营造图书馆服务网络 [C] //惠德毅. 春华秋实——广州图书馆二十年纪念文集. 广州: 广州出版社, 2001: 76—90.

[4] 本书编写组. 群众文化工作概论 [M]. 长沙: 湖南文艺出版社, 1986.

[5] 苏伟光. 深圳文化发展战略思考 [M]. 深圳: 海天出版社, 1999.

[6] 刘中生. 街镇文化站建设面临的机遇、挑战与对策 [C] //中共广州市委宣传部. 广州市第六次文化发展战略研讨会论文集, 2001: 333—339.

[7] 程亚男. 图书馆工作概论 [M]. 北京: 北京图书馆出版社, 2000.

[8] 王世伟. 图书馆学文献学论丛 [M]. 上海: 上海书店出版社, 2000.

[9] 吴建中. 21 世纪图书馆新论 [M]. 上海: 上海科学技术文献出版社, 1998.

[10] 陈琪林. 群众文化事业呼唤扶持 [J]. 瞭望新闻周刊, 2000 (40): 46—47.

后 记

改革开放为中国公共图书馆事业的迅速发展提供了一个宏大的社会背景。进入新世纪，随着互联网技术的发展、中国经济实力的大幅提升和社会的深刻变革，公共图书馆事业进入了一个专业水平提升与社会功能转型交汇、个体图书馆发展与区域体系建设并重的全新发展时期。

作为国家重点中心城市的广州，由于广州图书馆新馆建成开放和地方公共图书馆立法等机遇，图书馆事业的发展迅速走到了全国前列，逐步形成了新时期中国城市图书馆发展的"广州模式"。这个模式具有多方面的特点，如就发展主体而言，政府、行业和社会各自发挥了积极的作用；就动力机制而言，为需求、保障与服务"三驾马车"共同驱动，形成了需求驱动、要素驱动与创新驱动并驾齐驱的理想局面。

我于1992年进入广州图书馆工作，迄今已25年。2005年被聘为副馆长，2011年被聘为馆长，其间参与了新馆建成开放、图书馆立法等新时期广州市公共图书馆发展史上的所有重大事件。作为一名从业人员，我的主要工作是服务和管理，而我亦崇尚知行合一，深知学术研究与发展创新的关系，故在实际工作的同时坚持学术研究，通过研究加深对工作的认知和理解。回顾广州市公共图书馆事业的发展、个人的职业发展和学术研究的轨迹，我很高兴，它们是同步的。个人的学术研究，通过实际工作，传导和影响到事业的发展；学术研究正可以从一个侧面勾勒出事业发展的基本轮廓，在相当程度上，也可以视作"广州模式"最为底层的支撑研究。

我以为，广州市公共图书馆事业新时期最重要的发展、对全国图书馆事业的主要影响在于两方面：一是以广州图书馆新馆为主要体现、并逐步延伸到全市图书馆体系的多元服务格局的形成，这个格局兼具专业性及转型发展的特点；二是以《广州市公共图书馆条例》为载体，兼具先进性、科学性与可行性的制度设计，以及相应的中心馆/总分馆体系建设实践，基本形成具有中国特点的城市图书馆体系建设模式，为国家贡献了一个"良法善治"的典型案例。我个人这些年的工作与学术研究也一直围绕这两个方面展开，而图书馆发展的比较研究可以视作两方面研究的共同基础。以下是个人学术历程的简单回顾。

1 图书馆发展比较研究

2009 年，对我的职业生涯有着重要意义。这一年，我作为广州图书馆副馆长与刘洪辉馆长一起赴美国洛杉矶郡图书馆进行为期半年的专业交流。其间，承蒙洛馆周到和专业的安排，我们对洛馆系统的组织、管理和服务进行了深入的考察；同时对加州地区各类型图书馆以及美国东西部多个有代表性的图书馆进行了访问交流。项目后期，我又申请参加了为期 3 周的中美两国政府间的"放眼全球，行诸全球"中美图书馆员合作项目，对美国公共图书馆的制度设计乃至整个社会架构、文化有了更为全面的了解。回国以后，进一步搜集相关文献资料，以比较研究的视角，于 2010 年先后发表了 4 篇较为深入介绍美国公共图书馆组织、管理与服务，中美公共图书馆建设模式比较，美国图书馆事业保障与行政管理体制，社区认同等主题的论文。这些交流和研究的成果，基本奠定了此后我组织规划广州图书馆新馆发展和参与广州市公共图书馆体系制度设计的基础。令人高兴的是，这一系列的论文也得到了美国著名华裔图书馆学家李华伟博士的充分肯定，成为2010—2012年间中美图书馆员合作项目的重要参考文献。

其中，《美国洛杉矶郡公共图书馆的组织、管理和服务》一文，介绍了洛郡区域内公共图书馆的三种基本组织形式，三层次管理架构与重视公众参与、战略管理等管理特点，服务组织社区化、对象化等服务特点，为广州图书馆新馆建立"服务+活动"的基本格局，以主题化、对象化为路径推进专业化服务，以及推进规划管理、拓展多元文化服务、建设多元化的人力资源队伍等提供了直接的参考。对美国公共图书馆事业建设历程与模式的研究，则让我得出以下结论：公共图书馆体系建设需要一个过程，各阶段发展目标的设定要与经济社会发展水平、与需求水平相适应，不可混淆阶段目标与最终目标；建议中国公共图书馆体系建设采取两步走策略，首先发展县区级图书馆、其次发展街镇层次图书馆，而村居服务只可设定在补充层次上；鉴于美国公共图书馆（系统）自身服务保障满足率为97.69%，中国图书馆事业发展的主要目标应是专业化，背后的实质问题是提高投入保障水平，而体系化主要解决的是运作效率问题。这些结论直接影响了此后广州市图书馆体系的制度设计。对美国公共图书馆的社区认同的研究，则让我认识到，如何从各方面建立与社会的良性互动关系，如管理决策机制中的理事会设置，图书馆内部组织结构设计如公共关系部门、志愿者与"图书馆之友"部门的设置，内外部营造表彰公益文化、信息公开氛围，绩效评估重视社区影响力评价等。这对广州图书馆试点探索理事会制度也有直接的参考借鉴意义。对美国图书馆事业保障体制的研究，则让我认识到，公共图书馆服务作为地方事务，地方立法应先行，并在整体法律保障中发挥主体作用。这一研究结果进一步验证了广州市从2006年起推动地方立法的必要性、合理性。

2　图书馆新馆建筑、功能与服务研究

我以为，广州图书馆新馆的特点体现在三个层次：一是服务层次，以主题化、对象化为路径实现分众服务、专业化服务；二是功能层次，通过"多元文化窗口"、"公共交流平台"使命的相继引入，建立服务与活动并重的多元服务格局，拓展与发挥了公共图书馆作为地方文化中心、交流中心的新功能；三是建筑层次，新馆内部大开放空间与多层次交流空间的设计、外部现代时尚的造型设计以及整体呈现出的"亲民"品格，恰恰契合了公共图书馆作为"第三空间"、地方公共空间的发展趋势。新建筑与新功能的完美结合，成就了一个完全意义上的、实现了转型发展的新一代图书馆的形象。

我于2008年发表《论社会转型期图书馆发展的外部环境和策略》一文，提出了在社会转型期公共图书馆发展的几个基本判断：图书馆在社会分工中的地位将得到强化；图书馆需要把维护和保障公民阅读权益、信息权益作为自身的根本使命；作为教育文化机构，作为社会的知识信息交流系统的组成部分，图书馆需要共担社会对话、交流的使命，需要强化作为知识、信息、思想、文化交流平台的作用。

2009年，我在开展中美公共图书馆系列比较研究时，建议并受命组织制定《广州图书馆2011—2015年发展规划》。规划提出了"连接世界智慧，丰富阅读生活"的愿景，"知识信息枢纽"、"终身学习空间"、"促进阅读主体"、"多元文化窗口"、"区域中心图书馆"五大使命，以及"建设国内一流、国际先进的国家中心城市图书馆"的总体目标。这是广州图书馆历史上第一个专业化的五年发展规划，奠定了此后新馆跨越式发展的逻辑基础。随后组织制定新馆专项规划，对服务群体、主题、资源配置等多个要素和服务模式、服务政策进行研究界定，从服务与活

动两个方面界定新馆的服务格局，从主题化、对象化两个基本路径实现新馆的专业化布局。"十二五"规划为新馆开放服务提供了内在架构，而在规划中可以清晰地看到对美国洛郡公共图书馆的深入研究得出的种种结论。"十二五"期间，编制发展规划在中国图书馆界还是少数图书馆的行为。因此，2011年我撰写《略论图书馆发展规划的制订——以广州图书馆为例》一文供业界参考。

2011年年底，我被聘任为广州图书馆馆长，领导新馆的建成开放。2012年年底新馆部分开放，2013年6月23日新馆全面开放，2014年服务效益跃居全国公共图书馆首位，在全球大型城市图书馆（中心馆）也位居最前列，并形成了面向未来的服务格局和多元文化服务特色。2013年，配合新馆的全面开放，广州图书馆组织举办"大都市的公共图书馆事业"国际学术研讨会，我撰写了《社会转型背景下的图书馆多元文化服务》一文，以此对广州图书馆"十二五"规划提出的"多元文化窗口"使命进行解读，提出了当代中国公共图书馆多元文化服务的使命与内涵，提出从传统与本土文化、世界多元文化、现代都市文化三方面构建面向普通市民、"新市民"、外籍人士等群体的多元文化服务体系。同年，应《图书馆杂志》之邀，我撰写了《广州图书馆新馆开放服务后的若干启示》一文，讨论了社会需求与功能、服务对象、绩效管理、规划管理等内容，成为颇受业界重视的介绍广州图书馆新馆服务的文章。

2015年，广州图书馆启动"十三五"规划的编制工作。这一时期，图书馆界有很多关于"第三空间"理论的讨论。为推进理论与实践结合，也基于"十二五"规划"多元文化窗口"使命的贯彻落实情况，我撰写了《公共交流平台：公共图书馆服务新模式》一文，论证公共图书馆作为社会"第三空间"的功能定位——公共交流平台，及如何引入平台商业模式构建图书馆服务模式。这一研究成果直接推动"公共交流平台"

成为广州图书馆"十三五"规划的新使命,也使广州图书馆在城市公共交流中的作用和影响日益扩大。至此,广州图书馆作为城市知识中心、学习中心、文化中心、交流中心的现代化服务格局日渐清晰。经过若干年的实践,广州图书馆发展规划从内容到文本形式、馆校合作编制模式以及比较系统的贯彻实施,都引起了业界的广泛关注。2016年,应《国家图书馆学刊》邀请,我再从规划实施效果的角度分析规划管理的价值与意义,撰写了《图书馆发展规划的效用问题》一文,探讨了发展机遇、问题导向、使命定位、组织结构重组等核心问题,认为发展规划是图书馆管理规范化、专业化的重要标志,在社会转型期尤其具有重大和现实的意义。

2015年,为编著新馆建筑图册,我结合广州、中国以及全球范围内公共图书馆发展的历史,撰写了《一座纪念碑式的图书馆》一文,讨论时代背景与图书馆新馆建筑的关系、广州图书馆新馆建筑的历程与特点、建筑与功能的关系、新馆的文化意义等内容。同期,应杭州图书馆编辑《城市图书馆研究》年刊的邀请,撰写了《城市图书馆作为"第三空间"的建筑特征分析——基于广州图书馆新馆的案例》一文,对图书馆建筑与"第三空间"理论的关系进行了研究。

3 城市图书馆体系制度设计与管理

广州市公共图书馆体系建设的特点表现为:一是通过立法手段实现制度设计,在保障公众权益理念、明确政府保障责任、量化政府保障标准且多为国际通行标准、实现总分馆建设体制创新等多方面体现出先进性。我以为,其中全市图书馆服务保障目标设定到街镇一级尤其体现出制度设计的科学与务实,具有强烈的示范意义,成为新时期中国公共图书馆制度设计的典范。2015年年底在《广州市公共图书馆条例》颁布以后出台的《广州市"图书馆之城"建设规划》对制度设计进行了补充，规定了街镇图书馆最低建筑面积标准，其目的是为图书馆专业化服务提供最基础的物质保障。这些制度设计的形成，相当部分应用了我于2009—2010年间对中美公共图书馆发展比较研究的成果。二是多主体推动制度设计贯彻落实。这些主体囊括人大、政府、图书馆行业、社会主体、大众媒体、公众等几乎所有利益相关者，其中人大发挥了重要监督作用，图书馆行业则通过大力提升服务效能发挥驱动作用。

我长期关注公共图书馆事业的发展。2001年，我开展了广州市公共图书馆事业"十五"发展战略研究，内容包括国内外主要城市图书馆发展指标、国际通行指标体系、广州的发展目标与路径等，入选广州市第六次文化发展战略研讨会交流。2002年，发表《广州与香港的公共图书馆比较与研究》一文，通过两地图书馆事业投入产出比较，提出基层服务体系构建和行业管理体制改革的建议。《加强合作，理顺关系，营造图书馆服务网络——谈图书馆与文化站的关系》一文，提出图书馆与文化站合作发展图书馆网络的建议，时至今日仍具有强烈的现实意义。

2006年，"广州市图书馆专业人才高级研修班"举办期间，市委宣传部启动了广州市图书馆立法课题研究，程焕文教授是课题负责人，我与刘洪辉馆长同为课题组成员。课题组于年底提交了《广州市图书馆条例（草案）》。2007年图书馆立法被纳入市人大立法预备项目，但到2008年终因人事变动而搁置。

2008年，我发表《试论大城市公共图书馆服务均等化的目标及其实现模式》一文，对城市图书馆发展不充分、不平衡的现状，总分馆制建立的必要性与可行性，实现服务均等化的路径等进行了讨论，提出了由区级政府统筹区域范围内总分馆体系和错位配置不同层级政府事权的思想。2010年，我结合广州第一轮图书馆立法的体会，发表《试论推进地方图书馆立法的三个"必要性"问题》，就图书馆立法与地方立法的必要性等问题进行讨论。

2012 年，广州启动新一轮地方图书馆立法工作，我作为市文广新局立法小组成员，全程参与了《广州市公共图书馆条例》的制定工作。2015 年，《条例》颁布实施，成为业界公认的中国目前最好的地方公共图书馆法。时至今日，《条例》贯彻实施两年有余，广州市"图书馆之城"建设水平迅速跻身全国最前列。

2014 年，基于《条例》即将颁布实施，市文广新局和广州图书馆一起策划出版立法解读一书，我撰文讨论地方立法对公共图书馆事业的作用，总结为保障、促进、规范、提升四个方面。

2015 年，广州承办中国图书馆年会，为对文化主管部门和图书馆界广泛关注的"广州模式"进行研究，我发表了《广州市公共图书馆发展的六个核心理念》一文，总结出权利保障、绩效管理、规划管理、双向参与（社会化）、立法驱动、区域共同体等六个核心理念。

2016 年，蒙中国图书馆学会刘小琴副理事长抬爱，我担任新组建的公共图书馆分会城市图书馆工作委员会主任委员。基于对该委员会职责的思考和多年来的研究和实践，我从图书馆体系建设的视角，发表《城市图书馆在公共图书馆发展中的引领作用：逻辑与路径》一文，提出公共图书馆事业"需求、保障、服务三支柱"发展框架，城市图书馆作为"知识中心、学习中心、文化中心、交流中心"的四中心功能定位，以及服务效能提升与相应信息公开、中心馆/总分馆体系建设、"三支柱"发展机制建设等三层次引领机制。

作为一名图书馆人，我深感幸运，有机会服务于一个事业大发展的时代和广州这座务实、开放、包容的城市。我的幸运来自于我几乎得到了所有方面的支持、帮助和鼓励，借此机会表达由衷的谢意：感谢陈建华主任，他的社会理想、政治家的胸怀和人格魅力具有强大的感召力，让我和广州地区许许多多的同仁成为忠实的追随者；感谢我的老师程焕文教授，他的理想主义、图书馆服务理念也是我与许许多多从业者的精神动力，程老师也为我创造了宝贵的学习机会，这些年来在我需要的时候总能提供全力支持；感谢我的师友刘洪辉馆长，他的厚爱为我的职业发展提供了最重要的机遇，他的博学与深刻，对后学的宽厚、处理复杂问题的智慧、促成全省行业协作等，都让我获益良多；感谢我的老师曹树金教授，他协助制订的"十二五"规划在广州图书馆发展史上具有重要的意义；我还要感谢谭祥金、赵燕群、李华伟、黄俊贵、潘燕桃等各位老师、前辈，各位对图书馆事业的热忱、对广东图书馆事业的无私奉献和卓越贡献、对晚辈后学的奖掖扶助令人动容。衷心感谢何建平、罗小红、黄秋玲、吴翠红、王永东等各位同事，与我一起同甘苦，为广州图书馆事业的发展付出了巨大的努力。我也要衷心感谢我的夫人张海燕，长年来默默付出，为我的工作和研究提供了巨大的支持。

谢谢所有对我给予过指导、支持和帮助的朋友。

方家忠

2018 年 1 月 21 日